本书出版受到陕西科技大学科技处项目"道德自觉问题研究"
（项目编号：126022059）资助

道德自觉研究

李亚莉　著

武汉大学出版社

图书在版编目(CIP)数据

道德自觉研究/李亚莉著.—武汉：武汉大学出版社,2022.12(2024.2
重印)
ISBN 978-7-307-23405-5

Ⅰ.道…　Ⅱ.李…　Ⅲ.德育—教育研究　Ⅳ.G41

中国版本图书馆 CIP 数据核字(2022)第 195677 号

责任编辑:唐　伟　　　责任校对:汪欣怡　　　版式设计:马　佳

出版发行:**武汉大学出版社**　　(430072　武昌　珞珈山)
　　　　　(电子邮箱：cbs22@ whu.edu.cn　网址：www.wdp.com.cn)
印刷:武汉邮科印务有限公司
开本:720×1000　1/16　印张:14.25　字数:231 千字　插页:1
版次:2022 年 12 月第 1 版　2024 年 2 月第 2 次印刷
ISBN 978-7-307-23405-5　　定价:65.00 元

前　言

　　道德内生于人，是人自我发展和自我完善的需要，是人"趋善避恶"本性的延伸和发展。从人类的道德发展史和个人的道德生成历程来看，人的道德经历了从自发到自觉转变的历史进程。道德并不是既成的事物，而是随着人的成长不断养成的，道德自觉的程度也正是在这个过程中逐渐提高的。从程度的角度来看，道德自觉是人的道德发展到成熟阶段的表现。道德自觉是个人道德水平的显现，个人的道德水平越高，其表现出来的道德自觉性也越高。道德是人的道德。任何时候，道德规范的最终实现都有赖于人的自觉性。"自觉"首先意味着你要知道"你在干什么"，即你的行为是有意识、有计划、有目的的，并将你的意愿在行动的过程中转化为现实。道德自觉意味着个人拥有自我的道德意识和道德认知，进而自觉地按照自己所认定的道德价值的指引实施道德行为，以期望完成自我"道德人格"的构建。简单来说，道德自觉又是一个动态的过程，即人自主自觉地将道德理论内化于心、外化于行的过程。

　　在道德自觉的理论体系中，人性论奠定了道德自觉的基础。人性中既存在善的因子，驱使着我们走向"善"，也存在着恶的因子，潜藏着作恶的可能。人并非天生的道德家，主要通过后天习得的方式获取"善"。根据自我完善论的基本观点，善是人自我发展、自我完善的需要。道德是自我管理、自我实现的重要方式。在道德自觉不断养成的过程中，个人的道德人格也随之形成和完善，日益趋近于自我意欲成为的那种伦理上的"好人"。作为具有完整人格的个人，道德自觉对人的要求也是全方面的和多层次的，既存在最强程度上的道德自觉，也存在最弱程度上的道德自觉。从现实生活中的情况来看，依据人在具体道德情景或道德事件中所扮演的角色的不同，道德自觉需要人承担和履行的道德义务不尽相同。

　　道德是人追求的诸多价值中的一种，自觉遵守道德规范是人的自主性选择。自由意志是个人能够自主、自觉践行道德的逻辑前提，理性是个人能够将偶然的道德情感转化为稳定持续的道德行为的关键，良心是道德判断和评价的内在尺度，道德责任是道德自觉的主要内容。个人置身于群体之中，就不仅仅是单个的个体，也是社会成员中的一员。个人生活在社会环境中，意味着社会的道德环境总是潜移默化地影响着个人的道德认知，个人的道德意识也深受社会道德价值、原则、规范的影响。在个人的道德发展过程中，个人通过道德认同的方式将自己内化为一个社会人，社会的道德规范则通过个人的道德认同而具体化，转化为个人的自觉道德行为。从个人的道德发展来看，道德认同是人构建自我道德认知体系的重要途径，也是个人道德修养的重要方式。在道德认同的过程中，个人获得了具有普遍意义的道德知识，并在自我反思和反复的实践过程中逐渐确立了自己的道德目标，从而促进个人道德自觉的养成。

目　　录

绪　　论

在一个"信仰贫瘠却又畏于怀疑"的时代里，道德问题成为了阻碍社会发展和人们进步的绊脚石。主要原因在于：一方面，传统的道德体系已经被打破；另一方面，新的道德体系尚在建设之中。道德作为人趋善避恶本性的体现，是人自主选择的结果。道德是人的道德，道德问题归根到底是人自身的问题，道德自觉是人道德发展到成熟阶段的表现，也是个人道德发展的理想状态。

一、问题缘起

"一个时代的迫切问题，有着和任何在内容上有根据的因而也是合理的问题共同的命运：主要的困难不是答案，而是问题。因此，真正的批判要分析的不是答案，而是问题"①。本书试图研究道德自觉问题，不仅是探究形而上的道德哲学理论的需要，也是解释和解决现实生活中道德难题的客观要求。这既是理论发展的需要，也是现实应用的需要。任何问题的提出都是为了更好地解决问题，道德自觉亦是如此。具体而言，本书的选题缘由主要有三个方面的考虑，一是道德理论发展和伦理学科发展的需要，二是规范社会伦理秩序的现实需要，三是个人道德人格自我完善的必然要求。

对道德自觉问题的研究是道德理论发展和伦理学科发展的需要。在中国传统文化中，道德自觉是道德修养的核心，也是维持整个社会秩序的重要保障。在当今面临越来越严峻的道德问题时，需要唤醒和培育人们沉睡的道德自觉。这种唤醒不是对传统道德的重新使用，而是需要探索新时代条件下，有利于促进人自由而全面发展的道德自觉理论。而在西方的道德理论中，道德自治、道德自律的问

---

① 《马克思恩格斯全集》(第 1 卷)，人民出版社 1995 年版，第 203 页。

题一直备受关注。黑格尔认为，"在道德的东西中，即当我在自身中反思时，也有着两重性，善是我的目的，我应该按照这个理念来规定自己。善在我的决定中达到定在，我使善在我自身中实现"①。善是道德的绝对的最终目的，因此，我们通过道德自治的方式不断地实现善，即在不断地完善自己、促进自己发展的同时也发展着善。麦金泰尔说，"德性是一种获得性人类品质，这种德性的拥有和践行，使我们能够获得实践的内在利益，缺乏这种德性，就无从获得这些利益"②。道德并不是我们与生俱来的，皮亚杰考察了儿童的道德发展阶段，提出只有当儿童的道德判断达到了自律水平时，才能称得上真正的道德。科尔伯格继承并深化了皮亚杰的道德发展理论，提出了"道德发展阶段"的理论。这些理论为研究道德自觉问题提供了学理基础。但是，就目前国内的研究状况看，还没有形成一个完整的关于人的道德自觉发展的理论，因此，道德自觉问题的研究还有继续挖掘和深化的理论空间。

对道德自觉问题的研究是规范社会伦理秩序的现实需要。康德认为，自律性是道德的唯一原则，且意志自律性是道德最高原则。作为维护社会秩序的重要手段，道德依靠的是人的自觉践行。正如霍布豪斯所说，"道德是不可能强迫的，因为道德是一个自由人的行为或性格，但是创造一些道德能在其下发展的条件却是可能的，在这些条件中，一个并非最不重要的条件是不受他人强迫"③。随着市场经济的快速发展，传统的道德规范及价值观念受到了巨大的冲击，道德信仰危机、个人诚信缺失、道德冷漠等问题也日益凸显，特别是随着互联网时代的到来，网络暴力事件频发，社会道德秩序受到了严重的挑战。作为调节人与人之间关系的工具和手段，道德是维持社会和谐发展的重要方式。对道德自觉问题的研究是时代的需求，也是社会规范的现实需要。

对道德自觉问题的研究是个人道德人格自我完善的必然要求。《大学》有云："自天子以至于庶人，壹是皆以修身为本。"所谓修身、齐家、治国、平天下，修身是基础，也是为人的根本。作为道德主体的个人从最初的自发行为发展到成熟

---

① ［德］黑格尔：《法哲学原理》，范扬、张企泰译，商务印书馆 1961 年版，第 112 页。

② ［美］A. 麦金泰尔：《德性之后》，龚群等译，中国社会科学出版社 1995 年版，第 240-241 页。

③ ［英］霍布豪斯：《自由主义》，朱曾汶译，商务印书馆 1996 年版，第 74 页。

的自觉行为，最后走向道德自由。这是个人道德人格不断完善的过程，也是个人道德品质不断提升的过程。道德自发是出于人性的本能，而道德自觉是人在获得一定的道德认知的基础上有计划的、有目的的道德行为。"对自觉而言，本性、内在逻辑、互动趋势是内在的、可以意识到的。"①因此，对道德自觉问题的研究是建立在人性论的基础上，通过研究道德主体自身的内在因素和外部环境实现道德行为的过程来解释个体道德发展的规律。道德行为的实现是自律和他律的统一，而这个统一性就体现在道德主体的自觉性上。

二、理论价值与现实意义

（一）理论价值

从理论上来看，道德自觉是道德心理学中的一个重要概念，与道德自治、道德自律等相关理论一脉相承。从词源的角度来看，西方的道德自律与中国传统的道德自律概念存在着很大的差异。康德的自律源于自治思想，意指自我立法、自我主宰，而道德心理学中的自律则指的是自主。自觉一方面延续了自治、自律的这一内涵，意为自主自为的行为，同时还意指人的道德状态。道德自觉是从人的道德生成和发展这一角度提出的概念，对于研究人的道德发展水平和道德修养有着重要的意义，从自发到自觉，不仅是人的主体性的觉醒和发展，也是人的道德行为从偶然走向必然和自由的过程。自觉是一种状态，是人的道德发展到成熟阶段的表现，自觉也是一个动态的过程，是人自主自为的道德行为。对道德自觉的研究是人主体性理论的运用，以"人"为核心，是道德自觉理论的实质所在。这对于我们正确把握人的道德发展状况有着重要的意义，同时也有利于道德修养理论的研究。道德自觉是伦理学和心理学研究的一个共同话题，对道德自觉的研究，既可以深化道德理论的形而上构建，也有利于结合心理学方面的实证研究。道德自觉是个人与社会相互作用的结果，自律和他律是实现自觉的重要手段，道德自觉是自律和他律想要达到的状态和目的。对道德自觉的研究有利于更好地研究道德认知理论和道德发展理论。

---

① 王国银：《论价值自发和价值自觉》，《学术论坛》2005 年第 12 期，第 12-16 页。

中国传统的道德自觉思想建立在封建宗法制度的基础上，以宗族血缘的熟人社会为依托，显然无法适应越来越趋近于陌生人社会的当下道德生活的需要。道德自觉思想的当代建构是传统道德文化的传承和发展，也是人全面而自由发展的需要。也就是说，道德自觉的研究是自我完善论的运用与发展。人是道德的主体，既是道德的出发点，也是道德的最终落脚点。人，"一半是天使，一半是野兽"，既具有自然属性，也具有社会属性，而人之为人是以其社会的理性生活为标志的。因此，人是目的而非手段，人的道德自觉性是人自由自觉的理性选择。自由意志是人道德自觉的理论前提，道德情感是道德自觉的推动力，理性是道德自觉的保障。作为类存在物，人的本质是自由自觉的活动；作为社会存在物，人的本质是一切社会关系的总和；作为个体存在物，人的本质表现为人的个体性。因此，人的道德自觉性的发展不仅关涉到个体道德修养的提升、社会秩序的良好发展，甚至关涉到整个人类的进步。

(二) 现实意义

道德自觉问题的研究从现实的角度来讲，主要有两个方面的意义，一是有利于指引和规范个人的道德行为，促进个人自觉地遵守道德规范，提高自身的道德水平；二是有利于应对当下的道德难题。

首先，个人的道德行为通过自律和他律两种方式得以规范。道德自觉以自律为主、他律为辅，不仅有利于个人道德品格的提升，同时能够促使个体自动自觉地履行道德责任，规范个人的道德行为。换言之，个人道德自觉的实现有利于减少道德恶行的发生，从而减少道德困境和道德冷漠等现象的产生。其最终的目的是实现自我的不断完善，从而促进人与人之间的和谐相处。

其次，道德是维护社会秩序的有效方式之一，个人道德自觉的实现，对良好社会环境的营造有着重要的作用，同时，良好的道德风尚反过来又有利于个人道德自觉的培养和践行。现实中道德难题的出现，从某种程度上讲，是作为道德主体的个人在道德认知、道德感情、道德价值排序和道德判断等方面出现了偏差和矛盾。道德自觉的培育和发展有利于社会伦理秩序的构建，为道德规范的践行提供一个有效的途径，从而在一定程度上纠正不良的道德风气。

三、研究背景

传统伦理学与宗教密切相关。正如奥古斯丁的比喻，上帝是"至善"之光，人的灵魂好比眼睛，理性好比视觉。上帝作为光照使一切呈现，赋予万物以意义和价值。有了至善之光，人类的灵魂才能亮堂起来。所谓幸福便是自由意志向永恒之善运动的结果，而伦理上的恶则起源于自由意志的错误选择。在 19 世纪的西方，传统宗教信仰逐渐失去了对人们思想的控制力，许多思想家认为伦理道德也随之式微了。尼采"上帝死了"的论断将人上升到了前所未有的高度，与此同时，没有了上帝也会引发新一波的恐慌危机，正如陀思妥耶夫斯基提出的问题——"上帝死了，人是否什么都可以做?"毫无疑问，答案是否定的。事实上，无论是神的时代还是人的时代，我们可以依凭的最可靠的指引来自人的内心，来自于我们要变得更强、更好的决心。在这个适者生存的世界里，人要想始终占据主导地位，唯一的途径就是人的自我发展和自我完善。善作为人类追求的价值目标，是人类自主自觉的一种选择，无论是依附于神的力量还是依附于人自身的力量，最终的实现都需要人来完成。不同的是，来到人本主义的时代，人不仅是手段，更是目的，人得到了全方面的发展。以人为中心，以人性否定神性，提倡意志自由和个性的自由发展，崇尚人的价值和尊严。在整个近现代，人的自主性得到了最大限度的自由发挥，突破了原有的一元化世界，逐渐形成了多元化的格局。但与此同时，正如马克思所分析的一样，人也面临着"异化"的问题，人的精神也面临着前所未有的危机，人的心理问题成为了困扰人发展的重要难题。

人返回到人自身，在个性与共性中挣扎。现代社会带来了物质财富的丰富，也带来了人们精神世界的空虚。在这个物欲横流的时代，人们的精神世界异常空虚，面对多元化的世界和无限多样的选择以及快节奏的生活，人们呈现出焦虑、暴躁、抑郁等不良的情绪。精神疾病几乎成为了现代人的通病，精神分裂是最为突出的表现。一方面，我们对现状感到担忧，尤其是人们的道德状况，我们渴望一个完善而有序的道德社会。作为局外人时，我们具备强烈的正义感，批评和指责别人的不道德行为，并且采取极端的手段，不惜通过网络暴力的方式对我们认定的"坏人"进行报复性的攻击。另一方面，我们又对发生在我们身边的悲剧视而不见，秉持着"各人自扫门前雪，不管他人瓦上霜"的原则对待我们身边的人和事。坚持着"多一事不如少一事"的做法，回避承担相应的社会道德，或者是为了一己私欲滥用道德权利。西蒙·布莱克本在《我们时代的伦理学》一书中总结了威胁伦理学的七大因素，即上帝死了、相对主义、利己主义、进化理论、决定论与无用论、非理性指令、错觉。① 第一个因素涉及的是信仰问题，人们之所以信仰上帝，并非因他是上帝，而是因为人们认为他的道德指令是正确的，所以事实上，上帝死了并不能成为人们拒绝伦理的理由。反而正是上帝之死让人们可能认清伦理学的本质，应当制定属于人自身的道德律令来为人服务，以人为最终的目的。第二个因素涉及的是判断依据的多样性，普遍和相对是统一的，不存在放之四海而皆准的具体行为准则，也不存在什么都对的行为。相对主义无非是为自己的主观意愿辩解的理由，我们承认不同的时期、不同的地区、不同的民族之间的道德规范存在差异，但是我们不能否认道德善的普遍性。第三个因素涉及利益，为己还是利他的问题，人作为社会性的人，互助合作是生存方式，纯粹的利己和纯粹的利人都不可能实现，只有互惠互利才能实现利益的最大化。第四个因素涉及自然选择的问题，进化论是动物世界的普遍规则，但是并不适用于人类社会内部，人类的基因并不自私——它们仅在不同的环境下有不同的复制概率。第五个因素涉及生命科学的作用，决定论和无用论是两个极端，一个认为"所有的一切都决定于基因"，另一个则认为人生徒劳无益。很显然这两种说法都站不住脚。第六个因素涉及非理性因素，反对理性，认为道德律令过于严格，同时存在教条化的可能，还以"肮脏之手"为借口，但是一个严格自律、正直的人并不会对此加以利用。第七个因素涉及人的主观感受，但是错觉并非事实，我们不能因为误解就怀疑道德本身。上述威胁的确在现实生活中影响了人们的生活，但这并不是我们拒绝伦理学的理由，更不是我们拒绝成为一个道德人的理由。

现代化给我们的生活带来诸多便利，也给我们的精神世界造成了诸多困扰，正因为如此，我们更应当将自我完善、自我发展的重任交予自我，只有自我才是自我实现最可靠的主体。我们可以迷茫、可以混乱，但是不能失去对人的信心，尤其是对自己的信心。我们要变得更强、更好，不仅要依靠自己，还要充分利用

---

① ［英］西蒙·布莱克本：《我们时代的伦理学》，梁曼莉译，译林出版社 2013 年版，第 11 页。

外界的资源。多元化的世界虽然增加了我们选择的困难、判断的难度，但是也丰富了人的内心世界，增加了人的认识。所以，这个时代更需要自觉的道德，需要负责任的道德自我。

四、研究现状

（一）国内研究现状

范纯珴在《"道德自觉"研究现状分析》一文中指出，从 1983 年到 2013 年的研究资料显示，涉及道德自觉这一话题的文献呈现出逐年增加的趋势，其中从伦理学角度出发的研究占 24.16%。近几年对道德自觉的研究亦保持着增长的趋势，总结起来，从伦理学的角度进行研究的相关内容主要集中在对传统儒家道德自觉思想的挖掘和从道德心理学、德性论、道德主体几个角度展开，对道德自觉内涵的追溯和解释也是研究的主要内容，对道德自觉的养成路径的探讨则主要还是从传统儒家的角度进行剖析。

1. 从儒家文化中寻求道德自觉的理论支撑和现实出路

从儒家的创始人孔子到后来的传承者朱熹、王阳明，无一不关注道德自觉的问题。儒家以"仁爱"为最高原则，通过"修身"的方式来实现其"君子"的人格理想，自始至终都贯彻着道德自觉的理念。因此，很多学者企图通过对儒家思想的重新解释或是改造利用来唤醒人们心中的"道德自觉"意识。有学者从儒家代表人物的思想中挖掘道德自觉思想。例如，陆爱勇在研究孔子的相关思想时指出，孝作为仁德伦理的组成部分，"是个体道德自觉的集中体现"[1]。黄琳则对孟子的道德自觉思想进行挖掘，从道德自觉意志的显现到道德意志的外化，最终以德性自觉意志统括生命情意。[2] 吴树勤、杨学昆认为，荀子在批判性继承孔孟儒家思想的基础上强调道德自觉有利于维持社会礼法秩序。李禹阶立足于朱熹"修、齐、治、平"思想，论述理性"内圣"心性之学从主体道德自觉到集体道德理性的社会

---

[1]　陆爱勇：《孔子"孝"的伦理意蕴与道德自觉》，《东南大学学报（哲学社会科学版）》2012 年第 1 期，第 11-14 页。

[2]　黄琳：《道德自觉意志之显现与存养——孟子思想的道德形而上解读》，《道德与文明》2017 年第 5 期，第 33-38 页。

整合模式。廖小波、李禹阶的文章《"天人合一"与"性心合一"》、程海霞的硕士论文《唤醒沉睡的道德自觉——朱熹修养论研究》则研究了朱熹的道德自觉思想。另有学者以儒家经典著作为蓝本挖掘道德自觉思想。例如，王颖在《〈中庸〉中的道德自觉思想》一文中指出，《中庸》在联通天与人的过程中，赋予了人道德自觉性。李德民、王宝军在《"乐者"何以"乐也"——审美活动与道德自觉的内在逻辑》一文中通过对《乐记》的再解读分析了儒家视阈中审美活动与道德自觉的内在逻辑。还有学者概括性阐述儒家的道德自觉思想及其实现路径。例如，柴文华在《儒家道德自觉论》中认为，"道德自觉是儒家伦理的核心和原则"①。戴昀在《儒家道德自觉思想初探》中系统地梳理了儒家对道德自觉问题的相关思想。张艳婉的《儒家道德自觉的伦理设计》、方琳的《唤醒道德自觉——儒家德育的根本路径》也从不同的角度阐述了儒家的道德自觉思想，余加宝在《先秦儒家的道德自觉论及其现代价值》一文中系统分析了先秦儒家的道德自觉思想。

　　2. 从道德心理学视角研究道德自觉的可能性和现实性

　　从道德心理学的视角研究道德自觉目前大体有以下几种观点：第一，将自我意识看作个体道德自觉的发源地。这种观点主要旨在强调自我意识，尤其是自我的道德意识对个人的影响，不仅是心理上的，而且是行为上的，因此自我意识也被视为道德自觉的源动力。例如，何丽青在《试析道德自省的作用因素》中将自我意识视为个体自觉能动性的发源地、自主行为的动力基础和策源地。② 第二，将意志自由视为道德自觉的前提。道德自觉是人的意志的显现，也是人的自主选择，是人的自由意志的体现，只有人自主自愿才能实现真正的道德自觉。例如，贾旗认为只有控制意志的形成过程才能实现道德自觉，使动机职责化。③ 魏长领提出意志自由表现为对道德义务的自觉。④ 第三，道德自律是道德自觉的表现形式。道德的约束力来自于人的内心，正是基于心中的笃定，人才能够做到自律，

---

　　①　柴文华：《儒家道德自觉论》，《江淮论坛》1997 年第 4 期，第 68-73 页。

　　②　何丽青：《试析道德自省的作用因素》，《沧桑》2007 年第 3 期，第 79-80 页。

　　③　贾旗：《意志形成看道德自觉的途径》，《玉溪师范学院学报》2005 年第 2 期，第 8-12 页。

　　④　魏长领：《意志自由：道德信仰的形上基础》，《郑州经济管理干部学院学报》2006 年第 4 期，第 62-64 页。

而自律的过程是自觉形成的，自律的结果是达到道德自觉的状态。他律是道德约束力的另一来源，其目的是为了促进自律的产生，从而达成自觉的目的。比如，黄月辉认为，"道德自律就是道德主体在社会实践中为实现自身的自由幸福而自觉地内化并遵循社会道德规范所形成的内在约束"①。张志伟、李华娟则指出，道德自觉是以自律形式表现出来的。② 段慧兰结合道德他律进行分析认为，他律是自律的前提，道德的发展需要以积极的他律作为基础，这样的道德的发展才能实现真正的自律，使人最终成为一个道德自觉的人。③ 第四，责任意识是对责任的自觉体认。道德意识转变为一种道德责任，是人对道德责任的认同。高湘泽认为，加强道德责任意识建设，以道德责任意识自觉来促成道德行为的自觉自律是目前的一项突出任务。总体而言，从道德心理学角度出发对道德自觉的研究主要强调道德意识对道德主体的影响，将道德意识内化而成的约束力视为促进道德自觉的重要动力，将道德意识转化而成的道德责任的自觉承担视为道德主体自觉性的重要表现形式。同时，对道德自觉的表现形式进行了一定的研究，既强调了道德自律的重要性和决定作用，也看到了他律对道德自觉的影响。道德自觉是个人心理发展的历程，也是不断从外界获取能量的过程。

3. 从德性论的角度探讨道德自觉的品质

自亚里士多德起，德性论就是研究道德问题的重要视角。目前从德性的角度来探讨道德自觉主要有以下几种具有代表性的观点：第一种观点将德性的形成过程与道德自觉的形成过程视为同一的，德性活动就是人自由自觉的活动。例如，江畅在《德性论》中提出，人的德性形成发展包含三个阶段："前反思""反思"和"后反思"，在后反思阶段能够实现德性自觉。陈根法在《德性论》中认为："德性选择是人自己为自己立法。"④这一观念是康德道德自律观念的继承，强调道德的内生性。第二种观点认为，自觉的义务即是良心。正如董莉所说，良心是人们对

---

①　黄月辉：《论道德自律的本质》，《湖北社会科学》2005 年第 10 期，第 98-100 页。

②　张志伟、李华娟：《道德作为人的一种高级精神需要的特质》，《湖北大学学报（哲学社会科学版）》2004 年第 4 期，第 411-413 页。

③　段慧兰：《论道德自律与自律意识的培养》，《湖湘论坛》2003 年第 5 期，第 70-71 页。

④　陈根法：《德性论》，上海人民出版社 2004 年版，第 70 页。

义务的自觉意识、自觉履行，实质上是自觉的义务①，强调良心对道德主体自觉承担道德责任的约束力。第三种观点认为，德行是个体道德自觉的行为。道德内化于心成为道德意识，外化于行则表现为德行。俞世伟、白燕通过对道德义务他律性与自律性的考察，强调道德主体的自觉性，指出德行是"基于自觉意识而做出的行为"②。李永华则通过对儒家"为仁由己"的剖析，认为自觉性和主动性是道德行为具有价值的内在原因。第四种观点认为，主体道德自觉提升的过程与个体道德内化和道德修养过程是同一的，道德品德是道德自觉意志的结晶。易玉梅在《论道德内化与人的主体性》一文中指出："道德内化过程是主体自觉的能动过程，离不开人的主体性。"③在道德内化的过程中，道德主体不断从外界汲取道德知识，并且转化为自身的道德认知，从而指导人的行为。张方玉同样指出，"道德修养过程就是主体道德自觉提升过程"④。在道德修养的过程中，主体的道德认知在不断加深，潜移默化地影响着道德主体的行为，进而促进了道德自觉的形成和发展。沈雷则认为，"道德品质是一种自觉意志的结晶"⑤。也可以说，道德品质是道德意志在自觉道德行为之后逐渐结出的果实。

4. 从道德主体的角度出发研究道德自觉的实现

从道德主体的角度出发研究道德自觉是基于人不仅是手段而且是目的的观点。从道德主体出发探索道德自觉问题是一个重要的研究视角，正如梁漱溟所认为的那样，"德育之本在启发自觉向上，必自觉向上乃为道德之真"⑥。其主要观点有：一是从人的主体性存在延伸出人的自觉性。郭湛在《主体性哲学——人的存在及其意义》中指出，人的主体性是在自发与自觉、为我与我为、受动与能动的矛盾中凸显出来的主体的自觉性、我为性和能动性。而人的自觉性实际上是一

① 董莉：《良心是对义务的自觉意识——对良心与义务的哲学思考》，《理论月刊》2000年第12期，第37-38页。

② 俞世伟、白燕：《规范　德性　德行——动态伦理道德体系的实践性研究》，商务印书馆2009年版，第133页。

③ 易玉梅：《论道德内化与人的主体性》，《湖湘论坛》2007年第4期，第43-44页。

④ 张方玉：《德性：人的全面发展的个体指向》，《唐都学刊》2008年第1期，第58-61页。

⑤ 沈雷：《论道德品质的形成》，《科教文汇》2007年第2期，第23-24页。

⑥ 梁漱溟：《人心与人生》，上海人民出版社2005年版，第189页。

个不断发展的过程，主体性的自觉的完整意义包含：自觉意识—自我意识—理性自觉—实践理性的逐步深入。① 焦金波从"道德人"的视角来研究道德自觉，认为人的价值即"对人的自由自觉活动的意义性的自我确信和在此基础上的意义性展开和完成"②。二是基于人的本质的视角来研究道德自觉。王炳书认为"自由自觉活动是人的存在本性"③，并将人类自由自觉活动划分为两个方面：观念掌握世界和实际把握世界。三是从人的主体性视角研究道德自觉问题。王育殊认为，道德主体自觉性表现为道德活动中的自决、自主和自控。④ 周银红指出，人的道德主体性一方面使人自觉地约束自身行为，增强自我完善意识，另一方面又使自身具有强烈的社会责任心。⑤ 方世南强调"主体道德自觉具有自主性、自励性、自控性、自我评价性以及自我完善性等功能"⑥。白臣在《论道德自觉的人性基础》一文中认为，"人的自然性存在使道德成为必要，人的精神性存在使道德成为可能，人的社会性存在使道德成为现实。道德自觉源于人的社会本质的内在要求，源于个体对自身思想与行为的理性控制，基于个体对善的追求和对恶的自我约束"⑦。作为道德主体的人会按照自己内心的道德标准去成为这样的人，这其中就内含道德主体的自觉性问题，即将道德内化于心、外化于行。

5. 其他相关研究

主要包括以下几类：一是从道德自觉的内涵和培育角度阐述道德自觉。段治乾在《伦理自发与道德自觉》中指出，道德自觉实际上就是人的"自觉的道德"，或"道德的自觉性"，这不仅使我们对伦理自发的探问与追寻成为可能，而且也

---

① 郭湛：《主体性哲学——人的存在及其意义》，中国人民大学出版社 2011 年版，第 40 页。

② 焦金波：《"道德人"及其生成的元问题审思》，《道德与文明》2010 年第 6 期，第 40-45 页。

③ 王炳书：《实践理性论》，武汉大学出版社 2002 年版，第 45 页。

④ 王育殊：《道德的哲学真义》，中国社会科学出版社 2008 年版，第 39 页。

⑤ 周银红：《人的道德主体性的生成机制探讨》，《学术交流》2005 年第 11 期，第 24-26 页。

⑥ 方世南：《主体道德自觉：价值、功能与实现途径》，《江海学刊》2001 年第 6 期，第 84-89 页。

⑦ 白臣：《论道德自觉的人性基础》，《河北师范大学（哲学社会科学版）》2013 年第 5 期，第 79-83 页。

构成了我们在这个意义上使用"道德自觉"的理论来源。戴茂堂在《道德自觉·道德自信·道德自强》一文中提出了道德"三自"，即道德自觉、道德自信、道德自强的概念，并给予了充分的阐述。范纯琍、秦小莉在《论道德自觉及其培育原则》中指出，"道德自觉"指人对道德的自我觉醒、自我反省、自我创建、自我实施，包括道德修养自觉和道德施行自觉。① 王升臻在《道德自觉——当代德育的重大使命》一文中提出，道德自觉应当包含道德的自主认同、自我批判、自主创新和行为的自控性。② 余小波、余加宝、刘潇华在《道德自觉及其培育》中提到，"个体道德提升的根本在于道德自觉"③。二是从道德约束力的演变研究道德自觉的产生与实现。孙宝云在《从道德强制到道德自觉：理念转变与路径选择》一文中指出，道德强制通过外在的"强力"能够快速高效地迫使人们遵守道德规范，但是维系成本大，很难实现道德自觉，应当从道德强制转化为道德自觉。另外，谭德礼在《道德自觉自信与公民幸福感的提升》一文中基于"德福"一致的观点，将道德自觉自信看作提升公民幸福感的基石，而幸福感的提升是通向至善的有效途径。毕世响的《"安身立命"：德育的使命与伦理共同体》指出德育是为了在行为上激发出我们的德性，使我们伦理觉醒、道德自觉，向完成一个人趋近。④ 刘宁、周丹在《科研诚信：制度完善与道德自觉相辅相成》中将道德自觉作为一种途径和方法来适用于具体的领域，用以解决科研过程中的道德问题。李松播的硕士论文《基于中国传统道德自觉的教师专业伦理研究》中将中国传统道德自觉作为一种研究视角，分析了教师这个角色应当承担的道德责任。陆美华的硕士论文《儒家"慎独"思想视阈下大学生道德自觉的培育研究》主要研究了大学生群体的道德自觉培育方式。

对国内学者有关道德自觉的研究成果可以做出如下的评述：首先，国内关于

---

① 范纯琍、秦小莉：《论道德自觉及其培育原则》，《江汉大学学报（社会科学版）》2015年第8期，第113-117页。

② 王升臻：《道德自觉——当代德育的重大使命》，《现代教育科学》2012年第3期，第69-71页。

③ 余小波、余加宝、刘潇华：《道德自觉及其培育》，《中国德育》2017年第5期，第15-18页。

④ 毕世响：《"安身立命"：德育的使命与伦理共同体》，《中国德育》2022年第1期，第11-17页。

道德自觉的研究主要侧重于一个点或者一个面，而且讨论的问题也比较分散，系统性不强，研究内容也有待进一步的挖掘。不论是道德自觉的概念还是道德自觉的内涵都还存在着争议。多数学者对道德自觉的界定都是源自于费孝通的"文化自觉"这一概念，甚至将道德文化自觉与道德自觉混为一谈。其次，传统儒家自成一体的道德自觉系统是与以宗族血缘关系为核心而构建的封建等级制度配套的理论体系，在当下已然失去了其存在的环境，不可否认，其思想依然有着些许的借鉴意义，但更应该以长远的眼光来发掘一套适应当下和未来的道德自觉体系。第三，在道德自觉的实现问题上，国内多数学者认为，应当依靠道德主体的自觉性和学校的道德教育。这些因素固然重要，但我们应该看到这个问题的复杂性。从现实生活中产生的道德问题来看，道德自觉的实现不仅仅是道德主体的责任，还受到很多道德环境的影响，个人和社会是相辅相成的，因此，道德自觉的实现是个人和社会共同的责任。如若不然，"扶老人被讹"事件依旧会不断地重演，认真履行道德责任的人得不到社会公正的对待，那么道德自觉的持续性就会受到严重的挑战。因此，需要更为全面、深入地研究道德自觉问题。

（二）国外研究现状

列宁曾说过，"自觉性和自发性的关系问题具有很大的普遍意义"①。近代西方伦理学关于道德自觉及其实现的论述比较丰富，在相关的研究文献中，与道德自觉相关的术语还包括道德自治、道德自制、道德自律和道德自由。虽然用语和表述不同，但其内涵和精髓却存在较大的一致性。西方伦理学关于道德自觉的思想资源对进一步研究道德自觉问题具有重要的启示作用。具体而言，主要涉及四个方面：一是自由而理性的道德主体，二是道德意识的相关研究，三是从自制、自治到自律、自觉，四是道德发展理论与道德自觉。

1. 自由而理性的道德主体

洛克认为，人是生而自由的，也是生而具有理性的。② 康德认为，有理性的本性作为自在目的的实存者，不仅要将人视作手段，更应当视为目的。而黑格尔

---

① 《列宁全集》（第5卷），人民出版社1988年版，第341页。
② ［英］洛克：《政府论》（下篇），叶启芳等译，商务印书馆1964年版，第38页。

明确指出，伦理是自由的理念。正是基于人是自由和充满理性的存在物，密尔说，一个人的行为，只有在关系到他人的情况下才需要对社会负责，在仅仅关乎自身的部分，个人的独立性无疑是绝对的，对于自身，对于自己的肉体和精神，个人是自主的。① 阿格妮丝·赫勒认为："当一个人成为她或者她所是的，即好人时，选择的'什么'就充满了内容，它具体化了。"②罗尔斯在《正义论》中指出，道德的个人是具有自己选定目的之能力的主体，每个人都必须通过理性的反省来决定什么东西构成他的善。在此意义上，他的成员是自律的，所接受的责任是自我给予的。桑德尔进一步指出，道德上的优先性在于：正义原则限制了个人可能选择追求的善的观念，当某人的价值与正义发生冲突时，正义占支配地位。③ 就道德主体而言，西方伦理思想家认为，道德主体是自由而理性的，因此，他们所意欲做的事和成为所是的人是人自主选择的结果，而一个公平正义的社会的实现依赖于其成员的自觉性。

同传统儒家思想相一致的是，西方伦理学家普遍认为德性是一种高尚的品质，是人的不懈追求，正如格兰特所说，"真正的道德主义者坚持不懈地维持最高的伦理标准、维持对人的道德可能性的最高期望"④。与儒家思想不同的是，义务论认为道德出于责任，是人的一种义务。比如康德就认为，只有出于责任的行为才具有道德价值。功利主义认为，道德能够实现最大多数人的最大幸福。对于如何实现道德的问题，柏拉图将理性作为美德智慧的源泉，亚里士多德进一步把理性看作人之为人的根据，智慧是最善的美德。同时他认为德性意味着选择，选择是出于意愿的，并且意味着经过预先的考虑。阿格妮丝·赫勒亦说："一个人选择自己所是的自己，也选择世界所是的世界(某人自己的世界)。"⑤

---

①　[英]约翰·斯图亚特·密尔：《论自由》，鲍容译，中华书局2016年版，第10页。

②　[匈]阿格妮丝·赫勒：《道德哲学》，王秀敏译，黑龙江大学出版社2014年版，第38页。

③　[美]迈克尔·J.桑德尔：《自由主义与正义的局限》，万俊人等译，译林出版社2011年版，第176页。

④　[美]露丝·格兰特：《伪善与正直》，刘桉彤译，华东师范大学出版社2017年版，第116页。

⑤　[匈]阿格妮丝·赫勒：《道德哲学》，王秀敏译，黑龙江大学出版社2014年版，第84页。

2. 道德意识的相关研究

莫兰认为，个人道德意识也是一种历史的涌现，在个体—种属—社会三重关系的复杂发展中萌生。① 朱利安的《进化的伦理学》认为，道德意识的发展是进化的一般过程的一个部分，并且他将个人所处的社会文明发展水平与对道德价值的认识的提高联系起来。Leonard Angel 在批驳持普遍自我意识的传统观点的基础上提出物理完整性高于自我意识，② 这是一种超越传统意义上的自我意识的研究，从客观物理性的角度出发，强调了客观性的重要性。Shaun Gallagher 研究了婴儿的自我意识、原始自我意识的道德意义、道德人格自我意识的内涵，③ 通过临床试验和现实生活在的调研，他对个体自我意识进行重点的分析和研究，并且从中寻找其道德意义。他分析发现，道德人格和经验智慧都要在人际交往中获得，经验智慧能力是道德人格的关键，而自我意识是道德人格所必须满足的六个条件之一。④ Jose Luis Bermudez 结合神经科学与哲学研究来讨论非概念化的自我意识如何产生概念化的自我意识，尝试用认知科学的方法阐述哲学的自我意识，⑤ 这是一个交叉学科的研究，也是实证科学与哲学的研究，从现实出发，寻找理论的普遍性，得出自我意识的哲学意义上的概念。Mark Phelan 和 Adam Waytz 认为，意识包含了现象意识和自我意识，并分析了人类道德认知和意识之间的联系。⑥ 事实上，这也是研究意识的客观性与主观性、意识的客观呈现与人的主观认知，从而寻求两者之间的联系。Richard Dien Winfield 讨论了自我意识与相互主体性，

① ［法］埃德加·莫兰：《伦理》，于硕译，学林出版社 2017 年版，第 38 页。

② Leonard Angel. Universal Self-consciousness Mysticism and the Physical Completeness Principle. *International Journal for Philosophy of Religion*, 2004, 55: 1-29.

③ Shaun Gallagher. The Moral Significance of Primitive Self-Consciousness: A Response to Bermudez. *Ethics*, 1996, 1: 129-140.

④ Shaun Gallagher. Moral Agency, Self-Consciousness, and Practical Wisdom. *Journal of Consciousness Studies*, 2007, 14: 199-223.

⑤ Jose Luis Bermudez. Nonconceptual Self-Consciousness and Cognitive Science. *Business Ethics Quarterly*, 2001, 129: 129-149.

⑥ Mark Phelan, Adam Waytz. The Moral Cognition/Consciousness Connection. *The Review of Philosophy and Psychology*, 2012, 3: 291-301.

着重分析自我意识的作用,① 自我意识是个体与他人之间的互动中逐渐分离出来的,隶属于个人自身的独特的意识,是个体区别于他者的重要标志。自我意识使个人从普遍化中独立出来,成为一个独特的个体,对个体的成长发展和社会的发展都具有重要的作用。Dominic Abras 和 Rupert Brown 分析了社会认同与自我意识之间的关系,认为自我意识可以作为社会认同较高时的群体行为自我约束的一部分。② 个人要成为社会的一员需要得到的社会的认可,而社会认同的过程中,自我意识的特殊性和普遍性得以显现,其普遍性呈现得越多,越能够得到社会的认同,也越能够使人个融入社会当中。而其特殊性也在这个过程中不断地被消解和分化出来,最终保留的部分则成为个人的独特性的显现。

3. 从自制、自治到自律、自觉

亚当·斯密认为,一个人如果不能自制,就没有德性。自制不仅其本身是一种德性,而且所有其他德性事物的主要光辉似乎也源自它。他认为自制是一种合宜感——对想象中的公正旁观者的情感的尊重向我们提出来的要求。沙夫茨伯里也说,"恰当的道德情操本身就能使我们认识秩序和协调,并对人的激情作出合理的定调和评估"③。"自治"(self-government)的先决条件是自主、自决,道德自治是道德主体自我管理、自我控制的一种方式。正如包尔生所说,"全部道德文化的主要目的是塑造和培养理性意志,使之成为全部行动的调节原则,我们把这种德性或美德称为自我控制"④。施尼温德指出,"作为自治的道德概念拒绝承认人与人在道德能力上的不平等,而这一点却是作为服从的道德概念的一个标准构件"⑤。罗伯特·保罗·沃尔夫将道德自治视为自主之人的道德责任,认为一个

---

① Richard Dien Winfield. Self-consciousness and Intersubjectivity. *The Review of Metaphysics*, 2006, 59: 757-779.

② Dominic Abras, Rupert Brown. Self-consciousness and Social Identity: Self-Regulation as a Group Member. *Social Psychology Quarterly*, 1989, 52: 311-318.

③ [美]J. B. 施尼温德:《自律的发明:近代道德哲学史》,张志平译,上海三联出版社2012 年版,第 373 页。

④ [德]包尔生:《伦理学体系》,何怀宏译,中国社会科学出版社 1988 年版,第 412页。

⑤ [美]J. B. 施尼温德:《自律的发明:近代道德哲学史》,张志平译,上海三联出版社2012 年版,第 7 页。

自主的人应当是一个善于自省的人，因此人皆应当检视自己的道德生活，应当不断汲取新知识，在自我反省中审视和评价自己的动机、意愿和选择。否则，人将无法对自己的行为负责，并将违反自治的道德责任。道德自制与道德自治依赖于个人的良知，当我们有道德时，我们就是自治的。普里斯认为，"道德就是'自治'过程，是人不断完善自我的过程。而在这个过程中，我依靠的就是良知"①。巴特勒认为我们内心至高无上的权威就是良知。我们是道德行为的主体，因为我们对良知权威性的意识会使我们认识到，我们能够被要求对自己负责。良知本身对我们作出审判，但它总是期望对我们有某种更高审判，并建议奖励和惩罚要根据我们的美德或恶德而定。②

康德发明了作为自律的道德概念，这种自律有赖于不服从因果性的自由。在康德看来，在作为我们自律的基础的意志方面，我们不可能有任何经验性的理解。作为主体，意志最终是无法解释的。无论对沃尔夫还是康德来说，自我完善都是一种对自己的责任。因此，道德作为自我完善的工具和方式，也是我们应当自觉履行的道德责任。Patricia Kitcher 认为，康德的自我意识包含了必要的精神上的知觉，但是这种自我意识并不能使主体清楚地看到行为本身的客观实质。霍尔海默相信，人们的心灵深处总是不可避免存在一种道德自觉的精神力量，即心中的"道德律"。法国著名的社会学家埃米尔·涂尔干将他的道德自觉思想建立在实证的社会学基础之上，认为道德作为一种社会现象，只要科学地认识它，就达到了道德上的自觉和自律。艾丽斯·默多克（Iris Murdoch）将道德自觉与德行紧密联系在一起，认为知识是德行的基础，主张以知识来辅助德行，强调道德自觉，强调知情并重。

4. 道德发展理论与道德自觉

弗洛姆在社会批判理论的基础上，提出有关自我实现的个体道德自觉思想。他认为，追求积极自由的状态就是自我实现，就是个体道德自觉。Jose Luis Bermudez 认为，"如果一个特定的特征或属性被认为赋予了它本身的生命所具有

---

① ［美］J. B. 施尼温德：《自律的发明：近代道德哲学史》，张志平译，上海三联出版社2012 年版，第 486 页。
② ［美］J. B. 施尼温德：《自律的发明：近代道德哲学史》，张志平译，上海三联出版社2012 年版，第 428 页。

的道德意义，那么任何这种特征或属性的原始形式也将赋予道德意义，尽管不一定达到相同的程度"①。他认为，一个充分成熟发展的自觉具有道德意义，那么这种最初状态的自觉也必须具有道德意义，尽管这种程度比较低。也就是说自觉的道德意义不仅受到原初状态的影响，也受到后天环境的影响。Shaun Gallagher 认为，乔斯的理论不够充分，他认为道德人格取决于随着时间的推移能够意识到自我的自觉这一必要条件。② 皮亚杰在《儿童的道德判断》一书中提出儿童的道德发展历经了三个阶段，即"前道德阶段""他律阶段"和"自律阶段"。科尔伯格在此基础上结合康德的道德自律思想，提出了青少年道德发展的"三水平六阶段"理论，从青少年的道德认知发展的角度阐述了道德自觉和道德人格的形成过程。S. H. Glover 和 M. A. Bumpus 等人通过设置几个不同情景，探讨在市场冲突环境中个人价值高低对于个人道德选择上的相关性。

综合来看，西方学者对道德自觉的研究可以分为三大类：第一类是以理智为依托的理性主义，认为道德自觉的实现依靠的是个体的自由意志和理性选择；第二类是以情感为依托的非理性主义者，他们将同情、仁爱等情感视为道德的基础，并将情感看作促进人自觉遵守道德的源动力；第三类是道德心理学家们从道德发展的进程来探索道德自觉的不断形成过程和道德自觉所到达的水平。整体来看，这些论述都有着一定的积极意义，但是西方学者的论述相对零散，没有系统性，尚未形成一个完整的体系。就理论本身而言，这些论述都强调道德主体的重要性，但是理性主义在对人的设定时强调抽象的理性存在者，而非现实的人，情感主义又过分寄希望于人的道德感情。康德的自律思想是一种"纯形式"的道德设定，脱离了现实的实践环境，无法有效地转化为现实的理论指导。在道德心理学的研究中，可以清楚地意识到"知"与"行"之间的分裂，道德认知的水平并不等于道德实践的水平。对道德自觉的研究不能仅从逻辑推演来进行理论设定，而应当从道德的生成和演化的历史与现实状况来进行分析，并且采用综合分析的方式来构建道德自觉体系。

---

① Jose Luis Bermudez. Nonconceptual Self-Consciousness and Cognitive Science. *Business Ethics Quarterly*, 2001, 129：129-149.

② Shaun Gallagher. The Moral Significance of Primitive Self-Consciousness：A Response to Bermudez. *Ethics*, 1996, 1：129-140.

五、研究内容

本书旨在研究道德自觉的相关内容，从道德的起源和生成的角度探索人的道德养成的路径，获悉道德与自觉的关系。道德是人的道德，道德是人的主体性选择，是为了实现善而采取的手段。相较于自发而言，自觉是人的道德发展到成熟的标志，人的自觉性是善念转变为具体道德行为的保障。道德自觉是个人道德素养和道德水平的综合表现，影响着整个社会的道德氛围、态度、环境。

在总体思路上，本书以"概念辨析—理论分析—结合实际"为线索。内容主要从两个方面展开：一是从理论上追溯道德自觉的形成机制，二是结合儒家道德修养方法提出当下道德自觉的修养方法。具体而言，本书对"道德自觉"的研究主要从以下几个方面展开：

绪论部分阐述了"道德自觉"的选题来源、研究意义、国内外研究现状。现代社会带来了物质财富的丰富，也带来了人们精神文明的空虚。我们面临着前所未有的严峻挑战，一方面道德败坏现象频繁出现，另一方面道德意识开始强势崛起。人的自我发展和自我完善寄希望于人自身，一个负责任的道德自我应当肩负起自身的义务，成为一个道德自觉的人。国内的研究主要集中在对传统儒家的道德自觉思想的挖掘和分析，而国外的研究则从"自治—自律—自觉"等路径展开，集中在道德完善论领域和道德心理学领域。

第一章探讨了"道德生成与道德自觉"的相关问题。主要涉及两个方面的内容：一是"道德"的概念及起源的问题，人非生而具有道德，道德具有人的属性，是在人的成长过程中不断养成的一种品质，从人类道德史和个人的道德形成两个角度分析了道德的产生、发展；二是"道德自觉"的相关概念问题，主要涉及"自觉""道德与自觉的关系""道德自觉的基本内涵"等问题。

第二章探究了"人的理论与道德自觉"。人性论是研究道德自觉的人学基础，完善论是探寻道德自觉的理论支撑，道德人格是道德自觉的建构目标。基于人在道德事件中的不同角色，分为道德主体的道德自觉、道德客体的道德自觉和道德旁观者的道德自觉。

第三章讨论了"自由意志与道德自觉"的相关内容。自由意志是道德自觉的理论前提，本书讨论了"自我""意识与自我意识""自由意志"等基本概念，阐述了自由意志的存在及意义，进一步研究了"道德义务"和"良知"等问题，为道德的自律性精神奠定了基础。基于自由意志，道德自律和道德自觉得以形成和实现，两者同属于个人主体性精神，但又存在着一定的差异。

第四章论述了"道德认同与道德自觉"的相关问题。根据人性论的相关内容，人的道德意识一部分在于自我的觉醒，另一部分来自后天的学习，因而道德认同成为了构建道德自我意识的重要方式。通过道德认同，我们不仅获得了道德认知，并且对自身进行了审视，从而确定自我的道德目标。道德认同仅仅能增加自我的道德动机，并不能直接造成道德行为，但是不可否认的是道德认同有利于道德自觉的形成和践行。

第五章阐述了"道德修养与道德自觉"的相关问题。首先分析了传统儒家的道德修养体系，包括重视德性的价值观、以"仁"为核心的道德规范体系、道德修养和道德教化等内容。在吸收借鉴儒家道德修养方法和路径的基础上，提出当下道德自觉的养成路径。

最后是结论部分。

六、研究方法

本书所使用的研究方法：首先，运用演绎式思辨和归纳式思辨的方法，既通过一定的概念、范畴、体系对研究对象进行辨析和认知，从一般性的概念出发确认个别事物，又注重通过对一定数量的事物的感知和认识完成对研究对象的概括性认识和综合性认识的过程。其次，运用宏观研究与微观分析相结合的方法。本书既涉及宏观层面的研究，也涉及微观层面的讨论，将相关理论和概念的运用与既有研究的结果和观点有机融合。最后，运用规范分析与实证分析相结合的方法。本书既需要规范性的论证和阐析，也需要一定的实证性研究和判断，有必要将规范分析方法与实证分析方法结合起来。

七、主要创新

关于道德自觉研究，从已有的研究成果看，存在着研究视角比较分散、从伦理学角度进行研究的成果比较少等问题。本书旨在以"道德自觉"为核心，论证道德自觉产生的根源和理论基础，探讨道德自觉的养成路径。其创新性主要体现在：

其一，构建道德自觉的理论体系，为解决当下的道德问题，提高人们的道德素养提供学理支撑。本书不仅讨论有关道德自觉的形而上理论，同时结合现实的道德问题提出当代社会道德自觉的养成路径，寻求提升个人道德修养的方法。

其二，提出了一些新观点。主要有：

(1)基于人在道德事件中的不同角色，将道德自觉分为道德主体的道德自觉、道德客体的道德自觉和道德旁观者的道德自觉。道德并非仅仅是道德主体的责任，在具体的道德事件中，人扮演着不同的角色，作为道德主体的人在道德事件中起主导作用，直接影响着道德事件的发展路径和最终的结果；作为道德客体的人影响着道德事件的道德判断，也反过来影响道德主体的认知和以后的行为；作为道德旁观者的人见证了道德事件的发生，其对道德事件的心理倾向和行为态度反映了他(她)的道德自觉的发展水平。

(2)将自由意志视为道德自觉的前提和逻辑起点。基于自由意志，自我能够根据自己的意愿和自己发展的需要设立相关的行为准则，自愿地遵守自己认同的道德规范，自觉地承担相应的道德责任。道德的实现事实上就是自由意志的显现。

(3)论述了道德认同与道德自觉之间的内在关系。道德自觉是在道德认同的过程中不断形成的，也是道德认同的目的所在。道德自觉不仅表现在自我道德意识的觉醒和提升，还表现为自觉地按照自己的道德人格目标前进，即自觉地践行道德责任，并养成主动行为的习惯。

第一章　道德生成与道德自觉

第一节　道德的内涵及起源

道德为人类社会所特有的现象，从词源意义上讲，道德的产生和发展与社会生活的发展演变密切相关，其内涵不断丰富和发展，以适应人类社会的发展。人类道德发展史展现了道德由自发走向自觉、由必然走向自由的历史进程。道德心理学家从实证案例的视角分析了个体道德的成长历程，发现人的道德发展过程萌发于道德情感，经由理性审视演变为一种自己的道德意识，并逐渐内化为自己的行为，演变为一种道德践履。

一、"道德"的概念释义

从词源意义上来讲，在中国传统哲学中，"道"与"德"最初常常分开使用，"道"最初指的是道路，后引申为事物运动变化的规律及人的行为原则和规范。而"德"则相当于"得"，《管子·心术上》："故德者得也。得也者，其谓所得以然也。"意指主体对"道"的活动和把握，即人们认识"道"，遵循"道"，内得于己，外施于人。先秦诸子百家对道德的理解各异，比如道家将"道"作为宇宙的本源，把德作为事物从"道"中所得到的特殊规律或特性，如《老子》曰："道生之，德畜之……道之尊，德之贵，夫莫之命而常自然。"同时老子指出"德"是失"道"的结果："失道而后德，失法而后仁，失仁而后义。"（《老子》）庄子传承了老子的思想，他认为"德兼于道"（《庄子·天地》），并要求"通乎道，合乎德，退仁义，宾礼乐"（《庄子·天道》）。儒家将"道"作为理想人格、品质，将"德"视为立身根据和行为准则。如孔子说"志于道，据于德，依于仁，游于艺"（《论语·述而》）。

孟子也主张"尊德乐道"(《孟子·公孙丑下》),荀子在《劝学》篇中首次将道、德连用,即"故学至乎礼而止矣,夫是之谓道德之极"。之后,道德的内涵也不断地丰富起来,除指调整人们之间关系的行为准则外,有时也指思想、行为、品德、善恶评价、道德教育和修养、风俗习惯等。

在西方文化中,"道德"一词最早来源于拉丁语"mores",后来西塞罗结合古希腊的道德经验创造了"moralis"一词,意为风俗习惯、性格,引申后也有规范、准则、品质和善恶评价等意义。马克思主义的唯物史观认为,"物质生活的生活方式制约着整个社会生活、政治生活和精神生活的过程","不是人们的意识决定人们的存在,相反,是人们的社会存在决定人们的意识"。① 道德是具体的历史的范畴,麦金泰尔曾正确地指出:"道德概念是随着社会生活的变化而变化的。"②《伦理学大辞典》将其解释为社会意识形态之一,是反映和调整人们现实生活中的利益关系,用善恶标准评价,依靠人们内心信念、传统习惯和社会舆论维系的价值观念和行为规范的总和。

从道德的生成来看,道德的产生与发展同人的自我意识的形成和发展密切相关。正如诺博托·霍尔斯特所说:"没有先于人们而设定的道德规范,也没有对人们来说很容易理解而不言自明的道德规范。"③道德并不是为了约束、规范而产生的,事实上,它是为人实现自由发展而服务的。道德是人自觉自为的结果,是为人这一目的服务的手段,是人自我完善、自我成全,成为我自己的方式。按照马克思的说法,人的活动之所以区别于动物,在于人的活动是有意识、有目的的活动,而动物仅仅是出于本能。"正是人,现实的、活生生的人在创造一切,拥有这一切并且进行战斗。……历史不过是追求着自己目的的人的活动而已。"④劳动作为人类活动中最重要的部分,不仅创造了人本身,也创造了为人服务的道德。随着社会历史的发展,人的意识不断发展、对自我的认识也不断地加深,奠

---

① 《马克思恩格斯选集》(第2卷),人民出版社1995年版,第32页。

② A. MacIntyre. Introduction of Part I: Historical Sources//Steven M. Cahn, Peter Markie. Ethics: History, Theory, and Contemporary Issues, New York/Oxford: Oxford University Press, 1998: 1.

③ [德]诺博托·霍尔斯特:《何为道德——一本哲学导论》,董璐译,北京大学出版社2014年版,第67页。

④ 《马克思恩格斯文集》(第1卷),人民出版社2009年版,第295页。

定了人作为道德主体的基础。在人的物质交往活动之中，人会自觉意识到"什么是应当的，什么是不应当的"，这也就构成了道德最初的内容，随着人们交往的不断深入，这种"应当与不应当"便慢慢地成为了人们交往的准则，从而稳定下来成为一种道德规范，并逐渐形成了一条黄金定律："己所不欲，勿施于人。"很显然，在这一黄金定律中就明显体现了人作为道德主体的自觉意识和自主选择。同时，随着发展和进步，人不断地有意识、有计划地调整着道德规范的内容，使之在客观上更加符合人的本性，在主观上更容易被人所接受。换言之，道德不仅要符合真理原则，也要符合价值原则。

从涉及内容而言，道德以"善恶"为研究对象。道德的基本立场是追求"善"，规避"恶"。善与恶是人类最基本的价值判断，善恶观是人类最基本的价值观，趋善避恶是人类最基本的价值活动。[1] 善恶问题是道德的核心问题，也是其全部内容。追求善是人之所以为人的根本标志，是人获得真正幸福的保证。[2] 正如苏格拉底所说，一切的存在都是为了追求完美，以"善"为目标是其存在的根本理由。作为社会人，人的目的和善始终是同一的。恶作为善的否定，并不是人的目的，是人为了满足自己私欲而采取的非正常手段下的产物。行善是目的，作恶却只是手段。我们会为了行善而做善事，但是我们不会为了作恶而做坏事。行善是人的最终目的，而为恶却只是为了满足某种私欲而采取的非正常手段，作恶的背后一定有更深层次的其他目的。善恶是互为对象的存在，没有善，也无所谓恶，失去了恶，也就不存在善。善的存在是为人的自我完善和自我发展指明方向和道路，恶的存在则是为了从反面证明善的可贵和必要。人们正是通过对罪恶的憎恨，才认识到善良的可贵，社会也正是通过对罪恶的根除，来实现社会历史的更新与发展。只有消除历史的罪恶，才不会有罪恶的历史。[3] 善恶之间是一种此消彼长的关系，道德的目的是尽最大可能实现善，减少恶。正如亚里士多德所说："凡隔离而自外于城邦的人——或是为世俗所鄙弃而无法获得人类社会组合的便

---

① 李建华：《趋善避恶论——道德价值的逆向研究》，北京大学出版社 2013 年版，第 1 页。

② 宋希仁：《西方伦理思想史》，中国人民大学出版社 2010 年版，第 30 页。

③ 李建华：《趋善避恶论——道德价值的逆向研究》，北京大学出版社 2013 年版，第 55 页。

利或因高傲自满而鄙弃世俗的组合人——他如果不是一只野兽，那就是一位神祇。"①既不存在十全十美的纯粹善人，也不存在十恶不赦的纯粹恶人。善恶往往只在人的一念之间，一念天堂，一念地狱，因此，我们才将最大的希望寄托于人自身。借用柏拉图在《法律篇》中的话来说，"一个人得到的首要的和最大的胜利就是战胜他自己"。人应该清楚地知道，只有最后能带来善的东西的才是正确的，带来罪恶的是不正确的，善恶之间的区别在于，前者增加人类幸福，后者减少人类幸福。

总而言之，道德是人的社会属性的本质体现，道德的生成和发展伴随着人的自我发展，是人的一种"自然选择"，"趋善避恶"是道德的基本立场和最终目的。

二、道德的起源与演化

"道德是具体的历史的范畴，随着社会经济生产方式的发展而变化，并且反映出不同民族生活方式的特殊性。"②追溯人类历史，我们可以清晰地看到人类道德发展史所呈现出来的画卷，即从自发走向自觉的历史发展进程。

(一)采集狩猎时期——道德萌芽

人类早在有历史记录之前就已存在，在 250 万年前，就已经出现了非常类似现代人类的动物。然而，经过世世代代的繁衍生息，他们与一同共享栖地的其他生物相比，并没什么特别突出之处。③ 不仅如此，在接下来整整 200 万年时间里，人类只是一种弱小、边缘的存在物，每天面临生存的危机。在这个弱肉强食的生态环境中，人类也仅是和其他的生物一样，必须接受自然的选择，而一直以来被认为是人类成为地球上最强动物的那些优势——比较大的脑部容量、能够使用工具、有很强的学习能力以及复杂的社会结构在这个历史时期并没有产生重要的影响。人类也仅仅是在夹缝中求生存，在肉食动物的强大威压下，依靠采集、猎杀小动物过活。对于人类而言，过群居生活并不是一种可选可不选的选项，而

---

① [古希腊]亚里士多德：《政治学》，吴寿涛译，商务印书馆 2010 年版，第 9 页。
② 朱贻庭：《应用伦理学辞典》，上海辞书出版社 2013 年版，第 37 页。
③ [以色列]尤瓦尔·赫拉利：《人类简史》，林俊宏译，中信出版社 2014 年版，第 4 页。

是一直必须采取的生存策略，延续至今。

长久以来，人类一直只是稳定在食物链的中间位置，直到 10 万年前智人崛起，人类才一跃而居于食物链顶端。① 虽然与其他曾经站在食物链顶端的生物相比，人类所花费的时间是最短的，但是也正是因为这个仓促"跳跃"，人类即使站在了世界之巅，也并不像之前的统治者一样能够威风凛凛、无所畏惧。人类依旧不能避免杀戮、生态的浩劫、生灵涂炭等现象的出现。这个时期，人类不仅对其他物种进行捕杀和掠夺，在人类内部也一直如此。历史资料显示，智人抵达一个新的地点，当地的原生人类族群很快就会灭绝。大约 5 万年前，梭罗人退出了历史舞台，尼索瓦人也在不久之后灭绝。大约 3 万年前，尼安德特人也从地球上消失了，12000 年前类似小矮人的人类在弗洛里斯岛上永远绝迹了。

总体而言，在采集狩猎时代，人类的生活并不稳定。《全球通史》描述了尼安德特人的生活状况：在一个群体中只有一个成年的男性，其余都是女性和幼儿。当儿童中的男孩儿长大了，威胁到这个成年男性的地位，他就会被赶走，或者被杀掉。有些女孩会跟着被驱逐的人一起离开。这些人开始流浪，直到遇到另一个肯接纳他们的族群。当有一天，一个群体里的男性开始衰老了，他的牙齿脱落，不再有力量，这时会有一个年轻的男性站出来挑战他，并将他杀死，这个年轻男性就会取代他获得领导的地位。这似乎完全符合了达尔文进化论"优胜劣汰"的自然法则，甚至有生物学家断言，当今存在的人类都是食人族的后代，因为在弱肉强食的时代，只有强者才能生存下来。正如罗马谚语所说，"人对人是狼"，霍布斯也认为，人一开始时是各自为政并好斗的；只有当争斗所需付出的代价变得不可承受时，他们才会去建立社会共同体并过起社会生活来。

可也正是这一时期，在人类内部产生了与"优胜劣汰"法则不同的道德现象，即原始社会的道德。"在原始人类初期，构成社会的或许还是以家庭为单位的小群体，早期的部落也是以这种方式建立起来的。不过，如果要建立起这种部落，则必须要对个人的自我中心意识加强约束和控制。这就需要在日常生活中对父亲抱有畏惧、对母亲怀有尊敬，同时部族中的年长者要承担平息正在长大成人的男

---

① ［以色列］尤瓦尔·赫拉利：《人类简史》，林俊宏译，中信出版社 2014 年版，第 11 页。

孩子们心中的傲气。"①道德现象是怎么产生的呢？在原始人类沉浸在对外界的未知和恐惧中时，部族群体中年长稳重的人适时地展现出临危不乱、处事不惊的姿态，他们总是去告诫、指导或命令族人应该如何应对，因为他们拥有对一切现象不详、危险、吉凶的解释权。迷信的领袖和会念符咒的人就成了最早的祭司，原始的宗教其实更多的是一种习俗和仪式。所以，道德的起源最早被归结于上天的命令或者是神的旨意。

达尔文在分析人类演化时指出，将动物(与人类)看作各种促进自身利益的演化力量的产物，同时也不妨碍动物(与人类)利他与同情倾向的演化。他坚信自己的理论能用于解释道德的起源问题，认为演化过程的严酷与其某些产物的温良之间不存在任何冲突。在他看来，任何被赋予了明显的社会本能(包括亲子间的亲情)的动物，只要其智力也像人类一样已得到正常发育，就必然具有一种道德感或道德意识。达尔文所讲的是人的同情能力，在许多的研究报告中都得到印证，设身处地地感受他者情感的能力是人类非常基本的一种能力属性。同情现象最早大概出现在父母对孩子的照料中，随着时间的推移，同情现象的范围都超出了这一领域，延伸至无亲属关系的成年个体的关系中。道德的基础是情感、意图和能力，也是演化的产物。

以赫胥黎为代表的"饰面理论"者们却并不这么认为，赫胥黎将人类的道德看作人类在努力克服粗野而肮脏的演化过程及其结果中所取得的一个胜利。在他看来，只有通过对抗我们自己的本性，我们才能成为有道德的动物。在人的内心深处并没有真正的道德，道德只是一种掩盖我们自私、野蛮本性的文化涂层。人类的道德是人类对粗野而肮脏的演化过程及其结果的努力克服，只有经过反对我们的本性，我们才能成为道德的动物。德瓦尔形象地将赫胥黎眼中的人性描述为表皮光鲜的烂心水果。"饰面理论"者认为善行是为了掩盖人类根本上的恶的天性，高赛尔将其表述为：人的所谓的善行不过是基于利己动机和理性计算的利益交换行为，将根本利己表面上利他的行为说成是动机上是利他的。弗洛伊德认为，文明出自对本能的克制、对自然力量的控制及对文化性超我的建构。威廉姆斯断言人类的道德只是演化过程的副产品，道德只是偶然产生的一种能力。道金

① ［英］威尔斯：《世界简史》，刘建峰译，台海出版社2019年版，第32页。

斯在《自私的基因》一书中宣称，能与自然本性决裂是人类这个物种所独具的特性。盖斯林概括了过去生物学家中流行的道德观："一个口是心非的'伪君子'，打的是'利他主义'的招牌，干的是损人利己的勾当。""饰面理论"的道德观概括起来就是：人类被看成是彻底自私且嗜好竞争的，道德不过是一种事后的伪装。

以德瓦尔为代表的一批学者则坚持达尔文的路线，即道德演化论。德瓦尔认为人类本质上是善的，那些较为简单的非人类道德是更为复杂的人类道德的基础，人至少在某些时候能做出好行为，而不是任何时候都只能作出坏行为。[①] 人类与其他动物一样有着共同的情感上的演化之源，即情绪传染。情感回应是人类的道德"基石"，道德并非人类独有，是社会演化的产物，但是显然人类的道德要比其他动物的道德行为更为复杂。作为具有高度社会性的祖先——许多种前后相继、不断演化的猴与猿的后代，人类一直是过着群居生活的。而且对于人类而言，过群居生活并不是可选项而是必须选择的生活策略，所以说我们是彻头彻尾的社会动物，而人类的合作特质使我们在进化中获得了优势。德瓦尔认为达尔文本身是将道德看作演化的产物的，而非赫胥黎所宣称的那样。韦斯特马克将报答性情感看作道德的基石，并预见到现代会出现关于演化伦理学的讨论。道德需要以坚定的信念为基础，坚定的信念对道德选择来说至关重要。

马克思主义道德观认为，人类社会的实际情况是，"物质生活的生产方式制约着整个社会生活、政治生活和精神生活的过程"[②]。所以，马克思认为道德是人类社会的特有现象，动物的本能行为中不存在真正的道德。劳动创造了人和人类社会，是道德起源的第一个历史前提。在生产生活的实践活动中，人类必然要发生各种各样的人际交往和社会关系，道德恰恰是适应社会关系调节的需要而产生的。意识则是道德产生的思想认识前提。人只有在社会实践中充分意识到自我作为社会成员与其他动物的根本区别，意识到自我在社会中的角色与地位，意识到自我与他人的利益关系，并由此产生调节利益矛盾的迫切要求时，道德才得以产生。

---

① ［美］弗朗斯·德瓦尔等：《灵长目与哲学家》，赵芊里译，上海科技教育出版社2013年版，第4页。

② 《马克思恩格斯文集》（第2卷），人民出版社2009年版，第591页。

（二）农耕时代——道德发展

狩猎采集这一生活方式的改变可以追溯到大约 1 万年前，也就是农业革命的到来前。从采集狩猎走向农业，人类的生活方式发生的显著变化是人类从追逐猎物、不断迁徙变为定居生活。为了饲养驯化的动物，栽种植物，人们不得不选择安定下来。于是，从新石器时代开始，人类最基本的群体单位从一个个流浪的小团体变为了村庄。这种生活方式延续到了 18 世纪末期，直到今天，一些经济欠发达地区，还在沿用这种生活方式。一旦定居下来，人类就拥有了更加丰富的生产和生活资料，伴随着粮食产量的增加，人口也逐渐增加，由此带来的是，人类有了固定的生活圈子，大多数人的活动范围大幅度缩小，人类整体能力大幅度增加的同时，人与人之间的关系日益复杂，逐渐产生了亚里士多德所说的"政治生活"。

定居的生活方式改变了人类的群体构成，而传统的游猎群体也演变为统一的部落组织。一个地方的村庄形成了一个部落，每个部落的语言和风俗习惯又不相同。部落发展水平参差不齐，依旧处于原始经济状态，依旧比较散乱，和之前的游猎生活相比有所提高，但是提高的程度有限。这一时期村庄的明显特征是每个人都彼此平等，即社会地位是平等的。每个家庭都具备生产和生活的技能和工具，而且都拥有维持生活的自然资源。只要保证每个家庭的基本需要，产品的产量是不需要提升的。人们并没主动生产额外的产品的动力，工作对他们来说，是伴随社会关系产生的附属物，而不是为了谋生而必须忍受的东西。如果一个人帮助他人收割庄稼，他只是出于亲属或者社会关系，而不是为了取得回报。随着人口的一次次迁移，农业传播到了世界各地，到了王国时期，所有人定居下来，不再迁徙，人类身份也从狩猎者转变为农耕者，这导致了种族的变化，也开启了人类文明。文明首先在美索不达米亚平原诞生，接下来在欧洲和美洲也产生了各自的文明。随后，文明的火种向周边传播，文明社会也逐渐取代了部落社会。文明发展的最终结果，就是各大文明都遵循着一个共同的基本格局，但每个文明都有其独特的类型特点。这些特点是在几千年的独立发展中形成并固定下来的，它们不断发展和完善，一直到今天，这一过程仍然在继续。

农耕社会相较于狩猎时代，具有一些新的特点，定居的生活方式让人类开始进入了熟人社会。人口增加，工具精益，部落壮大，城邦之间争夺霸主的纷争也开始了，并且呈现出越来越激烈的态势。除了中华文明，其他的文明都在战争中断层，又在战争后复兴，文明与文明之间的彼此交融和排斥推动着人类文明的发展。犹太人的颠沛流离、阿拉伯帝国的起起伏伏、罗马帝国的兴盛衰败、耶稣的诞生与基督教成为欧洲人的信仰、十字军的东征与伊斯兰世界的崛起、蒙古铁骑横扫亚欧大陆，人类的发展史既是一本血腥的战争史，里面裹挟着政治利益、宗教纷争和人的欲望，同时也是一部自我发展的成长史，夹杂着人不断探索大自然和认识自我的进阶过程。

在这一时期，对于自然灾害(如洪水等)的恐惧和对外族入侵的担心，让人类的不安全感加深。为了解释世界、解释大自然、解释人，消除不安全感，维护良好的社会秩序，出现了两种解决问题的思路，一是宗教神学，二是伦理道德。

在整个西方文明的发展中，神扮演着极其重要的角色。在苏美尔建造的城市中，最高大辉煌的建筑物就是供奉神明的神庙。犹太人所创立的一神论思想对基督教和伊斯兰教都产生了深远的影响。埃及人所创造的来世说在当时的民众中也是被普遍推崇，人们开始相信，在今世正直且善良，那么来世就可永生，而作为神的代理人的法老拥有至高无上的权威。荷马史诗将希腊神话推向了一个新的高度，神的形象和故事也开始丰富起来。随着农耕社会的不断发展，为了更好地控制和管理民众，统治者开始借助神的力量来管理国家。为了增加统治者的权威，维护等级制度，统治者开始推广宗教，甚至将宗教与政治权力捆绑，使其成为了最高的权威。尤其是在黑暗的中世纪，神学和宗教成为了主宰人类世界的绝对力量。

在神学和宗教文化中，伦理道德一直扮演着重要的角色。一是体现在人们所塑造的神的形象上，如基督教的上帝是全知全能全善的，佛教的神是普度众生的，伊斯兰教的真神安拉被称为"至仁主"，多神教里的神则因对人类所带来的影响不同而有了善恶之分。善的神引人向善，恶的神则引来灾祸。人们将一切善的内容归结于神的指引，又将一切罪恶的东西交由神来审判，因为神是最为公正公平的存在，是超越凡世的特殊存在。二是体现在宗教的教义上，无论是基督教的《圣经》、伊斯兰教的《古兰经》还是佛教经典中都蕴藏了诸多伦理道德规范的内容。在宗教神学里，道德是规范人的言行和维护社会秩序的重要工具，神职人员以传播神谕的名义将道德规范灌输给信众。信众虔诚地将这些道德规范内化为自己的行动，并受其指引和约束。道德规范的内容也是繁杂多样的，不同宗教有不同的条目，但是宗旨是相同的，即向善行善。作为教义内容的道德规范也随着宗教的普及和长期发展，渐渐成为了人们自主自为的一种行为。信众因为信仰而自发地遵守这些道德规范，信仰不变，道德规范也一直遵循。由于宗教的最高解释权归于神职人员，所以，相同的宗教信仰在不同的地方因教职人员的不同解释而有所差别。神职人员通过传教和讲经等宗教活动将伦理道德规范传输给信众，信众基于对神的信仰而自觉地去践行道德规范。伦理道德规范的践行程度取决于其信仰的坚定与否，绝大多数的信众不会考虑伦理道德的合理性，他们之所以遵守是因为宗教信仰。

独树一帜的便要说中华文明了，中华文明任何时候都没有产生过祭司阶级或宗教集团，而是追求现实主义。上古时期的五帝让西方史学家认为是难以置信的存在。到了春秋战国时期，思想家们都注重解决当时的实际问题，其中的杰出代表孔子对中国的影响极为深远并且持久，一直延续到现在。孔子主张统治者的统治基础应该是标准的道德规范。到了汉以后，孔子的学说被统治阶级认定为治国的根本教义，中国最后一个封建王朝覆灭之前，孔子创立的儒家道德思想在中国一直处于统治地位。统治者通过"礼教"和"科考"的方式强化了人们对伦理道德的认同，从启蒙的《三字经》到教化的四书五经，伦理道德逐渐成为维护人际关系和政权统治的重要手段。西方学者甚至把这种世代传习教化的儒家学说称为儒教，因为它发展方式和途径与宗教非常相似。

与孔子同时期的西方学者苏格拉底也开始探索人的德性，并提出"知识就是德行，无知便是罪恶"。西塞罗说，苏格拉底"最先把哲学从天上召回来置于人类城邦当中……并迫使她追问生活、道德和事物的善恶"[①]。经由柏拉图、亚里士多德等人的努力，再经由古罗马的西塞罗将古希腊的传统伦理学思想发扬光大，以追求"善"为目标的自我完善理论开始发展起来，为个体道德的发展奠定了哲学基础，道德善开始成为个体非常重要的价值选择。

---

① 转引自[美]J. B. 施尼温德：《自律的发明：近代道德哲学史》，张志平译，上海三联书店 2012 年版，第 663 页。

无论是神学还是中国的经世之学都充分发挥了道德教化人心、维护社会良好秩序的作用。不过道德的主体是人，而人又拥有自主的意识，在相同的道德教化之下结出的果实却大不相同。神职人员以上帝之名行使权力的时候很难掌握好分寸，以至后期被私欲所控，大肆兜售赎罪券和扩修庙宇，使等待解救的穷苦大众更加困苦。而与政权捆绑在一起的经世伦理道德思想因统治者的不断强化而逐渐僵化成束缚人的思想桎梏。无论是奴隶社会的道德还是封建社会的道德都带有明显的阶级属性，是统治阶级意志的体现，道德内容和道德要求也完全是为统治阶级服务的，其目的是为了维护统治阶级的利益。道德条目由统治阶级所设定，道德的最终解释权也归属于统治阶级。在这一时期，道德的适用圈主要在熟人范围内，人们凭借着内心的认定（良知或信仰）在外在的强制力（政权或宗教）的约束之下自主履行道德责任，完成自己的道德践履。

（三）工业革命后——道德丰富

大约在公元 1500 年，历史做出了最重大的选择，改变的不只是人类的命运，而是地球上所有生命的命运，我们将它称为"科学革命"。[1] 科学革命带来的变化是巨大的，造成的影响是深远的。科学革命打破了地区之间的束缚，更是将农业社会中封闭的社会联结在一起，人们也逐渐从熟人社会走向了陌生人社会。在这一过程中，人类的竞争比农业时代猎杀动物更为残酷，人类大规模地扩张，不仅是对资源的掠夺，更伴随着对弱势地区的人类的奴役和掠杀。随着科学技术的发展，人类改造客观世界的手段不断丰富，欲望和贪婪也日益凸显，内部的竞争也不仅仅局限于自己生活的区域，开始不断向外扩展。新航线的开辟打破了区域之间的壁障，加速了人类群体之间的交流和沟通，同时也加剧了人类内部的竞争。帝国之间的殖民掠夺和人们思想的启蒙运动相继展开，人从神的束缚中被解放出来，开始自我的发展，也开始自我博弈。失去了神的强力约束，"那些伟大的心灵既可以作出最伟大的德行，也同样可以作出最重大的罪恶；那些只是极慢地前进的人，如果总是遵循着正确的道路，可以比那些奔跑着然而离开正确道路的人

---

① ［以色列］尤瓦尔·赫拉利：《人类简史》，林俊宏译，中信出版社 2014 年版，第 236 页。

走在前面得多"①。

人们在自我拉锯和与他人的博弈中矛盾地发展着，"人们试图塑造纯粹宗教类型的心灵与观念；轻贱那些到目前为止始终与基督教伦理共存并提供给养的世俗标准，他们吸收一些宗教精神，并与自己的想法相融合"②。人们追求自由平等，又干涉他人的自由。标榜着"自由、独立、民主"理念建国的美国却是黑人奴隶市场的热衷者，时至今日，美国成为了世界上最发达的国家，黑人也没有获得与白人同等的尊严和地位。以国家为单位的人类内部战争所波及的范围和破坏程度都是空前的。两次世界大战的爆发将整个人类世界的秩序打乱又重建。美苏冷战时期，为了增加打击对方的砝码，疯狂地发展毁灭性的武器，严重到可以毁灭地球的程度。面临这样的威胁，人类虽然有所收敛，尽量将战争波及的区域缩到小范围内，却又开始为自己寻找新的生存空间，更是将目标放到了太空，不惜为此以"杀敌一千自损八百"的态势展开了一系列的空间博弈。苏联被拉垮、解体，美国成为唯一的超级大国，也开启霸权的单边主义时代。阿富汗、伊拉克、索马里、叙利亚、乌克兰等相继卷入战争中，难民在夹缝中求生存。恐怖主义在世界范围内蔓延，即使是世界霸主的美国也被波及。

亨廷顿认为世界冲突的根源是各文明之间的差异，按照他的说法，世界存在着八大文明体系：基督教文明、伊斯兰教文明、东正教文明、儒教文明、日本文明、拉美文明、佛教文明、非洲文明（可能的）。每个文明都把自己视为世界的中心，当地区之间的壁障被打破之后，文明与文明之间的冲突也就开始不断显现出来，基督教国家一致对外的悠久传统在继续，伊斯兰教文明和西方文明的冲突延续了1400多年，而且持续上演。东西方文化的碰撞也在国际贸易中频发。亨廷顿认为文明是终极的人类部落，文明的冲突则是世界范围内的部落冲突。他预言"在未来的岁月里，世界将不会出现单一的普世文化，而将有许多不同文化和文明相互依存"③。在多文明的世界里，西方国家却一意孤行地宣扬普世价值，试图建构一个新的一元世界，不仅没有缓解冲突，反而加剧了矛盾和冲突的

① 转引自《十六——十八世纪西欧各国哲学》，三联书店1958年版，第103页。

② [美]约翰·斯图亚特·密尔：《论自由》，鲍容译，中华书局2016年版，第54页。

③ [美]塞缪尔·亨廷顿：《文明的冲突与世界秩序的重建》，周琪等译，新华出版社1998年版，第2页。

发生。

工业革命之后，农耕生活方式被打破，传统的熟人社会也开始走向陌生人社会。随着科学技术的发展，人们认识自然和改造自然的能力得到了极大的提高。与此同时，传统伦理道德的束缚力开始下降，社会中出现了诸多不道德现象。伏尔泰说，道德乃是人的社会生活得以可能所必需的手段；但是，上帝对道德也是必不可少的。① 而在工业化时代，人们对神的绝对权威开始产生怀疑，宗教信仰对人的约束力也逐渐削弱。人们也开始从自我发展的视角反思宗教教义所传达的善恶是否合理，是否符合人自身的发展。尼采说："发明上帝这个概念是用来反对生命的概念——上帝这个概念包含着一切有害的、有毒的、诽谤性的东西，他把生命的一切不共戴天的仇敌都纳入了一个可怕的统一体。"②他认为，道德的贬值带来了前所未有的损失，因为人本身所具有的价值被低估、忽略和否定了。梅利叶更是直接指出"任何宗教仪式，任何敬神行为都是谬误、舞弊、错觉、欺骗和奸诈行为"③，他甚至断言，神根本就不存在。霍尔巴赫认为："人之所以迷信，只是由于恐惧，人之所以恐惧，只是由于无知。"④宗教是人虚构的，"虚构出宗教的唯一目的只是在于奴役人民和使人民处于专制政权的统治下"⑤。对宗教怀疑和批判之后，人们开始返回人自身，追求人的自我发展。

"生而平等""生而自由"的思想在启蒙思想家的渲染下，被广泛传播和接受。卢梭认为"放弃自己的自由，就是放弃自己做人的资格，放弃人的权利，甚至于放弃自己的义务"⑥。追求自由成为了一种新的生活方式，人的个性也在这一时

---

①　[美]J. B. 施尼温德：《自律的发明：近代道德哲学史》，张志平译，上海三联书店2012年版，第567页。

②　[德]尼采：《看哪这人》，张念东、林素心译，中央编译出版社2000年版，第110页。

③　《西方哲学原著选读》（下），北京大学哲学系外国哲学史教研室编译，商务印书馆2004年版，第26页。

④　《西方哲学原著选读》（下），北京大学哲学系外国哲学史教研室编译，商务印书馆2004年版，第198页。

⑤　《西方哲学原著选读》（下），北京大学哲学系外国哲学史教研室编译，商务印书馆2004年版，第202页。

⑥　《西方哲学原著选读》（下），北京大学哲学系外国哲学史教研室编译，商务印书馆2004年版，第71页。

期得到了极大的发展和彰显。"人们试图塑造纯粹宗教类型的心灵与观念；轻贱那些到目前为止始终与基督教伦理共存并提供给养的世俗标准，他们吸收一些宗教精神，并与自己的想法相融合"[①]。道德也成为个体的自由选择，而不是受外在强制力的约束。个体选择道德的理由也变得多元化和个性化，或出于情感，或出于理性，也或出于利益。爱尔维修就认为，"利益支配着我们在道德上和认识上的一切判断"[②]。道德水平的高低和道德践行的程度不再依赖于宗教信仰和政权的强制力，而依赖于个体道德认知和自我选择。在现实生活中所呈现出的样态便是，信奉道德的人能够自主自觉地按照自己所选定的道德标准严格要求自己，致力于成为一个道德的人。而不信奉道德的人，则完全无视道德的要求和约束力，我行我素，作出诸多不被社会舆论所接纳的行为。

随着信息化时代的到来，人与人之间的距离被拉近了，人们的矛盾也不再局限于实体世界，开始在虚拟的网络世界肆意蔓延。网络暴力、网络诈骗等问题频发，成为威胁人类生存的新问题。人与人的博弈也从物质世界向精神世界蔓延，道德哲学家们试图重构一个完整的道德秩序的世界，将人的理性和自然规律拔到了前所未有的高度以解决道德约束力下降的问题。宗教神学试图通过宗教改革，将宗教教义与现实人的需要相结合构建出一个新的一套伦理道德世界。无论是哪种形式的重构都让我们意识到现代社会的道德更加注重道德主体自身的良知，而非外在的某种约束力。

从非洲角落一个毫不起眼的族群，逐渐登上生物链的顶端，最终成为地球的主宰，人类从来没有停止杀戮，但是人类也从来没有放弃变成一个更好的族群。人类历史上经历了从被动物猎杀、被奴役到猎杀动物、统治动物再到关怀自身、关怀动物、关怀生态的历史进程。在漫漫的历史长河之中，人类并不是唯一的幸运儿，也不是天生就站在神坛上，人类的胜利既是历史的选择，也是人类自己努力的结果。人类自我演化的过程，既是不断适应的过程，也是自我不断完善的过程，只有人类自身的强大和完善才能使人类长久地屹立在世界之巅。按照这个思

---

① [英]约翰·斯图亚特·密尔：《论自由》，鲍容译，中华书局 2016 年版，第 54 页。

② 《西方哲学原著选读》（下），北京大学哲学系外国哲学史教研室编译，商务印书馆 2004 年版，第 181 页。

路走下去，似乎正如尼采所说："凡是增强我们人类力量感的东西：力量意志、力量本身，都是善，而凡是来自柔弱的东西都是恶。"其实这只是一种"贝多芬错误"，即认为自然选择是一个残酷无情的淘汰过程，那么它就只能产生残酷无情的动物。但是事实并非如此，我们会将同情弱者视为道德，将欺凌弱者视为不道德，将救死扶伤视为道德，将见死不救视为不道德。

追溯人类历史，我们发现人类在原始氏族时期就有了道德——原始社会道德。而人类具有自觉的道德意识，以及体现这种自觉的道德学说或伦理思想则是在进入文明社会后。道德最初是为了处理社群内部事务而演化出来的，只是到不久之前，人们才开始将其他群体的成员、一般意义上的人类和非人类，也包括在道德的适用范围内。① 我们为道德适用圈拓展欢呼的同时不能忘记这种拓展是有一定限度的，当资源丰富时，人类的道德圈才可能扩展；当资源不足时，甚至是匮乏时，道德适用圈也不可避免地会缩小。最为简单的例子就是，当人都挣扎在饥饿边缘的时候，我们可能就无法去关心身边的动物能否生存了。人类会因为现代牧场中牛的生活状况感到担忧和同情，却不会拒绝在餐厅里点牛排。简单而言，人类的道德适用圈是以自我中心向四周辐射的，离这个中心越远，利他现象就变得越稀薄。这是一种不得不为的选择，也是作为世界主宰的人必须做出的取舍，这个世界不存在绝对的自由、平等，只有相对的公平和正义。道德自觉也是人类演化的必然结果，是人类的自我觉醒和自我抉择。

三、道德的产生与发展

道德既是群体的一种自主选择，也是个体的一种自主选择。道德心理学家用实证的方式分析了个体从出生到成长过程中道德的萌发过程，为我们研究个体道德的发展提供一种有价值的参考。比较有代表性的研究主要有四种，即皮亚杰的儿童道德发展理论、科尔伯格的"三水平六阶段"理论、特里尔的领域理论和保罗·布卢姆的儿童道德发展理论。这四种理论是前后相继的，也是不断发展的，对于我们了解个体道德发展情况有着很重要的指引作用。

---

① ［美］弗朗斯·德瓦尔等：《灵长目与哲学家》，赵芊里译，上海科技教育出版社 2013 年版，第 139 页。

（一）皮亚杰的儿童道德发展理论

瑞士心理学家让·皮亚杰的认知发展理论和儿童心理学研究对于道德心理学的研究来说具有里程碑式的意义。尤其是发表于 1929 年的《儿童的道德判断》一书，是道德发展领域公认的经典名著。皮亚杰采用对偶故事法，考察了儿童对游戏规则的认识和执行情况、对过失和说谎的道德判断以及儿童的公正观念等方面的问题，并据此概括出儿童道德认识发展的三个阶段：前道德阶段、他律道德阶段、自律道德阶段。①

前道德阶段（0—2 岁）是感知运动阶段，属于道德萌芽阶段。刚出生的婴儿仅有一些构成情绪的情感反射，在成长的过程中，这种情感相应地和自己的动作发生了联系。在这个阶段的儿童的思维是自我中心的，他们的行为直接受行为结果所支配。所以，我们还不能对这个阶段的儿童的行为作出一定的道德判断。

他律道德阶段（2—6、7 岁）属于前运算阶段。在这个阶段的儿童的道德判断受他自身以外的价值标准支配和制约，儿童的一切道德判断和一切真理都来源于成人，是否服从成人的权威是判断是非的依据，而服从是他们的第一道德感。随着儿童道德观念的发展，自律道德必然取代他律道德，成为支配儿童道德行为的律令。

自律道德阶段（6、7—11、12 岁）属于具体运算阶段。在这个阶段的儿童的道德判断受主观价值标准支配，儿童在道德发展方面产生了相互尊敬的情感以及合作的或自律的道德，判断是非的标准主要依据于行为者违反社会规范的动机，而非行为的客观结果。自律道德以相互尊重、互惠、平等和协作为标志。根据皮亚杰的观点，随着儿童年龄的增长和知识的积累，儿童开始不再只是盲目服从，明白规则并不是绝对的，而是大家共同制定的。由于协作和相互尊重，儿童对公正的理解不再局限于盲从权威，而是逐渐形成了平等观和公道感。这也意味着儿童将道德规则内化了，约束力也随着内心的认同而加强了。

总体而言，儿童的道德他律阶段，主要是以外在的强制力和单方面尊重为基

---

①　孙君：《世界著名心理学家皮亚杰》，北京师范大学出版社 2013 年版，第 76 页。

础的，儿童的行为受到外在权威支配。当儿童发展到自律阶段时，基于协作和相互尊重，儿童的判断标准依据则转化为自己主观的价值标准。就儿童道德发展的过程而言，是由他律道德向自律道德发展的过程。

皮亚杰的儿童道德发展理论开创了道德发展的新传统，从心理学的视角，对儿童道德发展情况进行实证研究，突破了传统纯思辨性的哲学研究。同时开启了道德认知发展理论研究这一新篇章，也促进了道德教育的科学化。简单清晰的道德发展线索，让我们对儿童的道德成长情况有了一个大致的了解。在他的观点中，道德发展源于主体，他强调儿童在道德发展中的自主性，这一点印证了自我完善理论的基本观点。他将儿童视作"哲学家"，他们本身就是自己的道德观念的构造者，外在的权威和价值观念只有被儿童认可并认同才能真正发挥作用。在他看来，儿童能够自我管理、自我发展，充分发挥儿童的自主性、能动性，有利于促进儿童道德观念的发展和道德水平的提高。

从 20 世纪 60 年代开始，皮亚杰理论遭到了大量的批评与质疑。一些学者认为皮亚杰的研究缺乏一定的认知和行为的效度，推翻了整个结构发展理论，还有一些学者则部分赞成结构发展的观点，但是对"阶段"概念产生怀疑。在皮亚杰的理论里，阶段变化应该是突然的或者是跳跃的，而不是渐进的过程，而批评者的研究显示，个体的各种发展变化是渐进的。针对这些批评，皮亚杰在进行大量研究的基础上出版了《走向意义的逻辑》等著作，表达了一些新观点，适当修正了先前的理论。

一是承认并研究社会因素在儿童发展中的中心作用。皮亚杰在早期著作中提出"社会生活是早期逻辑发展的必要条件"和"社会生活改变了个体的属性"之类的论述，在后期的著作中则直接谈到"个体相互关系改变了个体的心理结构"，心理结构的变化不是个体本身，而是来自个体与外界的相互作用。

二是强调相互作用作为知识和思维的来源。1965 年，皮亚杰强调了相互作用的思想，认为思想具有结构，而这个结构来自个体同外界的相互作用，并将这个相互作用视为建构主义取向的前提条件。用他的话来说，就是"为了认识客体，主体必须作用于它们，并且因此改变它们，包括代替、连接、联合和同化它们。知识，从起源上来说，既不是主体的产物，也不是客体的产物，而是主体与客体相互作用的产物"①。皮亚杰的相互作用论批评了在儿童发展领域长期存在的对立二分思维。② 他强调个体发展受到个体与环境的相互作用的影响。

三是弱化"阶段",实现由命题逻辑向意义逻辑的转变。他的新理论中采用"水平"概念替代"阶段",后期的"新皮亚杰学派"则多用"时期"、水平来取代"阶段"。皮亚杰在《从儿童到青少年逻辑思维的发展》(1958)一书中用一种完全形式化的命题逻辑来刻画儿童,认为形式化的认知在面对不同事件时可以表示出一致的形式,只需要了解这种形式就可以描绘出个体的发展。阶段的变化是突变的整体变化,可以较好地描述形式的变化。但在《走向意义的逻辑》一书中,他探讨的是儿童怎样才能实现新的、由内容约束的意义(content-bound meaning),以及这些特定的意义是怎样通过反省和抽象产生普遍的逻辑形式(诸如运算、关系等)。采用"水平"等概念可以弱化"阶段"的绝对性。但由于皮亚杰的逝世,他的理论被迫中断。

从理论本身而言,道德认知是该理论的核心,认为儿童道德发展是自身与社会环境相互作用的结果,即将道德认知等同于道德行为。同时,皮亚杰认为道德认知对儿童道德水平具有重要的影响,在儿童的道德发展过程中具有重要的作用,随着道德认知的增长,儿童的道德发展水平也会不断增长。作为康德主义的追随者,皮亚杰忽视了情感等非理性因素对道德行为的影响,从某种程度上来说,他也不认同仅凭直觉或情感产生的道德行为,比如他对前道德时期的判断理由,就明显是对情感所引发的道德行为的不认同。引起道德行为的因素是多种多样的,或基于本能,或基于情感,或基于理性,或基于认知。道德认知是道德行为的必要而非充分条件,道德认知并不等同于道德行为,皮亚杰的"临床法"只能相对准确地测试出儿童的道德认知情况,并不能完整地呈现出儿童的道德践行情况。但不可否认的是皮亚杰开创的道德认知和判断的研究,对后来的研究者产生了重要的影响。

---

① Turiel, E. The development of social knowledge：Morality and convention. Cambridge, UK：Cambridge University Press，1983：9.

② 对立二分思维：认为儿童发展由两种因素决定,或是环境,或是遗传。

（二）科尔伯格的"三阶段六水平"理论

1958 年罗尔斯发表了《作为公平的正义》等系列文章，在学界引起很大反响。作为同事的科尔伯格深受其影响，将罗尔斯的公正理论作为自己理论解释性的结构模型。同时，劳伦斯·科尔伯格继承并发展了皮亚杰的道德发展理论，强调个体道德发展的结构变化，认为道德认知的形式或结构是发展的核心，从一个阶段到另一个阶段的变化是不可逆的。基于对青少年的道德认知的发展状态的研究提出了道德发展理论，即"三阶段六水平"理论，基本内容如下表所示。①

水平	阶段	内　容		社会观点
		所谓的对	做得对的理由	
水平一：前习俗水平	阶段 1：他律阶段	避免破坏规则而受惩罚，完全服从，避免对人和物造成物理损害	避免惩罚和权威的强力	自我中心观点。不考虑他人的利益或认识到它们与行为者的利益之间的区别，不能把这两种观点联系起来。依据物质后果而不是依据他人的心理兴趣来裁判其行为。把自己的观点与权威的观点相混淆
	阶段 2：个人主义、工具性的目的和交易	遵守会给人即时利益的规则。行动是为自己的利益和需要，并允许被人这样做。对的也就是公平的，即一种公平的交易、交换和协定	在满足自己的需要或利益情况下，也要承认别人也有自己的利益	具体的个人主义观点。意识到每个人都有自己追求的各种利益，且充满着冲突。所谓对是相对的（具体的个人主义意义上的）

---

①　[美]L. 科尔伯格：《道德发展心理学》，郭本禹等译，华东师范大学出版社 2004 年版，第 165-167 页。

续表

水平	阶段	内　容		社会观点
		所谓的对	做得对的理由	
水平二：习俗水平	阶段3：相互性的人际期望、人际关系与人际协调	遵从亲人的期望或一般人对作为儿子、兄弟、朋友等角色的期望。"为善"是至关重要的，意指有良好的动机，表明关心别人；也意指维持相互关系；如信任、忠诚、尊重、感恩等	按自己和别人的标准为善，关心别人，相信"金科玉律"，愿意维持保持善行的规则和权威	与他人相联系的个人观点，意识到共享的情感、协议和期望高于其个人的利益。联系"具体的金科玉律"观点，设身处地地考虑问题，但仍不能考虑普遍化的制度观点
	阶段4：社会制度和良心	履行逢人所承诺的义务，严格守法，除非遇到它们是与其他规定的社会责任相冲突的极端情况。对的也是指对社会、团体或机构有所贡献	致力于使机构作为一个整体，避免破坏制度，或者迫使良心符合规定的责任	把社会观点与人与人之间的协议、动机区分开来。采纳制度观点，并据以指定角色和规则。依据制度来考虑个人之间的关系
水平三：后习俗水平	阶段5：社会契约或功利和个人权利	意识到人人都持有不同的价值和观点，人大多数价值和规则都相对于所属的团体。但这些相对的规则通常只有公平的才应该遵守，因为它们是社会企业。有些非相对的价值和权利诸如生命和财产应该在任何社会中都必须遵守，而不管大众的意见如何	有义务遵守法律，因为个人缔结的这种社会契约的目的乃是用法律来发展所有人的福利和保护所有人的权利。签订的承诺自由的进入家庭、友谊、信任和工作义务之中。关心法律和义务是基于整体的功利，即"为了绝大多数人的最大利益"	超越的社会观点。这是一种理性的个体意识价值和权利超过社会依附和契约的观点。通过正规的协商、契约、客观的公平的机制和正当的过程来整合各种观点。考虑它们有时冲突，发现整合它们的困难
	阶段6：普遍的伦理原则	遵守自己选择的伦理法则。特定的法律和社会协议之所以通常是有效的，因为它们是建立在这种法则之上。当法律违背这些原则时，人们会按照原则行事，因为这些法则是普遍的公正原则；人权平等和尊重个人作为人类的尊严	作为一个理性的个体相信普遍的道德原则的有效性，并且立志为之献身	基于治理社会的道德依据的观点。这种观点使任何理性的个体都懂得道德的本质和人作为目的这个事实

　　很显然，科尔伯格比皮亚杰更进一步，对青少年的道德心理研究也更为细化和深入。但是他们的目的都是一致的，走向罗尔斯所说的"公正"。科尔伯格十分重视道德两难问题的构建、讨论和应用，同时这也是他阐述、分析青少年道德发展的一个重要基础和证据。科尔伯格认为，儿童本身就是道德哲学家，他们有自己关于价值问题的思考方式，能够自发形成他们的道德观念，而这些道德观念又形成有组织的思维方式。儿童的道德道德判断结果和内容是一个判断的两个方面，二者相互包含又相互限定，因此，评价道德成熟度需要从内容和结构两个角度进行思考。在他看来，我们对道德发展阶段的划分不是根据道德判断的内容而是根据道德判断的结构，道德发展的机制是道德判断的认知结构的变化发展过程，道德判断中含有结构，结构限定判断发展的阶段。儿童的道德判断沿着垂直和水平两个序列发展，垂直序列的发展是由道德低级阶段向高级阶段的推移，水平序列的发展是从逻辑认知发展经社会认知发展向道德认知发展的推移。因此，儿童的道德认知发展受到儿童的逻辑认知发展和社会发展两个方面的制约。个体道德发展的动力并非先天成熟，也非后天习得。在促进儿童道德发展上，理智发展本身并不充分，还需要个体与社会的相互作用，其中最重要的途径是角色承担。从广义来看，他人观点通过个体理智思维的中介对个体产生影响。他反对情境主义，忽视个体面对不同情境而发生的应对变化，他认为这些观点并没有将个体的主动性置于优先地位。

　　不仅如此，科尔伯格的理论为道德教育提供了很多建设性的意见，甚至掀起美国20世纪70年代的"认知发展运动"。就理论本身而言，他有两个理论基础，一是康德的道德律令，二是社会契约论，尤其是罗尔斯的正义论。如果说康德的道德律令被视为形而上学的，罗尔斯的正义论被视为是乌托邦式的，那么科尔伯格的道德发展理论则是理论的现实运用，几乎让人们相信康德的绝对命令完全可以通过现实的方式践行，虽然不能使每个人都达到阶段6的水平，但是到达阶段4或是阶段5却是极有可能的，由此便可建立一个正义的伦理世界。美国大范围推广的道德教育在最开始的时候也的确让人看到了这样的希望，儿童的道德认知水平得到很大程度的提高，但是道德践行水平的提高却并没有达到预期的效果。事实上，康德的形而上学的道德要求并不是一般人可以做到的，康德所描述的善良意志也是极难有人可以达到的境界，所以从严格意义上来说，理论虽然可行，但是现实却相差甚远。首先一点便是现实的人更为复杂，作为社会关系的个人并不能完全按照自己的心意行事，人所受到的影响也是复杂多样的，在行动时所考虑的因素也是多种多样的。其次，作为一般的普通人实在难以达到理论上所要求的高度。举个最简单的例子，杀人偿命、欠债还钱这一铁律被人们奉行了几千年，但是杀人者和欠债不还者依旧屡见不鲜。这些人并不缺乏理性，也具有基本的道德认知，却依旧作出了这样的行为。因为不同的思维具有不同的边界，所以科尔伯格忽略这些边界的结果就是他的研究并不能说明"真实生活世界"中的儿童发展，研究的应用性也没有预想的那么有效。

从根本上来说，他们的理论和实践依旧没有解决休谟问题，道德认知的增长只是道德行为的必要而非充分条件。换句话说，认真履行道德义务的人必然具备相应的道德认知，但是具备道德认知的人并不一定会履行道德义务。这也是美国儿童德育面临的最大问题，而且道德并非完全可以范式化。追求道德善是我们的既定目的地，但是却没有一条明确通往这一最终目的的道路。人们只是仅凭借着自己领悟、认知做出对自己最有利的抉择而已。虽然无人可以否定道德是人的共同追求，但是却也无人不知道德并非人唯一的追求，这一问题不仅是科尔伯格理论的问题，而且是整个道德面临的问题。

20 世纪 90 年代，科尔伯格的理论开始式微，原因有很多，其中一个是因为罗尔斯在伦理学中受到的批判使一些心理学家认识到，科尔伯格只关注公正推理的发展是有局限的。女性主义以及情感主义从各自的立场提出了自己的批评意见，女性主义认为测试的对象多为男性，而事实上，女性和男性之间的价值评判是存在差异的，男性更加注重公正，女性则更加在意关爱，所以实验的结果并不能全面地成为标准。情感主义则针对社会契约等理性主义理论提出自己的意见，并非基于情感的道德行为就低于出于理性思考的道德行为，这显然有失公允。科尔伯格在回应中称把人当作最终目的考虑的原则普遍适用于关爱道德和公正道德。努涅·温克勒也对此进行了相关的解释，即"在关心和公正两种取向之间存在区别，但是这种区别不属于基本的道德观点范围，而只是强调了两种不同的道德责任方式"[①]。这些解释显然不能让批评者满意，道德认知发展理论在现实运

---

① ［美］L. 科尔伯格：《道德发展心理学》，郭本禹等译，华东师范大学出版社 2004 年版，第 341 页。

用中的问题也没有得到解决。

(三)特里尔的领域理论

特里尔师从科尔伯格,致力于儿童青少年道德发展和社会性理解的研究,尤其是儿童社会判断和道德推理的工作。1964 年他完成了博士学位论文《道德判断发展阶段的实验分析》,毕业后,他相继在哈佛大学、加利福尼亚大学圣克鲁兹分校、加利福尼亚大学伯克利分校工作。任教期间,他聚集了大量的道德发展心理学爱好者,带领其同事和学生进行了各种研究,将领域理论的影响力扩展到全世界。

作为科尔伯格最重要、最得力的弟子之一,特里尔对科尔伯格的道德认知发展理论作出过突出的贡献。他的博士论文主要研究了高于儿童当前发展一个阶段的道德认知能更好地影响个体的道德发展。1966 年,他在我国台湾地区和美国分别研究了不同道德发展阶段之间的相互影响。20 世纪 70 年代初,特里尔开始对科尔伯格的一些观点表示不满,一方面,他继承了科尔伯格的重要学术观点,如承认儿童思维和判断的发展是决定道德发展的基础,儿童道德发展存在着一个"发展"过程;另一方面他又反对科尔伯格只研究儿童道德思维的形式,忽视儿童道德思维的内容这一做法。于是,特里尔重新转向皮亚杰的理论,并受到新皮亚杰理论的一些影响。他从皮亚杰的"相互作用"理论出发,寻找完善道德发展理论的途径。同时,他还继承了皮亚杰的研究方法,临床访谈法对于新理论的形成具有重要的作用。1978 年,美国伦理学家格沃斯出版了《理性与道德》一书,明确区分了道德和习俗。他认为"道德义务的判断是绝对的,因为个体道德上的'应该'为他自己设立了一种标准:任何自我利益方面的动机或折中的观点、想法或者一些制度实践都不应该遮盖道德上的考虑。"[1]特里尔受其启发,通过心理学的研究方法比较了习俗与道德概念,于 1979 年发表了《社会习俗和道德:两种不同的概念和发展领域》,提出用领域区分的观点来看待社会性发展问题。在加利福尼亚大学任教期间,他带领同事和学生进行了各种研究,加入"个人领域",将领域从两个扩展到三个。1978 年至 1983 年的大部分时间内,特里尔与斯梅塔

---

[1] Gewirth, A. Reason and morality. Chicago:University of Chicago Press, 1978:24.

娜、努奇等早期追随者进行了大量的合作研究，并将其理论成果进行系统整理，出版了《社会知识的发展：道德与习俗》。特里尔紧接着将自己的领域区分观点整合到各种道德发展理论，对其他道德发展理论作出领域视阈下的修正或再解释。

特里尔领域理论的根本内容在于区分儿童对不同领域问题的推理和思想，并形成不同的概念。特里尔指出："我认为道德是关于公正（justice）、福祉（welfare）和权利（rights）的，这个概念受到哈贝马斯和罗尔斯等人的影响。"[1]与科尔伯格不同的是，在道德获得机制上，特里尔更多继承哈贝马斯的理论。他最大的贡献在于将皮亚杰的相互作用和领域特殊性的思想应用于解释社会认知，并研究了不同社会知识领域的边界以及个体思维结果，区分出道德、习俗和个人三种思维。他将发展的异质性理论，以及广义的平衡理论应用于文化和社会，解释了文化的发展以及文化内部的冲突，这与个体发展研究一脉相承。建构主义的相互作用观，和发展同质性与异质性、同时性与异时性的论述结合起来，就形成了特里尔第三代建构主义的核心思想。[2]

特里尔延续了科尔伯格道德发展的认知取向和建构主义取向。他认为，儿童可以根据他现存的认知结构对社现实进行积极的解释。而这个认知结构是个体在与外界环境的相互作用过程中，通过顺应、同化等心理机制逐渐建构起来的。从部分建构的观点出发，特里尔认为发展阶段或者发展水平不再存在某种普遍意义上的结构，在每个领域认知内部存在一个不断发展的过程，需要对领域内部的发展水平或者结构做出解释。他说："领域区分的目的主要在于提供一个基础来理解思维、行动与文化之间的相互作用。儿童只有在与社会的交互作用中，道德生活的发展才能得以展开。"[3]特里尔不仅认为发展来自儿童与环境的相互作用，而且认为个体在相互作用的过程中会产生各种"经验"，这种经验是个体发展的来源。他强调个体的经验会影响个体建构知识和思维的类型，"个体对它们的熟悉

---

①　Turiel Elliot, Veronikas Susan, Shaughnessy Michael. An interview with Elliot Turiel. North American Journal of Psychology，2004，6(2).

②　刘春琼：《领域理论的道德心理学研究》，上海教育出版社 2011 年版，第 38 页。

③　Turiel, E. The development of social knowledge：Morality and convention. Cambridge, UK：Cambridge University Press，1983：21.

程度以及事件本质的认识影响个体思维的类型和水平"①。与此同时，特里尔也承认个体的反应并不完全由外界事件决定，"外界事件在与个体相互作用中，以其不同本质性质帮助建构不同的领域知识"②。也就是说，事件的性质可以影响婴儿的反应。婴儿期形成的基本结构是物理认知（皮亚杰等）与逻辑数学认知（Langer，1980），结构会在不同类型的知识基础上产生，并在发展过程中进一步建构起来。在特里尔看来，这是婴儿领域的最初建构，随着个体发展，他们会建构新的不同领域。

思维的同质性是指个体在面对不同任务和情境时表现出一致的认知结构，而发展的异质性否认存在一般的、普遍的发展形势以适用于所有的情境和任务。皮亚杰、科尔伯格等传统道德心理学研究者多认可思维的同质性。而特里尔的领域理论这种认知发展取向既具有同质性也具有异质性。对不同领域事件个体使用不同领域思维来应对，思维的领域性决定思维的异质性。但对属于同一领域的不同事件，个体对它们的反应都具有本领域的性质，这样，领域思维又具有了同质性。

特里尔不赞同皮亚杰的发展观，他认为发展存在两个过程，"第一个是思维结构逐渐自我修正和完善的过程，第二个是出现新的思维结构的过程"③。并且这两个过程可以并行存在。在特里尔看来，个体发展不是突变的，而是渐变的。道德领域认知发生变化，并不会同时导致习俗领域认知的进一步发展，反过来也是一样的，但是习俗和道德的发展走向都是不断深入的，具有相同的普遍方向。

从皮亚杰到特里尔，建构主义道德心理学研究经历了三代人。这三代道德建构主义者除了在个体道德建设的水平、阶段和结构的外在表现上存在差异之外，还存在一个根本差异，即对个体与社会的相互作用机制具有不同的介绍。在他们看来，道德发展的动力来自个体与外界的相互作用，但是相互作用观存在差异，

---

① Turiel, E. The development of social knowledge: Morality and convention. Cambridge, UK: Cambridge University Press, 1983: 17.

② Turiel, E. The development of social knowledge: Morality and convention. Cambridge, UK: Cambridge University Press, 1983: 18.

③ Turiel, E. The development of social knowledge: Morality and convention. Cambridge, UK: Cambridge University Press, 1983: 18.

由此也导致他们在道德发展的其他观点上出现差异。皮亚杰认为，同伴之间的相互作用对个体的道德发展起到关键作用，促使他重视在同伴交往中形成的道德自律，科尔伯格强调相互作用中个体角色承担的过程以及个体具有的一般理智发展水平，由此强调个体对两难问题的道德推理，特里尔更多强调事件知识的内在结合以及个体对此的建构，个体的主动性是产生相互作用的重要方面，在与其他个体的相互作用中，个体可以针对不同的情境作出不同的反应，背景变量改变了个体对情境意义的知觉和判断。

总之，以皮亚杰为代表的第一代道德建构主义者通过相互作用承认社会因素的影响，但是否认社会影响参与个体心理建构，以科尔伯格为代表的第二代道德建构主义者则在狭窄意义上使用社会建构，限制于个体角色扮演，而以特里尔为代表的第三代道德建构主义者承认社会事件的性质直接参与个体心理建构。

（四）保罗·布卢姆的道德发展实验

耶鲁大学著名的心理学家保罗·布卢姆延续用实证主义方法来研究儿童的道德发展情况，并综合了人类进化论、情感主义、理性主义的观点，提出了比较符合现实的儿童道德发展现状的看法。他在《善恶之源》一书中通过介绍大量的实验证明人类天生就拥有某些道德特质，还有一些道德特质是后天习得的。作为一个进化论的追求者，他认为天生的道德特质是生物进化的产物，而后天习得的道德特质在不同的文化中拥有不同的面貌。首先是在婴儿身上发现了所谓的"道德感"，即区分是非好坏的能力，而并非做好事或坏事的冲动，这正是亚当·斯密所说的社会性及善意的情感，比如慷慨、人道、仁慈、同情、相互友爱与尊重。

很显然，探究婴儿大脑中的想法并不容易，而且婴儿的可控性太差，心理学家认为婴儿的眼球运动是婴儿能够自主控制的极少数的行为活动之一，所以通过研究婴儿的"注视时间"可以基本了解婴儿对事物的看法。一系列"帮助者/阻碍者"研究结果显示，绝大多数 6 个月和 10 个月的婴儿更喜欢帮助者，而不是阻碍者，由此推出"婴儿对善意行为和恶意行为拥有普遍性的理解和偏好。他们能够理解多种社会性互动的好坏"[1]。这一结果虽然存在着一些争议，认为婴儿可能

---

① ［美］保罗·布卢姆：《善恶之源》，青涂译，浙江人民出版社 2015 年版，第 25 页。

出于其他的因素而做出这样的选择，不一定是基于道德的因素。我们并不能确信婴儿自身的行为是一种道德判断，但是不可否认的是，婴儿更偏好于帮助者，而不是阻碍者。与成人一样，婴儿确实会对社会性互动作出反应，即婴儿会根据自己对人类行为的理解作出选择。但是这种偏好也仅仅是偏好而已，它并不一定会促使婴儿在成长过程中作出道德行为。

为此，布卢姆以完美的"心理变态者"为例进行说明："他"生而拥有超高的智商、良好的社交能力，还有诸如正常人的行为动机，但是无法对他人的苦难作出正常反应，缺乏感激和羞耻心。他是一个天生的心理变态者，但是并不是道德低能儿。作为旁观者，你可能试图通过功利主义的人类幸福观、康德的绝对命令、罗尔斯的公正、亚当·斯密的同情来说服他，抑或用黄金定律中的"己所不欲，勿施于人"来劝解他。但是他的答案可能只是简单的"我不在乎"。而许多的罪大恶极的犯罪者似乎也用他们的言行来证实了这一点。泰德·邦迪（一个连环杀手）一直不明白为什么要问他杀了谁，他甚至满不在乎地说："我杀的人多了去了。"连环杀手加里·吉尔摩则更为直接地表达道："我总能杀得了人……我可以毫不在意他们的感受，完全无动于衷。我知道我干的事情大错特错，但是我仍然会毫不犹豫放手去做。"许多犯罪者在被捕、接受制裁中或是释放后依旧会走上继续犯罪的道路。被加拿大媒体称为"治疗不了的连环杀手"的彼得·伍德科克在青少年时期强奸并杀害了三名儿童。在被关进一间精神病院几十年后，终于得到了一次 3 个小时的放风时间，而就在此期间他用斧头杀害了自己的密友。不仅如此，心理变态者甚至会用极其残忍的手段对待自己的亲人、爱人，除了报复以外，居然包含了爱的因素。非常有名的一部电视剧《不能和陌生人说话》讲述的就是一个以爱之名实施家暴的故事，丈夫因为爱自己的妻子，不允许她与其他的男性接触，为此不惜动用暴力。现实生活中这样的例子也很多，不仅是夫妻之间，还有兄弟姐妹之间，甚至父母与子女之间都存在着这种事件。绝大多数的正常人都无法理解心理变态者的行为，更不会认同他们的行为，但是却无法否认这种行为的现实存在。心理变态者并没有像一般的正常人一样在儿童时期产生道德情感。保罗·布卢姆认为心理变态者最核心的心理障碍是对他人的痛苦漠不关心，即心理变态者缺乏同情心，而没有同情就无法产生道德。人从降生的那一刻起，就与他人产生了联系，成为了"社会人"中的一员。刚出生的婴儿也会对人的表情及反应做出自己反应，会尝试模仿大人们的动作和语言。从观察的结果来看，婴幼儿不仅会对他人的痛苦产生同情，还会试图安抚他人，甚至于基于同情做出善举。大量的生活中的真实故事和实验室的学术研究表明，婴幼儿可以自发地帮助他人。也许正如亚当·斯密在《道德情操论》中所表述的那样，无论我们认为人类有多自私，但是不可否认的是，人具有某种关心他人、将他人福祉作为自己事情的那种天性。

然而，从许多的实验观察和现实生活中的真实情况来看，婴儿在成长的过程中并不是一帆风顺地持续保持善的增长，也并不会因为善的知识的增长而激发出他们的善行。或许正如道金斯在《自私的基因》中所论述的：我们生来就是自私的。好人的数目注定将要减少，善良在达尔文主义里终将灭亡。无可否认的是作为动物的人也不能逃脱"优胜劣汰"的自然选择，适者生存的原则同样适用于人类。但是自然选择并不是人类社会发展的唯一原则，自然选择发生的范畴在于人与动物之间，即自然范畴之内。随着社会发展，人类的数量和规模不断扩大又延伸出了社会选择，即在人类社会内部的生活规律，这种规律则更多地表现为人的社会性。也就是说，人不仅具有自然属性，还具有社会属性，因此，自私的基因只是人一部分的特质，另一方面，人也存在着利他的特质。而人的现实表现则是这两种特质之间的博弈过程，即人内心世界善恶之间的博弈，当善占据着上风时，我们称之为"好人"，当恶占据上风时，我们称之为"恶人"，真实的情况是没有永远不为恶的"好人"，也没有纯粹的"恶人"，我们对善恶的评价往往是对某一具体事件的评价。

从达尔文在《一个婴孩的生活简史》中，我们能够找到许多能够与现实生活相印证的例子来表明，婴儿的成长过程是一个善恶博弈的过程，在这个过程中，我们既能看到威廉会因为自己的善行而沾沾自喜，也会因为自己违背父母的意志偷吃砂糖产生内疚和羞愧。在偷吃糖果的过程中也存在着害怕被发现的紧张、做错事的愧疚与满足口腹之欲的快乐之间的矛盾和冲突，而这个冲突的结果中胜出的一方会影响下次的抉择。举一个具体案例来说明，大人给了一位2岁的小男孩一根棒棒糖，小男孩决定将棒棒糖敲碎了自己吃一半，留下另一半给自己10个月的妹妹。但是，很快他就吃完了自己的一半，然后小心翼翼地打开包裹着剩下一半糖果的纸，看了看，又小心翼翼地包裹好，连续几次之后，他在打开后将碎屑放进自己的嘴里然后再将糖包裹好，直到只剩下一块最大的，他打开看了看之后又不舍地将糖收起来，反复好几次之后，他伸出舌头舔了舔仅剩的一块然后再包起来。3 个小时后，妈妈带着妹妹回来，他羞涩地将糖纸打开，不舍地将糖喂给妹妹的时候，发现那块糖已经只剩下小小的一块了。他紧盯着妹妹吃糖的过程，时不时偷瞄一下大人，看大人是否发现他偷吃糖，当大人问他偷看什么时，他脸一红，紧张地说："我没有偷吃"，然后跑得远远的。很显然，小男孩是出于对妹妹的疼爱，自主决定将糖果分享给妹妹，他作出承诺的时候，自己内心也是笃定应当这么做的，当他在品尝自己那一半的时候心里是非常愉悦的，自己的吃完后，他多次打开剩下的一半时内心是矛盾的，一方面是自己对糖果的渴望，另一方面是自己许下的承诺。多次反复地冲突之后，对糖果的渴望占据了主导，他偷吃了糖果的碎屑，重温了糖果带来的愉悦，害怕被发现的不安、自己失信的愧疚反复冲击着他幼小的心灵。糖果带来的愉悦多次占据了主导地位，偷吃成功的经验，让他实施了多次偷吃的行为，在满足自己的口腹之欲的同时又增加了更多的不安，令人惊奇的是，他依旧信守承诺留下了一小块。所以最后将剩下的糖给妹妹的时候，他内心更为复杂，既为自己信守了承诺而沾沾自喜，也有将糖分给妹妹的不舍，害怕被发现的紧张、偷吃的愧疚、对糖果的眷念等交织在一起。整个过程中，我们在两岁小孩子身上看到了善与恶的斗争。很显然，如果等待的时间更长，那么这个结果可能就不会有小男孩所认为得理想了，这个善与恶斗争博弈的结果应该是互有胜负的，并不会因为一次的结果影响以后的所有行为。

保罗·布卢姆认为："对于一般人来说，如果他们认为自己无须对个人的行为负责，那么他们的表现通常会很糟糕。"[1]当孩子们面临诱惑时，自身的愧疚可以帮助孩子们抵抗一定程度的诱惑，而有时又确实需要一点额外的制约，通常表现为父母的约束管教。因此，这一过程也是孩子自我感知与父母教育共同作用的结果。在上一个事例中，如果小男孩将留给妹妹的糖果都偷吃了，小男孩会产生一种羞愧之情，并对自己偷吃糖的行为产生懊恼和悔恨，这种感知深深根植于他的内心之中，促使他下次免于出现这种情况。但是如果大人不进行任何的干涉，久而久之，他会认为偷吃糖的行为并没有太大的关系，促使他自私的行为不断扩

---

① ［美］保罗·布卢姆：《善恶之源》，青涂译，浙江人民出版社 2015 年版，第 33 页。

展。事实上，孩子的许多行为也是一种试探，出于真正意义上的"无知"，他会通过不停地尝试各种行为来观察父母及大人们的反应，如果得到了鼓励，会加深他"可以做这件事"的认知，如果受到了批评和惩罚，会激发他"不可以做这件事"的认知，如果没有得到任何的反馈，一般孩子会默认这件事为可以做，或者他会再次或是多次尝试来试探父母及大人们的反应。而当他们得到的反馈不相同时，一般而言他们会相信自己心目中的"权威"或是倾向于自己本心欲求的选择。按照布卢姆的说法，虽然人天生就拥有道德倾向性和道德情感，但是缺少与"公正"有关的道德原则，即普遍适用于社群所有成员的禁令或准则。最后他总结："人之所以为人，很大一部分原因就在于此：道德不单来源于人类的本能，还来源于我们的同情心、想象力和卓越的理性思考能力。"①但是仅仅依赖于同情等道德情感，并不能完全保障道德行为的践行，还有赖于人的理性抉择和自觉履行。

道德心理学家们采用实证的方法得出了道德发展的理论，又将他们的理论运用到现实的道德教育中进行检验，虽然效果不甚满意。但是从大量的数据和研究中，我们还是发现了个体道德发展的大致情况：道德情感是前提和基础，道德理性是必要条件，从道德认知的获取、内化到转化为自主自觉的道德行动，人的主体性是关键，外在的约束力是助力。这些研究为我们研究个体道德自觉的生成提供了一些思路，也为道德教育提供了诸多可供参考的方法和途径。

第二节　道德自觉的内涵及发展

理清道德自觉的内涵，是研究道德自觉问题的关键。道德自觉本质上是指人在道德领域中的自觉行为。那么，我们需要对人的主体性、自觉性等基本概念进行分析和研究，从而整体性把握道德自觉的内涵。

一、主体性与自觉

现实的人是道德的主体，也是自觉的主体。人的主体地位和主体性是人的本

---

① ［美］保罗·布卢姆：《善恶之源》，青涂译，浙江人民出版社 2015 年版，第208页。

质特性，自觉性是人主体性的彰显。作为主体的人通过自觉的行为彰显主体的自我意识和自我抉择，并为此负责。

（一）主体与主体性

"辩证唯物主义一般认为，主体是具有自觉能动性、意识性以及社会历史性的现实的人；客体则是主体的活动所指向的现实对象。"①主体是能够从事自觉能动的认识活动和实践活动的现实的人。具体而言，"'主体'这一概念最根本的含义首先就是指对自己生命的支配活动来说的，从支配自己的生命活动进而支配人的活动对象、人的生存环境等。自我存在的生命体，就意味着人是自我创造、自我规定的生命存在，这也就是人的自由性"②。

按照马克思的说法，"主体是人"③，但是这里的人并不是生物意义上的人，只有在体验自觉能动性的对象性活动中，人才始终是主体。正如马克思的解释："主客体的分化一直是人的生产劳动实践的客观结果，是主体通过自身的实践活动把自己从自然界中提升出来的，当人在社会实践中把自然界当作满足自身需要特别是自己活动需要的对象进行占有时，也就把自身当作占有对象的主体同客体对象区别了开来。"④因此，作为主体的人必定是"能动"地具有"对象性的存在物"。

从人的三重属性看，主体包括类主体、群体主体、个体主体。马克思认为："一个种的全部特性、种的类特性就在于生命活动的性质，而人的类特性恰恰就是自由的自觉的活动。"⑤作为类主体的人，充分体现了人区别于其他物种的类属性的本质特征。在人类社会的交往发展中，人往往以群体为单位进行社会实践，如家庭、民族、国家等。而个人主体是人类社会的基本单位，个体主体是现实的、具体的从事社会实践活动的人。"自觉或自觉能动性是主体的根本特性，也

---

① 万中航等：《哲学小词典》，上海辞书出版社 2002 年版，第 26 页。
② 高清海：《哲学与主体自我意识》，中国人民大学出版社 2010 年版，第 248 页。
③ 《马克思恩格斯选集》（第 2 卷），人民出版社 1995 年版，第 3 页。
④ 辛敬良：《马克思主义哲学原理》，复旦大学出版社 1991 年版，第 58 页。
⑤ 《马克思恩格斯全集》（第 42 卷），人民出版社 1979 年版，第 96 页。

即是作为主体的人的根本特性，是人区别于他物的根本特征。"①人类这个物种之所以能在进化过程中占据上风，关键就在于人类已经具有了自我意识，进而把自己当作一个独立认识的类的存在，开始与自在状态下的自然属性割裂，人类的主体性发展随着人类的不断进步而不断显现，这从人们对人主体性的关注程度可见一斑。

人类思想史的每一步深入发展，理论的每一次创新与突破都是人的主体性思想的进步。人类不断地反思自己的成长道路，人的主体性的发展随着主体的不断发展逐渐显现。在人类早期，无论是东方还是西方都试图用神话传说、自然崇拜的方式慢慢摸索着解答着因不断改造自然所出现的一系列问题，从而萌发早期的主体性思想。伴随着希腊哲学的发展，人们越来越重视主体性思想的研究，在探寻万物根源时，人们就充分发挥人的主体性抽象能力去寻求答案，从泰勒斯的水、到阿拉克西曼德的"无定"再到阿拉克西的美尼的"气"，表明了人类主体性思维开始以一种抽象的方式把握世界。当普罗泰戈拉提出"人是万物的尺度"时，表明主体性自我意识开始走向真正的自觉，人自觉地发现了自己的价值与尊严。苏格拉底的名言"认识你自己"让我们看到古希腊人开始用理论和智慧来进行自我认识，也标志着古希腊人开始把主体性人的理性提升到本体论至高无上的地位。从苏格拉底开始觉醒的人真正关注自身，去发现自己，认识自己，以知识为美德，以无知为恶。到了中世纪时期，人被自己所创造出来的全知全能的上帝所统摄，完全龟缩在自己创造的异化的精神畏惧下，直到近代笛卡儿主体性思想的出现。

伴随着主体的苏醒，人的主体性重新得到审视和发展。但在把握人的主体性这一问题上，经验主义注重科学实验，通过归纳演绎的方式得出或然性的结果，理性主义通过逻辑推演保证结论的正确性。笛卡儿的主体性原则建立在不证自明的自我意识上，提出"我思故我在"的观点，将他的思想大厦建立在主体的自我意识上，探究普遍必然的知识。他认为"思维是属于我的一个属性，只有它不能与我分开……我思维多长时间就存在多长时间，假如我停止了思维，也许很可能我就同时停止了存在……严格说来我只是一个思维的东西，也就是说，一个精

---

① 　李宏刚：《论大学生的主体自觉》，西北工业大学博士学位论文，2018年，第24页。

神、一个理智，或者一个理性"①。莱布尼茨将理性主义扩展到了整个世界，包括动物、微生物，单子论是其理性主义主体性思想的核心。卢梭用自然情感反思理性的权威，以此证明理性不具有万能性质，他说："文明人除了他的邪恶、他的需要和他的灾难而外，他还……给痛苦和死亡敞开新的大门。如果你观察到……压在穷人身上的过于劳累的工作、富人沉迷于其中的更加危险的安乐生活，以及使一些人因缺少它而死亡，另一些人却因享用过度而死亡的种种东西；如果想到各种食物的奇异的混合、有害健康的调味法、腐坏的食物、掺假的药品……而使我们付出的代价是多么大。"②卢梭担心理性的无限应用会导致人类道德异化。这一思想影响了康德，他说："我自以为我的求知欲望特别强烈……有时我想这一切将给人类带来荣耀，因此我鄙视那些知识极端贫乏的庸俗之辈。卢梭纠正了我的看法，炫耀自己特长这种心情消失了：我学会了尊重人。"③康德将客体有效性转化为主体自明性，开启了他主体性思想的"哥白尼式"的革命。他在继承卢梭尊重人、肯定人的人文主义精神后，在人的道德领域树立起了自由的理性法律，将道德奠基于主体的理性上。康德强调人是目的，"在目的的秩序里，人（以及每一个理性存在者）就是目的本身，亦即他决不能为任何人（甚至上帝）单单用作手段，若非在这种情况下他自身同时就是目的"④。

马克思在肯定人的自我意识存在前提下，明确提出："人不仅是自然存在物，而且是人的自然存在物……他必须既在自己的存在中，也在自己的知识中确证并表现自身。"⑤在他看来意识是确证人之为人的根据，按照他的说法，意识"只是由于需要，由于和他人交往的迫切需要才产生的"⑥。随着物质生产的发展，人们的交往范围不断扩大，人的自我意识也逐渐彰显出来。这样就说明认识是伴随着人的实践而产生、发展的。马克思认同康德"人是目的"的观点，进而提出"人

①　[法]笛卡儿：《第一哲学沉思录》，商务印书馆1986年版，第25页。

②　[法]卢梭：《论人类不平等的起源和基础》，商务印书馆1962年版，第160页。

③　[苏]古留加：《康德传》，商务印书馆1981年版，第46页。

④　《马克思恩格斯选集》（第1卷），人民出版社1972年版，第144页。

⑤　《马克思恩格斯选集》（第1卷），人民出版社1972年版，第169页。

⑥　《马克思恩格斯选集》（第1卷），人民出版社1972年版，第35页。

的根本就是人本身"①。同时，马克思和康德既强调主体的理性作用，也没有忽视其感性因素。康德说："人们必须以双重方式来思想自己，按照第一重方式，须意识到自己是通过感觉被作用的对象；按照第二重方式，又要求他们意识到自己是理智。"②作为感性存在物的人，必须按照规律形式，而作为理性存在物的人则更多的按照自己的意志采取行动。马克思也肯定了这一点，他说，人类历史的前提"是一些现实的个人，是他们的活动和他们的物质生活条件，包括他们得到的现成的和由他们自己的活动所创造出来的物质生活条件"③。

综上所述，我们发现，主体的确证是伴随着人类发展而不断显现的，学者们对主体身份的关注也是伴随着人类社会的不断进步而逐渐增加的。人的主体性是作为活动主体的人在与客体的相互作用所体现出的人的自主、自觉、能动与创造的特性。主体的确证一是来自客观存在的现实，一是来自思想存在的佐证。主体身份的确证也让人们开启了人的主体性的探究。相较主体的身份，主体性的研究的维度和层析更为广泛。第一，主体性是通过人的理性和感性共同来呈现的。正如李泽厚所说，主体性"应该是感性和理性的互渗"④。第二，主体性体现了主体目的和手段的统一，人不仅仅是手段，还是其自身存在本身的目的。如马克思所说："每人为他人服务，为的是为自己服务。每人都利用别人作为替自己服务的手段。……每人都必须肯定自己是为对方而存在的，他才能为自己而存在，而且肯定对方是为自己而存在，他才能为自己而存在。"⑤第三，主体的责任性彰显主体的存在，如康德所说"责任应该是一切行为的实践必然性"⑥。第四，主体性的超越，作为主体的人不仅在追求成为人本身，更是在追求成为更好的人。第五，主体的自主性，即主体支配自身所思所想的能力。第六，主体自我完善的需求，按照康德的说法就是："人具有一种自己创造自己的特性，因为他有能力根据他

---

① 《马克思恩格斯选集》（第 1 卷），人民出版社 1972 年版，第 9 页。

② ［德］康德：《道德形而上学原理》，上海人民出版社 2002 年版，第 83 页。

③ 《马克思恩格斯选集》（第 1 卷），人民出版社 1972 年版，第 24 页。

④ 李泽厚：《批判哲学的批判——康德述评》，人民出版社 1979 年版，第 423 页。

⑤ ［德］马克思：《政治经济学批判大纲（草稿）》（第二分册），人民出版社 1962 年版，第 9 页。

⑥ ［德］康德：《道德形而上学原理》，上海人民出版社 2005 年版，第 44 页。

自己所采取的目的来使自己完善化。"①人以自己主体性的活动成为主体，而作为主体的人又以自己的自觉活动彰显自身的主体性。

（二）自觉的内涵与实质

现代汉语词典对自觉的解释是："自己有所认识而觉悟。"②梁漱溟认为，"人惟自觉乃临于一切动物之上而取得主动地位"③。"自觉"是作为主体的人的自觉性，首先表明的是人的精神、思想或认识的状态，进而还表明在某种精神、思想或认识支配下的实际存在、行为或实践的状态。④ 高清海将"自觉"定义为："主体自觉就是人的主体性的觉醒和主体自我意识的确立。"⑤陶富源则认为："主体自觉包括认识层面的主体自觉和现实层面的主体自觉，即对主体内在目的和使命、客观规律性的认识自觉和彰显实践主体性的现实自觉。"⑥古小明的解释是："主体自觉就是追求人的解放的过程中而达成的人的实践与人的精神的高度一致的状态。"⑦在他们的解释中，主体和自觉是捆绑在一起的，自觉是主体的自觉，主体是自觉的主体。

自觉的意蕴是蕴藏在主体内在的一种属性，自觉的第一层意思，即自我意识的觉醒、对自我存在的确认、对自我需要的认识、对自我完善的认同，人的自我意识的觉醒经历了自发（基于本能的反映）、自为（受自我控制的反映）、自觉（对必然认识基础上的主动反映），自觉总是存在着一定程度的自由，但是又不能完全自由。郭湛认为："自觉的主体性是人作为主体的自我意识，是在观念中人对

---

①　[德]康德：《实用人类学》，上海人民出版社 2005 年版，第 261 页。

②　中国社科院语言研究所词典编辑室：《现代汉语词典》（修订本），商务印书馆 1999 年版，第 16667 页。

③　梁漱溟：《人心与人生》，上海人民出版社 2005 年版，第 64 页。

④　郭湛：《主体性哲学——人的存在及其意义》，中国人民大学出版社 2011 年版，第 38 页。

⑤　高清海：《哲学与主体自我意识》，中国人民大学出版社 2010 年版，第 4 页（序）。

⑥　陶富源：《论主体及主体性》，《安徽师范大学学报（社会科学版）》2003 年第 5 期，第 553 页。

⑦　古小明：《论人在马克思主义哲学中的地位》，《江淮论坛》2004 年第 4 期，第 67 页。

自己现实的主体身份的确认；它反映主体对于客体的意识关系，属于人的认识领域。"①人的主体性通过人的自觉性来体现，反过来自觉性也是人的主体性的重要表现方式。自觉的第二层含义是人的自我抉择，"选择我们自己"意味着命定我们自己成为所是的，伦理地选择我们自己意味着命定我们自己成为我们所是的好人。如果一个人选择成为他所是的并且如他所是的，那么这个人就在伦理上选择着自己。② 人的自我抉择使我们成为这种人而非那种人，是自觉意识指导下对个人命运的选择。自觉的第三层含义是自觉行为，即将自我意识外化为实际行动，行为的内容自我抉择的结果，目标是成为我所是的好人。自觉行为是自我道德意识的践行，是道德的实现，是道德自觉最直接、最现实的表现形式。主体的自觉性彰显了人作为能动的对象性的存在，自主、自觉认识自身和客观世界，主动、自觉改造自身和客观世界的活动的过程。

自觉是人的自觉，更是自我的自觉。自我是自觉的主体，是道德责任的承担者，对"自我"身份的确定是人自我意识不断觉醒的结果。费尔巴哈在《基督教的本质》一书中提出通过对象来认识人，没有了对象，人就成了无。他说的人是一般的人、普遍的人，而我们要将自我从普遍的人中区分出来也可以通过这种方式来实现，即通过其他的人来确定自我。"自我代表主体内在性对其自身的一种理想距离，代表着一种不是其固有重合，在把主合设为统一的过程中逃避同一性的方式，简言之，就是一种要在作为绝对一致的，毫无多样性痕迹的同一性与作为多样性综合的统一性之间不断保持不稳定平衡的方式。这就是我们称作面对自我的在场的东西。"③所以，首先，"自我要求自在的存在"④。自我的存在通过自在的存在来呈现，而意识是自我确证、自我肯定，"自我"的确是人的"为我"性和能动性的前提条件。自我在返回自身的过程中，促使自我意识觉醒，不断地加深

---

① 郭湛：《主体性哲学——人的存在及其意义》，中国人民大学出版社 2011 年版，第 64 页。

② ［匈］阿格妮丝·赫勒：《道德哲学》，王秀敏译，黑龙江大学出版社 2014 年版，第 20 页。

③ ［法］萨特：《存在与虚无》，陈宣良等译，生活·读书·新知三联书店 2014 年版，第 111-112 页。

④ ［法］萨特：《存在与虚无》，陈宣良等译，生活·读书·新知三联书店 2014 年版，第 127 页。

对自我的认识，又在社会实践中将自我意识外化为具体的道德行为。从伦理的角度而言就是确定何种人是好人，并使自己成为自己意欲成为的那种好人。

"因为自我是优先的，其目的必须选择而不是既定。"①因此，自我通过选择成全自我，成为自己意欲成为的那种人。正是这种抉择使自我确证"我不是这样的东西，我是我自己，仅仅是我自己"②。主体的认同和抉择是主体自觉行动的前提和条件。任何基于外力强制的方式都只能暂时让人服从，如果不能使人内心产生认同，被迫接受的内容无法内化为主体的自觉行为。人的生活目标、生活方式都是人自主选择的结果，在伦理领域亦是如此。当一个人成为她或者他所示的，即好人时，选择的"什么"就充满了内容，它具体化了。一个正当的人的整个生活是这种"填充"、这种具体化的过程。③ 自我抉择是人主观能动性的具体体现，自我抉择是为自我目的服务的，因此，自我抉择的过程也是不断趋向于自我认定的善的过程，是人自我发展和自我完善的过程，即不断成为自我认定的"好人"的过程。

自觉不仅发生在人的内心，而且能够外化为具体的社会实践活动，将内心觉醒的善的意志落实到实际行动当中，变成现实的道德行为。善良意志转化为善行，道德才得以实现。人的自觉是善良意志得以转化的支撑和保障，这是人的一种自律精神的体现。具体呈现为我们总是能按照我们的意愿采取相应的行动，善良意志与善行具有一致性。道德应当是善良意志与善行的统一，缺一不可。仅仅从动机（善良意志）或是结果（善行）来评价道德行为都存在着潜在的危险。纯粹的从动机出发考虑道德行为有可能出现"好心办坏事"的情况，或者是造成更为严重的后果；纯粹从结果出发考虑道德行为容易滋生伪善行为。真正意义上有价值的道德行为应当是人自觉自愿地将内心的善良意志外化为具体的善行。从善良意志到善行的惊险跳跃，是人自我实现的过程。

---

① ［美］迈克尔·桑德尔：《自由主义与正义的局限》，万俊人等译，译林出版社 2011 年版，第 141 页。

② ［美］亚伯拉罕·马斯洛：《动机与人格》，许金声等译，中国人民大学出版社 2012 年版，第 252 页。

③ ［匈］阿格妮丝·赫勒：《道德哲学》，王秀敏译，黑龙江大学出版社 2014 年版，第 38 页。

马克思说，"人以一种全面的方式，也就是说，作为一个完整的人，占有自己的全面的本质"①，人的本质是自由自觉的活动，主体的自觉活动包括两个方面：一是认识活动自觉，二是实践活动自觉。

主体的认识活动包括对自我的认识活动和对外在世界的认识活动，是主体的整个思想建构活动。主体的对外认识活动是人自主适应社会，寻求自身发展方向的一种必经历程，包括认知、评价、审美等方式。主体对外部客观世界的认知活动是求真的认知活动，是主体认知客体自身与客观规律的过程，是认识活动中最基本的，也是不可或缺的部分。评价活动是基于认知活动而产生的"外部客体对我或我们的意义"的思考，反映了主体的认知反映，也体现了主体的价值判断，是主体对外认识活动的中心环节或关键地位。对外审美活动，是主体感受、欣赏、回味外部客体存在之美的认识活动，其所反映的是更高级别的认识活动。对外审美活动主体是对外认识活动的高峰体验和崇高追求。主体的自我认识活动包括了自我认知活动、主体的自我评价活动和自我欣赏活动。自我认知活动是对自我存在的确证，是对自我需求、发展的确证，是自我认识活动的基础和前提。基于自我认知活动而产生的自我评价活动，包含了"我存在的价值和意义"和"我对于世界的价值和意义"两个部分的价值判断。自我认知的对错决定了自我评价的结果，反过来，自我评价又影响了自我认知。自我评价既存在肯定方面，也存在否定方面。肯定评价会激励我们不断确证自我存在的价值和意义，而否定的评价也会提醒我们进行自我反思和自我批判。自我欣赏是主体对自身的审美判断，自我欣赏是基于自我评价的结果，同时自我欣赏也会影响主体的自我认知和自我评价。主体的认识活动自觉是对内和对外两个方面的统一，对外认识活动能够增强主体对客观事物及其发展规律的认识能力，对内认识活动能够使主体更加确证自我存在及其意义。主体不仅需要认识主体自身，还需要认识作为对象的客观世界和客观规律，从而形成自主的自我意识。

马克思说"哲学家们只是用不同的方式解释世界，问题在于改变世界"②，所以，他强调人类的本质是自由自觉的活动，这是人与动物最根本的区别。主体的

---

① 《马克思恩格斯文集》(第 1 卷)，人民出版社 2009 年版，第 217 页。
② 《马克思恩格斯文集》(第 1 卷)，人民出版社 2009 年版，第 502 页。

实践活动是"主观见之于客观"的过程，是主体能动地改造客观世界的活动。主体将自我意识外化为实践行为的过程，体现了客观必然性和主体能动性的统一。主体的实践活动自觉是人经由必然王国通向自由王国的"桥梁"。主体的实践活动过程也是将自我意识外化为行动的过程，因此，主体的认识活动对实践活动有着重要的指导作用，而主体的认识活动又是伴随着实践活动而产生的，实践决定了认识，是全部认识的基础。主体自觉或不自觉地将已有的经验认识运用到实践活动中，并经过实践活动检验判别，从而使主观符合客观的部分内化为自我意识，并在反复的实践活动中不断强化；使主观不符合客观的内容被主体经由反思和批判之后摒弃掉。实践活动的过程是主体自我意识得以彰显的过程，其内含着主体的自觉性，主体会自觉地选择做对自己有利、有价值的事，自觉地规避对自己不利和无价值的事。

主体的认识活动和实践活动共同构建起"为我关系"的社会性活动。正如马克思所说："凡是有某种关系存在的地方，这种关系都是为我而存在的；动物不对什么东西发生'关系'，而且根本没有'关系'，对动物来说，它对他物的关系不是作为其关系而存在的。"①而陈新汉认为："'为我而存在'的关系是实践基础上的主客体之间的关系，包括物质形态的主客体之间的关系及观念形态的主客体之间的关系。"②这里的物质形态的主客体之间的关系就是实践活动，而观念形态的主客体之间的关系则是认识活动。实践活动就是改造世界以满足人类需要的物质性活动，这就决定了人们首先关心的是对自己需要的满足情况，由此才产生对客体的认知兴趣。③ 因此推出，主体的实践自觉和认识自觉是相互联系、不可分割的对立统一关系，两者相辅相成。从逻辑上看，实践自觉先于认识自觉，是认识自觉的基础和前提，认识自觉反过来又指导着实践自觉。

主体自觉的根本特性是人的自觉能动性，其体现了意识的直觉性和反思性的有机统一，实践的行为性和体验性的有机统一，发展的自律性和他律性的有机统一，评价的层级性和目的性的有机统一。

---

① 《马克思恩格斯选集》(第1卷)，人民出版社1995年版，第81页。
② 陈新汉：《自我评价论》，上海人民出版社2011年版，第28页。
③ 陈新汉：《自我评价论》，上海人民出版社2011年版，第76页。

二、道德与自觉的关系

道德内在于人，是人们的自我肯定、自我发展、自我完善和自我实现。① 道德行为，就是人们在一定道德意识支配下，表现为有利或有害于他人和社会的行为。它具有两个显著特征：第一，道德行为一定出于对他人和社会利益的某种自觉的态度。没有这种自觉性，就不能构成道德行为。第二，道德行为必须是行为主体自主选择的结果。道德行为是人的自觉行为，表现着人类特有的意志，总是带有目的选择性的。凡属于道德行为，总是志其所行，行其所志。② 事实上，道德作为人自主选择的生活方式，其自身就蕴含了自觉的意蕴。从人类的发展史而言，最初的道德是一种自发的行为，但是随着人的不断进化和发展，道德不仅没有被人类抛弃，反而是不断地细化和深入并且延展到人类生活的方方面面，这是人在进化发展过程中主动自为的结果。在人类发展的漫长过程中，无论是个人内心所认同的道德信仰还是社会制定的公众需要共同遵循的道德规范都离不开人的自觉遵守，毕竟道德没有法律的强制力，也没有任何具体的组织和领导者。在道德领域中，我们所认同的人、赞赏的人往往只是自觉完成善行程度较高的人，也正是这种自觉程度的差别形成了人的道德水平的差异。在城邦中的人，既不是野兽，也不是神，所以人的道德水平既高于野兽，也很难达到神的高度，即在道德底线与道德至善之间徘徊。换言之，人与人之间的差距主要表现为道德自觉完成度之间的差别，圣人（君子）无非是道德完成度比一般人更高的人而已。

道德与自觉是你中有我，我中有你的关系。整个社会的道德发展是一个从自在自发到自觉自为的过程。从程度而言，自觉高于自发，自发道德多是基于人本能的道德感情，而自觉的道德始于道德感情，忠于人的理性抉择。从发生的时机而言，自发的道德行为多产生于一种偶然，而自觉的道德行为是一种有意识、有计划、有目的的道德行为，更是一种必然的行为。自发的道德行为可能发生也可能不发生，具有许多的不确定性。而自觉的道德是先于实践而存在的理念，在一

---

① 罗国杰主审，李萍主编：《伦理学基础》，首都经济贸易大学出版社 2004 年版，第 9 页。

② 李建华：《趋善避恶论——道德价值的逆向研究》，北京大学出版社 2013 年版，第 24 页。

个事件还没有发生之前道德主体已经确信会采取相应的道德行为，差异在于具体情况不同而采取的方式不同。以保护动物为例，自发的道德行为可能产生于看到动物的悲惨遭遇产生了同情心，然后出于怜悯的本能想要保护受伤的动物，但是他们并不会形成保护动物的观念，对于其他没有受伤的动物并不会产生这样的同情道德。自觉的道德行为是认为人和动物应该和平相处，不应该杀戮和虐待动物，一旦遇到迫害动物的行为他们都会制止，甚至他们会主动地组织保护动物的活动，宣传保护动物的理念。一个人的道德自觉性越高说明他的道德自觉实现度越高，因为一个人的行善过程，本身就是道德自由的实现。善是道德自由的最高境界。①

自觉是道德得以实现的保障，道德是自觉的内容和目的。道德在人的自觉自愿的行为中得以实现，不断显现为具体的道德事件，自我在整个行为中发挥着主导作用，影响着事件的走向。道德的传播方式有两种，一种是自上而下的宣传教育，多以他律的形式出现，即由社会制定并通过宣传教育的方式传播给民众，另一种是自下而上的感染影响，多以自律的形式出现，即在个人的内心中滋生并逐渐普遍化。个人的自觉既包括了自律的内容，也包括了他律的内容，就一般而言，自律是自觉的关键，一个自律的人具有较高的道德自觉性，自律的内容更容易被个人自觉地履行。马克思曾说：道德是人类精神的自律。道德规范的自律性，强调的是道德主体的道德自觉性。② 而他律作为一种手段，能够促使一些外在的规则内化为人的意识，转化为自我认同的"善"的规定，从而外化为具体的道德行为。从这个角度看，他律是自律的来源之一，自律是某种程度上对他律的认同。道德归根到底依赖于人的道德自觉性才能有力量，才能有意义。

三、道德自觉内涵的理性审视

马克思认为，道德的本质乃是人类精神的自律。道德上的自律不是单纯的外在强制，而是在一定道德觉悟基础上的积极主动的自我约束。什么是道德自觉？

---

①　李建华：《趋善避恶论——道德价值的逆向研究》，北京大学出版社 2013 年版，第 31 页。

②　俞世伟、白燕：《规范·德性·德行——动态伦理道德体系的实践性研究》，商务印书馆 2009 年版，第 25 页。

唐君毅在《道德之实践》中指出，道德生活，即自觉地支配自己之生活。自觉自己支配自己，是绝对的自律。① 自觉地支配自己，意味着人具有独立的人格，能够理性地思考，能够对自身的言行负责任，并且相信自己有能够实践道德之自由。他认为道德的本质是现实自我之解放，也正是基于此谈道德自觉。方世南认为："所谓主体的道德自觉，指的是主体在与自身相关联的道德关系和道德活动中有效地发挥主导性和能动性，自觉地遵循和发展本民族以及社会普适的行为准则和行为规范，加强自身的道德践履和道德自律，使自己的道德意识和道德行为与民族和国家乃至全人类普适的行为环境保持协调，并且促使其优化的道德认识和道德实践过程。"② 这个概念界定包括了两个方面的内容，一是个体自我的道德认识和道德实践的自觉统一，二是个体通过自身的自觉行为使自我完善与社会发展相统一。王升臻则认为："道德自觉，指的是生活在一定社会中的人对自身首先具有'自知之明'，明白自身道德的来历、形成的过程、所具有的优点和缺点以及它的发展趋势，并为了加强对道德转型的自主能力，取得适应新环境、新时代道德选择的自主地位，自愿主动地去加以遵守、维护和反思。"③ 作为道德主体的人从社会关系的角度确证自我存在和自我需求，正确把握道德发展的规律，从而自主自觉地去行为。范纯琍给出的定义是："道德自觉"指人对道德的自我觉醒、自我反省、自我创建、自我实施，包括道德修养自觉和道德施行自觉。④ 道德自觉包括了道德认知的自觉养成和道德意识自觉转化为道德行为两部分。

　　综上所述，道德自觉依赖于人的自觉性，他们或是强调自我意识的觉醒，或是强调道德践履中的自为性，或是强调道德主体的自觉修养。他们都从某种程度和某个角度给出了自己的解释，也的确体现出了道德自觉的相关内涵。道德自觉建立在道德具有内生性这一理念之上，人的主体性是道德能够得以实现的保障。整合起来，可以将道德自觉定义为一定社会关系中的人对道德的自我觉醒、自我

---

① 唐君毅：《道德自我之建立》，广西师范大学出版社 2005 年版，第 5 页。

② 方世南：《主体道德自觉：价值、功能与实现途径》，《江海学刊》2001 年第 6 期，第 84-89 页。

③ 王升臻：《道德自觉——当代德育的重大使命》，《现代教育科学》2012 年第 3 期，第 69-71 页。

④ 范纯琍、秦小莉：《论道德自觉及其培育原则》，《江汉大学学报（社会科学版）》2015 年第 4 期，第 113-117 页。

认同、自我践行，是人自觉建构道德人格的过程，包括道德意识的自我觉醒、道德责任的自觉践行和自觉地提升道德修养、自觉地对道德行为的结果负责任。

　　道德自觉说到底就是人能够自觉地按照道德的要求支配自己的言行。从基本内涵来看，影响道德自觉的因素包含了诸如道德情感、道德理性、道德能力等。首先，道德情感是基础，正如道德心理学家的实证研究所言：人天生具有道德情感。在道德情感方面，弗洛伊德的精神分析理论认为，儿童的道德心理是在对父母的认同过程中形成的，在这个过程中，儿童因为害怕失去父母的爱而产生焦虑，正是这种焦虑才导致儿童形成了超我。儿童因为父母的表扬或批评而形成自我理想或良心，构成了超我的两种作用机制。在这个过程中，情感的内化起着关键的作用。但值得注意的是，这种情感实际上并不是道德情感，而是儿童害怕与父母分离产生的焦虑。当儿童形成超我后，如果发现自己做出不道德的行为，才会体验到内疚的道德情感。① 道德情感表现为人的自尊感、自豪感、内疚感、羞愧感等，道德情感来自情感的共鸣，诉诸人内心的"良心"。人们基于道德情感对道德规范产生认同情绪，对理想道德人格产生憧憬情绪。哈夫茨伯里、哈奇森和休谟等，认为情感感受对道德判断和道德原则才是最重要的，而理性的作用只是辅助性的。② 其次是道德理性，人是自然和社会的双重存在物，但是人之为人是以其社会的理性生活为标志的。"最高的善在于理性，而不在于感觉。什么是人身上最好的东西？理性。人由于理性的力量超脱动物，并且与神相齐。"③柏拉图认为，只有人的理性才能认识善的理念。"正确的理性的终点是道德良心、对选择中的事实判断和正确行为。"④正是基于理性，我们在进行道德判断时才能不受非理性因素干扰，从而才能作出最恰当的道德选择。康德认为我们是理性存在者，自发地为我们生活于其中的世界立法，并由此为它创建基本秩序。理性为自然界立法，也使我们理性地选择道德的生活。最后是道德能力，包括道德认知能

---

　　① 刘春琼：《领域理论的道德心理学研究》，上海教育出版社 2011 年版，第 133 页。

　　② ［美］J. B. 施尼温德：《自律的发明：近代道德哲学史》，张志平译，上海三联书店 2012 年版，第 469 页。

　　③ 转引自章海山：《西方伦理思想史》，辽宁人民出版社 1984 年版，第 134 页。

　　④ ［美］布尔克：《西方伦理学史》，黄慰愿译，华东师范大学出版社 2016 年版，第 120 页。

力和道德行为能力。人不仅是自然存在物，更是社会存在物。认知能力与行为能力是人能够自主自觉进行道德践履的关键。认知能力使人能够认识社会道德规则，帮助人获得道德知识，使人获得善恶判断的社会标准，并且将其内化为自身的道德认知，使其成为指导自身行为的价值遵循。行为能力使我们能够将自身的道德认知转化为道德行为，做到真正的"知行合一"。影响道德认知能力是否转化为道德行为的关键在于人是否拥有道德行为的能力。"道德行为的实现要以主体的道德行为能力的拥有与提升为前提。"①道德行为能力是道德动机转化为道德结果的主体条件，道德主体行为能力的差异也会导致道德结果的不同。如一个不会游泳的人看到有人掉进河里，他产生了救人的动机，也拥有救人的义务，但是却没有救人的能力。若是他强行下水救人，那么不仅救不了人，还可能导致自己死亡。他之所以无法救人不是缺乏救人的认知，而是没有救人的行为能力。正如亚里士多德所说："只有善德是不够的，他还得具备一切足以实践善行的条件和才能。"②所以，道德行为能力是影响主体道德自觉的主观因素，也是影响道德结果的重要条件。

从人的道德发展情况来看，经历了从自发到自觉的转变。道德自发强调的是人的本能，基于人的"天然的同情心"而产生道德行为。叔本华认为这种"天然的同情心"是"每个人天生既有的，不可摧毁的"③，因而，道德自发是人人都具备的、存在于任何社会之中，是普遍性、永恒性的存在。道德自发主要依赖于人的道德情感，缺乏理性指导，所以也是一种偶然的、不稳定的道德状态，是道德发展的低级阶段。道德自觉与之相比是道德发展的高级阶段，是人性自我超越和自我发展的表现，是人主体性的充分展示。道德自觉是人在道德情感的基础上，经过理性审视而自主抉择的结果。因此，道德自觉并不是人人都能够达到的状态，与良好的社会道德氛围和个人的发展水平分不开，具有稳定性和持续性。"道德

---

①　易小明、谢宁：《道德行为的生命安全限度》，《兰州大学学报（社会科学版）》2014 年第 5 期，第 53-57 页。

②　［古希腊］亚里士多德：《政治学》，商务印书馆 1965 年版，第 351 页。

③　［德］叔本华：《伦理学的两个基本问题》，任立、孟庆时译，商务印书馆 1996 年版，第 294 页。

自发是道德自觉的基础，道德自觉是道德自发的发展和升华。"①

从道德自觉包含的内容看，道德自觉首先表现为道德意识自觉，即道德意识的自我觉醒。道德意识的自我觉醒是我们能够正确行动的理论指南，也是道德自觉的基础，道德意识的觉醒一方面是基于道德情感而产生的一种移情，继而在理性的加工之下内化而成，另一方面来自于道德认同，即对外界现存的道德规范、道德准则和道德原则等的内化吸收。其次，道德自觉表现为道德主体的自我判断和自我抉择，人是有限理性存在者，我们不能完全排斥情感、偏好、外界环境因素对我们造成的影响，但是我们能够凭借自己的理性做出自己所认定的"最恰当"的判断和选择。再次，道德自觉表现为道德行为中的自为性，感到应该做而做是自觉的活动，自觉此时自定之命令，没有任何人强制干涉你的行为，也没有人监督你的行为，仅是自觉自愿地做你认为应当做的事。最后，面对已经产生的道德结果能够自觉承担相应的责任，并相信自己能够自由自觉地创造自己的未来。自觉地承担道德责任，不仅是对已经发生的行为，而且能够自觉地对自己的命运负责任。同时，道德自觉并不拒绝外在道德原则、道德准则和道德规范对主体道德认知的影响，也不排斥社会舆论等道德他律手段对道德主体自觉性的影响。

道德自觉有程度之分，道德水平越高的人往往其道德自觉的水平也高。当设定一个理想的道德人格作为目标对象后，人们对此的道德认知存在着差异，即有人理解的是表面的现象，而有人理解的是其背后蕴含的内涵；更为重要的是在现实生活中的践行程度是存在差异的，有的人能够一以贯之地自觉履行，有的人间断性地践行或是偶尔自觉履行，这即是自觉性的程度差异。基于人的差异性，每个人所设定的理想道德人格的目标是不同的，有的目标远大，有的则相对平凡，只要是在道德范畴之内，就不应该过分计较其优劣，关键在于其是否能够自觉地、一以贯之地坚持这一理念，并且自觉将其转化为道德行为。

---

① 范纯琍：《道德自觉及其实现》，武汉大学博士学位论文，2017 年，第 73 页。

本 章 小 结

从发生学的角度看，道德起源于人对善念的追求，是自然人转变为社会人的需要，是人为了区别于动物而采取的自主行为。道德随着人的社会性的显现而逐渐形成和完善，并逐渐成为人类社会中的一种公认的"游戏规则"，普遍适用于社会中的每个成员。"扬善抑恶"是道德的最终目的，也是最主要的原则。就个体的道德生成而言，道德起源于人的道德情感，在理性的抉择和指引下逐渐稳定下来成为人们常规的行为准则。道德的运用离不开人的自觉，或者说道德与自觉之间是密不可分的关系，道德只有依靠人的自觉履行才能得以实现，人自觉履行的内容则由道德来界定和设立。道德自觉的实质在于人自觉地将道德内化于心，外化于行，这是人的道德发展到成熟阶段的表现。

道德自觉的关键在于人，人是道德自觉的主体、实践者和责任承担者。人是有血有肉的现实的个体，并不是理论所设定的那种纯粹的"完善的"人。人虽然具有理性，能够支配自己的言行，但是也会受到非理性因素和外部环境等因素的干扰和影响。在普遍性道德原则指导下的个体道德认知和道德行为存在着不同程度的差异，自觉强调的是主体自觉自愿的行为，而不是强调人需要按照统一的标准严格自律。符合人性的道德必然是与个体自身情况相一致，且不违背个体自己的意愿。从理论和现实情况来看，我们确认道德是人所设定的，是自我意志的体现，但是就具体现实的个人而言，似乎谁也没有参与到这个设定之中，我们一出生就已经置身于一定的道德环境之下，自愿或是不自愿地接受着现有道德规范的指引和约束。也就是说，现实的自我并不能为自我立法，而是在自我意愿和社会价值导向之间找到一个平衡点，从而建构起一套既符合社会道德规范，又充分体现自己意愿的道德认知体系，用以指引自己的行为，并自觉地为自己的行为负责任，这是道德自觉的实质所在。道德自觉的最终目的是为了实现人的解放，为了实现人的自由全面发展。

第二章　"人"的理论与道德自觉

第一节　道德自觉的人学基础

道德自觉的实现与"人"密切相关，要弄清楚道德，首先需要弄清楚"人"。关于人的理论是我们研究道德自觉的理论前提。了解人性是研究人的第一步，关于人性的不同领悟或界定，实质上是关于人的不同理解，深刻蕴含了关于人存在意义的不同领悟与建构。①

一、道德自觉的人性基础：人性论

人性的善恶问题是研究道德自觉养成的起点。要弄清人性的问题，首先需要澄清"性"的概念。"性"的解释有两种：一是天性，《礼记·中庸》的解释是"天命之谓性"，《荀子·正名篇》也有类似的解释"生之所以然者谓之性"；二是性质，《广雅》曰"性，质也"，《庄子·庚桑楚》也说"性者，生之质也"。由此推出，人性即人的天性，是与生俱来的一种品质。最初，"性"被看作事物的品质或属性，"人性"与"物性""神性"没有严格的区分。随着发展，人们将"人性"与"人心"联系起来理解，成为道德理论的基点，人性也被看作人具有道德的最大凭证，也是最强有力的支撑。人之初，性是否为善也成为了伦理学家们争论不休的问题。总体而言，可以分为七类，即性善论、性恶论、性无善无恶论、性善恶兼有论（性善恶混）、性有善有恶论、性有"天命之性"和"气质之性"、性无所谓善恶。

---

① 董平：《中国传统哲学中的人性论问题》，山东省社会主义学院学报 2020 年第 6 期，第 4-29 页。

（一）性无所谓善恶

秉持"性无所谓善恶"观点的人认为人性不要用善恶来言说，也不可以善恶论，是不能对人性施加善恶的价值判断的。其代表人物告子曾用水来比喻："性犹湍水也，决诸东方则东流，决诸西方则西流。人性之无分于善不善也，犹水之无分于东西也。"①性本身无所谓善恶，人性之影响来自于后天的引导。告子所言"生之谓性"强调了性只是作为生命存在的先验素质而存在，这种存在本身并不具有善恶的属性。因为善恶作为价值判断的属性是经验的存在物，而性是先验存在的，因此不具备这种属性。但是在先验存在向经验形态转化或其存在由先验领域向经验领域迁移的过程中，性即获得善恶的价值属性。也就是说，人性本身无所谓善恶，只有当人性向经验领域实现了自身表达的时候，才具有了善恶的价值属性。后天经验将人性引向善即表现为善，引向恶则呈现为恶。善恶只是引导的结果，与性本身无关。告子所说"性犹杞柳，义犹桮棬"，意思与水喻是一致的，都强调先验素质本身不可以用经验上的善恶来描述。

先秦道家在人性问题上也坚持无所谓善恶的观点。庄子说"性者，生之质也"，也是"生之谓性"的意思。"生之质"本身无所谓善恶，它是上天所赋予的，"长者不为有余，短者不为不足。是故凫胫虽短，续之则忧；鹤胫虽长，断之则悲。故性长非所断，性短非所续"②，顺遂天性之自然，"不失其性命之情"，在后天经验上就是善的。

宋代王安石也是性无所谓善恶之说的代表人物，他认为"性者，有生之大本也"，既为"有生之大本"，则不可不论。其论曰："夫太极者，五行之所由生，而五行非太极也；性者，五常之太极也，而五常不可以谓之性……夫太极生五行，然后利害生焉，而太极不可以利害言也；性生乎情，有情然后善恶形焉，而性不可以善恶言也。"③王安石将性置于先天本体地位，而情则是经验生存过程中性的体现。性无所谓善恶，故此不可以用善恶来判断；情则必有善恶，亦需以善

① 朱熹：《四书章句集注》，中华书局1983年版，第325页。
② 朱熹：《四书章句集注》，中华书局1983年版，第325页。
③ 王安石：《临川先生文集》（卷六八），中华书局1959年版，第726页。

恶来判断。无论善恶，与先天之性无关，皆仅与经验之情有关。宋代理学家多以性情合论以明善恶，但观点也各不相同。

斯宾诺莎、爱尔维修、霍尔巴赫等人都认为人的本性无所谓善恶，从整个社会来说，个人的幸福又是互为条件的，人趋利避害的天性在后天的生活中可善可恶。卢梭认为自然状态下的所有人都是平等的，婴儿状态的人无所谓善恶，人性中有两种基本的东西，一是欲望，二是理性，而人的是非善恶则是教育的结果。洛克的"白板说"也是持类似的看法，他说最初的心灵像一块没有任何记号和任何观念的白板，一切观念和记号都来自于后天的经验。行为心理学家通过临床试验也认为人本性无善恶，人类的行为都是后天习得的。华生认为人类行为都是对外界刺激的反应，习惯的形成取决于刺激和行为反应之间的匹配或者刺激之后的强化。因此，人的本性并不存在善恶之分，只因后天行为者的行事和为人，我们才能判断他的善恶。最直接的例子就是，对于一个初生的婴儿，我们不可能下判断说这个婴儿是善还是恶，或者说这个婴儿身上是善多还是恶多。当一个人生命结束的时候，我们之所以能够判断他的善恶，是基于他在生活中的行事作风和具体的事实，而这些行为都受到后天环境和教育的影响，所以才有"近朱者赤，近墨者黑"的说法。

(二)性善论

传统儒家对人性的基本概括是："人之初，性本善。性相近，习相远。"梁启超说："性善一说，《中庸》实开其端。"[1]这也为孟子提出性善论奠定了理论基础。孟子对善的讨论出现在《孟子·告子上》，孟子曰："人性之善也，犹水之就下也。人无有不善，水无有不下。"与告子不同的是，孟子认为水有其本源性的流向，"决诸东方则东流"虽然在现实性上是可能的，却是加之以"势"，因此"决诸"的过程便有违于"水之性"。紧接着孟子说："乃若其情，则可以为善矣，乃所谓善也。"按照孟子的说法，人性本身是善的，一切经验意义上的道德之所以可能，是因为它们内在于性本身。个体在经验上的善或恶，并不能证明性本身不善，只能证明了本善之性没有实现其本原状态。他强调，个体行为按照性自身的

---

① 梁启超：《儒家哲学》，上海人民出版社2009年版，第99页。

本原实在状态表达，在现实经验上便一定是道德行为，从价值判断来看，就一定是善的。而为了印证这一点，孟子提出性的本原善，乃是就原初状态而言，乃是"四端之心"，即"恻隐之心，人皆有之；羞恶之心，人皆有之；恭敬之心，人皆有之；是非之心，人皆有之。恻隐之心，仁也；羞恶之心，义也；恭敬之心，礼也；是非之心，智也。仁义礼智非由外铄我也，我固有之也"（《孟子·告子上》）。在孟子看来，善是天之所赋，与后天的经验状态无关。"端"乃本初状态，"恻隐之心"即为"仁"的本初状态，而现实性上的"仁"则是"恻隐之心"呈现出的结果。"端"为源，"若火之始然，泉之始达"。火之始燃，则星星之火而已；泉之始达，则涓滴细流而已；然星火可以燎原，涓流可成江河。"四端"是"四德"的原始，"四德"是"四端"的扩充。"苟能充之，足以保四海；苟不充之，不足以事父母"①。孟子肯定了人性之先验实在状态，而不是对其经验实然状态的确认。他与告子"被引导"的观点产生分歧的关键点在于，孟子的人性论中，意志自由始终作为根本要素被内置于人性之中。人所经验的生存状态恰好并不由经验所决定，而由自我原在的先验本质所决定，决定者是本性所原在的意志自由本身。

苏格拉底、柏拉图等西方伦理学家也有相似的观点，苏格拉底"知识即美德"的理论正是立足于人性本善之上，人的道德来自于永恒的善。他认为人之所以作恶是因为无知，人的本心是善良的，缺乏的是关于善的知识，因此获取知识也就获取了美德。柏拉图认为人本身就固有"四元德"，即智慧、勇敢、节制和正义，只是灵魂进入肉体之后才受到了激情（尤其是欲望）的影响。亚里士多德进一步强调人是理性的人，本性向善，只有坚持理性原则才能获得幸福，获得幸福的必要条件是合乎理性的道德行为。哲学家培根指出人性是有善性的，他认为包括人在内的一切事物都是自爱的，而自爱产生出三种不同类型的欲望，一是保存和维护其本质，二是提升和完善其本质，三是培养自己的本质并将其扩展到其他人。② 沙夫茨贝里认为人性中有仁爱和利他的本性，善是神的创造，亚当·斯密则强调同情是人的一种天性。卢梭认为自然状态下的人有两种自然秉持，即自爱之心与怜悯之心，人的本性是自由、富有同情心的，而且是善的。情感主义的

---

① 朱熹：《四书章句集注》，中华书局 1983 年版，第 238 页。
② 宋希仁：《西方伦理思想史》（第 2 版），中国人民大学出版社 2010 年版，第 178 页。

道德基础是同情，其本质上也是相信人性本善的，基于人的善良本性，我们才会产生怜悯、慈悲、仁爱等情绪，才会对别人施以援手。康德认为善良意志是理性本身的善，是道德价值的真正来源，而道德处于自由的本质，只有自由才有道德价值，因此，他尤其注重行为者的动机。以马斯洛为代表的人本主义心理学家也是性善论的信徒，马斯洛从善的类本能、不断发展和完善的潜能、自我实现的驱动三个方面论证了人性本善。

（三）性恶论

荀子与孟子正相反，他在《荀子·性恶》开宗明义："人之性恶，其善者伪也。"①他认为孟子讲性善，既不明性伪之分，也不明善恶之分。他明确指出："孟子曰：'人之学者，其性善。'曰：是不然，是不及知人之性而不察乎人之性伪之分者也。"荀子认为性是"生之所以然"，既然是天生的，因此不是后天可以学的。他说："不可学、不可事而在人者，谓之性；可学而能、可事而成之在人者，谓之伪。是性伪之分也。"②只不过，荀子性恶论的论证方式与孟子还是类似的。在荀子看来，人们天然成就的这一本性，实质上仅与经验生存状态中的"恶"相关，后天经验生活中的"恶"是顺遂先天本然之性的表达，甚至是"扩而充之"。人的本性是恶的，是经验世界中相互争夺、偏险悖乱的根源。而孟子所谓的"善"非但与本性无关，反而是基于本性的转化能实现的经验价值。他说："性也者，吾所不能为也，然而可化也；情也者，非吾所有也，然而可为也。"③善不存在于天性中，善的产生，根源于经验生存过程中对其本性的矫正、转化。后天的教化是为了将人性本来的恶矫正、转化为经验中的善。荀子所乐道的"师法"既是实现正理平治之善的根本凭据，也是个体实现"化性其伪"的根本凭据。在他看来，人"生而有好利，生而有疾恶，生而有耳目之欲"，所以凡是想要为善的人，都看到了人性之恶。人天生就有很多恶端，正是为了摆脱这些恶端，我们才会利用礼法来完善和规范人的行为。

---

① 《诸子集成》（第二册），中华书局 1954 年版，第 289 页。
② 《诸子集成》（第二册），中华书局 1954 年版，第 290 页。
③ 《诸子集成》（第二册），中华书局 1954 年版，第 91 页。

荀子的弟子也大多继承了他的这一观点，尤其重视"法"，其中最为出色的代表人物便是法家思想的集大成者韩非子了。他认为"民之故计，皆就安利，皆辟危穷"，"夫民之性，喜其乱而不亲其法"，"夫民之性，恶劳而乐佚，佚则荒，荒则不治，不治则乱"。① 事实上，法家是普遍持人性恶之论的，人性恶则正是严刑峻法的必要前提。商鞅认为："民之性，饥而求食，劳而求佚，苦则索乐，辱则求荣，此民之情也。"②人性先天必然是"有欲有恶"，因此"德"是不可能先验地存在于人性之中的，反而需要由"刑"引导出来：刑生力，力生强，强生威，威生德。德生于刑，故刑多则赏重，赏少则刑重。③ 无论是商鞅还是韩非子，都认为"民性"之好佚恶劳、喜乱而不亲法是不可改变的，故需要制定法律并严格执行。如果没有严刑峻法使民畏惧，则天下将很难治理。所以，在法家那里，性不单是恶，甚至是极恶，并不能单单依靠教化就能使其发生转变。这也是法家反对仁义礼乐之教，而相信"政""权"之专一的原因。

基督教的原罪论是一种典型的性恶论。奥古斯丁认为，恶是一种趋向于非存在的物质，是一种缺乏存在本质的观点，主要存在三种现象的恶，其一是身体上的恶，其二是认知上的恶，其三是伦理的恶。人之所以会犯罪是因为意志的堕落，所以促使了对原始人类的罪和恶。对物质、权力和性欲的占有造成了人性的堕落，也反映出人类的恶和自私本性。马丁·路德认为："败坏了的天性早已存在于人的身体和灵魂之中，所以人的身上没有一点好的。"④马基雅维利在《君主论》中也明确指出，人性是恶的，人变好很难，变坏很容易。他说："关于人类，一般地可以这样说，它们是忘恩负义、容易变心的，是伪装者、冒牌货，是逃避危难、追逐利益的。"⑤西方大多数法学家也持这种观点，比如，托马斯·霍布斯在《利维坦》中指出"自然状态中"的人类既邪恶又自私，他认为人性的恶是由于人本身所具有的自然本能，人天生就被赋予的一些基本的欲望以及天生的自私性和为恶性。受达尔文生物进化论的影响，赫胥黎认为"贪图享乐、永不餍足这种

① 《诸子集成》(第五册)，中华书局 1954 年版，第 365 页。
② 《诸子集成》(第五册)，中华书局 1954 年版，第 13 页。
③ 《诸子集成》(第五册)，中华书局 1954 年版，第 11 页。
④ 周辅成：《西方伦理学名著选辑》(上卷)，商务印书馆 1996 年版，第 485 页。
⑤ 张志伟：《西方哲学史》，中国人民大学出版社 2002 年版，第 503-504 页。

天性,是人类在与外界的自然状态斗争时取胜的必要条件之一",同样,心理学家弗洛伊德在《文明及其缺憾》中明确表示人类并不是仁慈的生物,他们属于在本能天赋中攻击性很强的生物。很显然,这些提出人性本恶的思想家并不是为了贬低人或是诋毁人,而是为了引导人向善,规避为恶的可能性,其最终的目的依旧是为了实现人的完善和发展,为了实现人的福祉。正是因为人性中存在着恶端,所以才需要法律、道德来对人的行为进行约束和规范,抑制恶行的出现。

（四）性有善有恶论

公都子闻孟子言性善,引性有善有恶之言与之对质:"或曰:'有性善,有性不善。是故以尧为君而有象,以瞽瞍为父而有舜,以纣为兄之子且为君而有微子启、王子比干。'"①汉代王充明确提出性有善有恶,大多数人是可善可恶的,他将之称为"中人"。他说:"人性有善有恶,犹人才有高有下也……禀性受命,同一实也。命有贵贱,性有善恶。谓性无善恶,是谓人命无贵贱也。"②

这一观点最著名的代表人物是汉代的董仲舒,他认为人性有善有恶,正如天有阴有阳,人性有贪有仁。董仲舒认为"人受命于天,有善善恶恶之性,可养而不可改,可豫而不可去,若形体之可肥臞而不可得革也"③。既是"受命于天",此性是不可改、不可去,是为其先天。他说:"今世闇于性,言之者不同,胡不试反性之名?性之名,非生与?如其生之自然之资谓之性。性者,质也。诘性之质于善之名,能中之与?既不能中矣,而尚谓之质善,何哉?性之名不得离质,离质如毛,则非性已。不可不察也!"④董仲舒坚决反对孟子的性善论,按照他的说法,性有三品:"圣人之性不可以名性,斗筲之性又不可以名性。名性者,中民之性。中民之性,如茧如卵。"⑤"圣人之性"是为上善,"斗筲之性"是为下恶,唯"中民之性"代表的是普遍意义上的"民之性"。这种"中民之性"原也无善恶可言,而必待"王教"以成其善。性之分为三品,有善有恶,如天之有阴阳。而"天

---

① 朱熹:《四书章句集注》,中华书局 1983 年版,第 328 页。
② 《诸子集成》(第七册),中华书局 1954 年版,第 30 页。
③ 苏舆:《春秋繁露义证》,中华书局 1992 年版,第 34 页。
④ 苏舆:《春秋繁露义证》,中华书局 1992 年版,第 291-292 页。
⑤ 苏舆:《春秋繁露义证》,中华书局 1992 年版,第 311-312 页。

生民性，有善质而未能善，于是为之立王以善之，此天意也。民受未能善之性于天，而退受成性之教于王。王承天意，以成民之性为任者也。今案其真质而谓民性已善者，是失天意而去王任也。万民之性苟已善，则王者受命，尚何任矣？其设名不正，故弃重任而违大命，非法言也"①。

性有善有恶的观点在唐代韩愈那里得到了明确的肯定，但是他不太赞同董仲舒"举其中而遗其上下者"的做法。他认为孟子的性善论、荀子的性恶论、杨雄的性善恶混论都属于这类。他确信性之三品的存在，上下不移，而明言三品的好处，体现在"上之性，就学而愈明；下之性，畏威而寡罪。是故上者可学，而下者可制也。其品则孔子谓不移也"②。

(五)性善恶兼有论(性善恶混)

对性善恶兼有的论述最早可以追溯到王充所提到的战国时期的世硕，王充在《本性篇》中说："周人世硕，以为人性有善有恶，举人之善性养而致之则善长，性恶养而致之则恶长。如此则性各有阴阳，善恶在所养焉，故世子作《养书》一篇。宓子贱、漆雕开、公孙尼子之徒，亦论情性，与世子相出入，皆言性有善恶。"③性有善有恶论说的是有的人天性为善，有的人天性为恶，有的无善无恶，而性善恶兼有论指的是一个人自身同时含有善恶，即善恶兼有。不同于世硕《养书》不得其详，杨雄的主张倒是十分清楚，他说："人之性也善恶混。修其善则为善人，修其恶则为恶人。"④性善恶混说指在同一个体那里，其本性原是善恶混杂，既蕴含了善，也蕴含了恶。杨雄所强调的是，经验上所表现出的善恶，皆有人性本身的根据，善人是修其本性中之善的结果，恶人则是修其本性中之恶的结果。因此，善恶皆是个体的自我选择。后天学习的必要性体现在只有通过学以见诸行，性方得以修而正。故曰："学者，所以修性也。视、听、言、貌、思，性所有也，学则正，否则邪。"⑤视、听、言、貌、思，原是人的先天禀赋，是得之

① 苏舆：《春秋繁露义证》，中华书局1992年版，第302-303页。
② 马其昶：《韩昌黎文集校注》，上海古籍出版社1986年版，第22页。
③ 《诸子集成》(第七册)，中华书局1954年版，第28页。
④ 《诸子集成》(第七册)，中华书局1954年版，第6-7页。
⑤ 《诸子集成》(第七册)，中华书局1954年版，第2页。

于天的本原能行,即"性所有也"。要使视、听、言、貌、思皆得其正,则非学不可,学是为修性。

佛教天台宗里这一思想也有诸多体现。智者大师发明了"佛不断性恶"之论,即佛性非为纯粹的善,但是佛不起修恶,而终见其平等大慈且归于现实性上之至善。明代传灯大师所著的《性善恶论》六卷,总结了天台宗关于佛性善恶问题的讨论。

司马光和张载也都受到杨雄善恶混观点的影响。司马光在《性辩》中说杨雄的"善恶混"清晰明白,他说:"孟子以为人性善,其不善者外物诱之也;荀子以为人性恶,其善者圣人教之也。是皆得其一偏而遗其大体也。夫性者,人之所受于天以生者也,善与恶必兼有之。是故虽圣人不能无恶,虽愚人不能无善,其所受多少之间则殊矣。"就像同一片田里,既有"藜莠之生于田",也有"稻粱之生于田"。"善恶杂处于身中之谓也,顾人择而修之何如耳。修其善则为善人,修其恶则为恶人。斯理也,岂不晓然明白哉!"①

道德心理学多是持善恶兼有论,人类天生拥有一些道德特质,同时也存在着一些非道德因子。随着人的成长,受到来自父母、老师等外界因素的影响,善恶的因子开始会向一方倾斜,并得到发展。坚持性善恶兼有论者往往也坚持道德的习得论,认为人性最初既有善也有恶,就像水源可以流向任何方向一样,人既有可能沿着恶源走向恶,也有可能沿着善源走向善。因此,在后天的环境中,人需要做的是抑制恶的发生,鼓励善的推行。就道德规范的内容,针对"扬善"的需要设定了至善的存在,为了"抑恶"的需要制定了最低的道德限度。

(六)性有"天命之性"和"气质之性"

张载从人本身存在的完整性来考虑,一切个体既从道那里获得其纯粹善性,又因有体质之感性而同时获得其"气质之性",因此就人性的完整存在而言,必须将"天命之性"与"气质之性"同时考虑在内。在"天授予人则为命,人受于天则为性"②的本原意义上,"气质之性"不是本原之性。因此张载说:"形而后有气质

---

① 《文渊阁四库全书集部》(第 1094 册),台湾商务印书馆 1986 年版,第 611-612 页。

② 张载:《张载集》,中华书局 1978 年版,第 324 页。

之性。善反之，则天地之性存焉。故气质之性，君子有弗性者焉。"①程颢和程颐对张载的观点极为赞同，认为"论性不论气不备，论气不论性不明，二之则不是"。张载以"性气合"来论性这一方面最完备，对理学家影响极大。比如朱熹就说："天命之性，若无气质，却无安顿处。且如一勺水，非有物盛之，则水无归着。程子云：'论性不论气，不备，论气不论性，不明，二之则不是。'所以发明千古圣贤未尽之意，甚为有功。"②朱熹将"天命之性"和"气质之性"界定为："论天地之性，则专指理言；论气质之性，则以理与气杂而言之。未有此气，已有此性；气有不存，而性却常在。虽其方在气中，然气自是气，性自是性，亦不相夹杂。"性与气既不相分离又不相夹杂，从现实性的存在来看，"性非气质则无所寄，气非天性则无所成"③。气质是天性的寓所，天性成就气质。

张载性气合论实则为孟子性善论和荀子性恶论的整合，张载将荀子的"性恶"界定为"气质之性"，而孟子的"性善"被确认为"天命之性"。他强调，"气质之性"不能被忽视，但是就性的原初状态而言，必以"天命之性"转化为"气质之性"。张载说："为学大益在自求变化气质。不尔，皆为人之弊，卒无所发明，不得见圣人之奥。故学者先须变化气质。变化气质与虚心相表里。"④这里所说的"变化气质"与荀子的"化性其伪"具有异曲同工之处。而"变化气质"是一个实现自我修身的过程，也是成性的过程，即成就"天性之性"的过程。"学至于成性，则气无由胜……必学至于如天，则能成性。"⑤就人作为经验的感性存在而言，人性是"天命之性"与"气质之性"共在的。所以张载说："人之刚柔缓急有才与不才，气之偏也。天本参和不偏。养其气，反之本而不偏，则尽性而天矣。性未成，则善恶混。"⑥

(七)性无善无恶论

王阳明说"无善无恶心之体"，"心之体"是性，也是良知，是人的本原性实

① 张载：《张载集》，中华书局 1978 年版，第 23 页。
② 黎靖德：《朱子语类》(卷四)，中华书局 1986 年版，第 66 页。
③ 黎靖德：《朱子语类》(卷四)，中华书局 1986 年版，第 67 页。
④ 张载：《张载集》，中华书局 1978 年版，第 274 页。
⑤ 张载：《张载集》，中华书局 1978 年版，第 266 页。
⑥ 张载：《张载集》，中华书局 1978 年版，第 23 页。

在，是生命存在的本初状态，是个体自身存在的本然真实状态，是一个大中至正，全然超越经验意义上的任何相对价值形态的，因此人本性是"无善无恶"的。在王阳明看来，良知并非经验之物，而是存在于不动之本体，人人拥有相同的良知。"未发之中，即良知也，无前后内外而浑然一体者也"①。作为人性的本原实在状态，不可用经验意义上的价值对其做判断。因此说："性之本体原是无善无恶的，发用上也原是可以为善可以为不善的，其流弊也原是一定善一定恶的。"②只有当个体进入现实社会的情境交互中时才会产生作为经验价值形态的善恶。个体本身的是在状态只是一个大中至正，既是存在之终极实相，也是价值的绝对中立——无善无恶。这里所言无善无恶，是超越于善恶相对的全部经验价值，知善知恶，方能对一切经验价值实现恰如其分的正当判断。虽然本体无善无恶，却能保持自身的"常惺惺"而做到明善恶，因此，"无善无恶，是谓至善"。

王阳明的"良知学说"所展开的实践境遇，改变了程朱理学所建构起来的知识世界，将其转化为人如何实现良好生存的一种生存论世界。也正是这一境遇转换，使"致良知"的学说获得了超越一般意义的道德实践内涵，并使其思想整体获得了丰富的现代性意蕴，与现实世界哲学相契合。

性无所谓善恶说与性无善无恶说有区别，性无所谓善恶说虽然也能清晰地解释人的经验生存状况，但并没有解释先验存在的本性。它所导向的结果全是经验性的，认为经验性的引导实际上就决定了人之性的事实状态。在这一观点中，人现实生存状态中的善恶是被引导的结果，而非人的自主性的结果。王阳明的性无善无恶说强调的是人性本身对于经验的相对价值世界的超越性中立，它本身的大中至正使其成为全部经验价值的本体，成为判断经验价值的唯一标准，且不接受经验价值判断。善是良知本体的自我实现状态，而非经验引导的结果。也就是说，一切经验上的善，是实现了自主性之自我建立的个体，运用其性体中原在的意志自由来自主实现其本身的结果。因此，王阳明的"致良知"必须是作为主体的人自身自主的、自由的活动，无关经验引导。

中国的传统人性理论与西方的人性思想，都是围绕善恶问题展开的，无论是

---

① 王阳明：《王阳明全集》（卷二），上海古籍出版社 2015 年版，第 55 页。

② 王阳明：《王阳明全集》（卷二），上海古籍出版社 2015 年版，第 101 页。

上述的哪种观点，终归于一点，人可以通过道德的实现使人性更加完善。人性问题的研究也并不是我们研究的最终目的，对人性的思考无非是树立起一个基点，目的都是为了追求善，只是采取的途径和手段有所差别。性善论的信奉者将善看作活水的源泉，那么沿着这种源头一路前行，最终就能到达"最终的善"，而性恶论的坚持者则是看到了人性源头的恶，追求善的过程表现为反向的规避恶，远离恶就意味着靠近善。善恶兼有论者看到了人的这两个端点，提醒人慎重选择善的路径，降低恶出现的可能性。性无善恶论者更加注重人的后天教育。其实不管人性的本初怎么样，后天的教育都是不可或缺的，而这个教育有外界的传播，更为重要的是人的自省。

人性是人之为人的根本所在，人非生来就是道德人，人性既有善端，也有恶端，对善恶的认知，少数来于人的本能，而绝大多数来自于人后天的学习，而这个学习的过程也是道德自觉不断养成的过程。对于人性而言，道德自觉是完善人性的过程，对于道德自觉而言，人性是道德自觉实现的起点，是实现道德自觉的动力。人性的完善是道德自觉的归宿，人性在道德自觉的过程中不断得以彰显，也随着道德的发展而不断完善。

二、道德自觉的养成基础：自我完善理论

道德内在于人，是人们的自我肯定、自我发展、自我完善和自我实现。[1] 道德完善理论者坚持认为道德是人自我发展和自我完善的需要，是人"趋善避恶"本性的延伸和发展。进而认为全部道德的关键就在于自我完善，或者是通过知识的增长，或者是通过坚定不移的意志，如果知识匮乏的话。[2] 对善的认识是产生善行的必要前提，苏格拉底的名言"知识即美德"就着重强调了善的知识的重要性，他认为人并不会故意作恶，作恶是因为无知。"他把他的方法运用到一切人类问题上，特别是道德领域，试图给行为找出合理的基础。……苏格拉底力求了解道德的意义，发现是非的唯理原则，即可用以衡量的标准。他心目中最重要的

---

① 罗国杰主审，李萍主编：《伦理学基础》，首都经济贸易大学出版社2004年版，第9页。

② ［美］J. B. 施尼温德：《自律的发明：近代道德哲学史》，张志平译，上海三联书店2012年版，第237页。

问题是：我将怎样安排生活？什么是生活的合理途径？一个有理性的动物，一个人应该怎样行动？……什么是善本身，什么是这种善，即至善。"①苏格拉底认为追求至善是人的终极目标。人通过后天学习的方式，不断获得善的知识，在善的知识指引下，人自然而然就会开始行善。因此，他告诫世人，发展德性有利于人生，应该更加关心智慧、真理和灵魂的完善。总之，苏格拉底是全心投入了人的事业，忠实地实践着人类"认识自己"和"完善自己"的崇高使命。②

柏拉图继承了苏格拉底的思想，将"善"理念置于整个理念世界的最高处，也将之视为宇宙的目的、一切其他理论的源泉。他崇尚德性，认为有德性的生活才是至善。个人不能孤立地在社会生活中发扬德性，个人的幸福只能同社会福利联系在一起，社会生活是使个人完善的手段。这样，柏拉图就将个人的自我完善与社会发展联系在了一起，不再仅仅看到个体自我完善对自我的必要性，更是看到了个体自我完善对社会群体的重要性。因而，个体自我完善不仅是自我发展的自主选择，也是社会发展的一种必然要求。

作为柏拉图得意门生的亚里士多德则建立了一个广博的伦理学理论，用以回答苏格拉底所提出的至善问题。在他看来，人类的一切行动都是有某种目的的，而最高的目的就是最高的善——至善。这一点上，我与苏格拉底是一致的，都认为"至善"是人的终极追求，但是对"至善"的理解有所不同，亚里士多德认为"至善即是幸福"，而幸福是我们作为人的独特功能的满足，换言之，就是人的自我实现。那么，伦理学的目的就不仅是为了让人知道至善是什么，更为重要的目的是促进人们按道德行事，向往善行，发挥德性。也就是说获得关于"至善"的认知只是追求至善的第一步，认知并不等于行动，影响人们行动的因素，主要归结于人的理性和意愿。同时，亚里士多德强调自我实现并不是自私自利，是使个人在过上道德和幸福的生活的同时，在城邦法律和公共职责中实现自我。亚里士多德赞同从群体视角中考查个体的行为，人是城邦中的人，所以人的行为既不能像野兽一样肆无忌惮，也不会像神祇一样完美无缺。道德德性由习惯生成，既生产于活动也毁灭了活动，并且只能在活动中实现。也就是说，人的德性养成是在城

---

① ［美］梯利：《西方哲学史》(上册)，商务印书馆1975年版，第69页。
② 维之：《人类的自我意识》，现代出版社2009年版，第11页。

邦生活中不断习得的，因而，一个能自省自察的人，都是致力于改进且完善自我的人。

到了中世纪，人的"自我"被遮蔽在神的视阈之下。基督神学伦理学认为德性就是善的习性，使人的行为趋向于完美的习性。① 上帝作为全知、全善、全能的存在，就像太阳光一样普照大地，指引着人的前进，引导着人向善。安瑟伦表示，"上帝"是我们心中最美好最完善的观念，最完善的东西必然包含着存在性，否则就不够一个最完善的东西了：上帝最完善故必然存在。因而，"轻视自己的人，在上帝那里就受到尊重"②。所以，个体按照上帝的指示行事就能不断趋向"善"，不再考虑自身的理性与意愿。在他看来"信仰高于理性"，信仰上帝，即是信仰"至善"，追随上帝，即是追求"至善"。这一观念长期影响着人们，人们不再追溯什么是至善，因为上帝就是至善，人们也不再探究关于"善"的认知是否合理，因为上帝所言就是最高的命令。

卢梭在《论人类不平等的起源》中说："人类拥有这样一个格外的优点：当其他的动物仅仅拥有自己的本能的时候，人很可能连一项专属于他的本能都没有，但却能够学习各种禽兽的本能；同样的，当其他的动物只能食用特定的食物的时候，人类却能够食用各种食物中的大部分，因此他比其他任何一种动物都更容易觅食。"③卢梭所强调的是人可以通过学习的方式获得原本不属于自己的技能，自我的能力也随着这种学习不断得以提升，从而不断完善自我。莱布尼茨说美德是最高尚的创造物，我们要做的一切事情最终都通向自我完善。沃尔夫和康德则将自我完善视为一种责任，从而延伸出了自治的道德和自律的道德。沃尔夫的道德观中，"自治"是自我完善、自我发展的重要手段，人在"自治"的过程中不断地趋近于善，从而不断完善自我。亚当·斯密认为人的欲望中存在着不合理的部分，正是这种不合理的欲望阻碍了人的发展，他主张通过"自制"的方式来约束自我行为，从而促进人的自我发展和自我完善。施尼温德说康德发明了作为自律的道德概念。善良意志与理性是康德自律道德的两个核心概念，也是道德得以实

---

① 宋希仁：《西方伦理思想史》，中国人民大学出版社 2010 年版，第 143 页。
② 李平晔：《人的发现》，四川人民出版社 1983 年版，第 128 页。
③ ［法］卢梭：《论人类不平等的起源》，吕卓译，九州出版社 1984 年版，第 49 页。

现的关键。可以说康德是近代自我完善理论的集大成者，康德认为："你的行为，要把你自己人身中的人性，和其他人身的人性，在任何时候都同样看作是目的，永远不能只看作是手段。"① 将人作为目的而不仅仅是手段，道德只是出于责任——出于尊重规律而产生的行为必要性，是作为理性存在的人的自觉的选择，善良意志是人能够进行"自治"的前提和根本条件。意志自律性是道德最高原则。②

"自我实现"作为心理学的经典命题，讨论的内容包括人生的终极追求和人存在的意义。"人本心理学关注人性和人的潜能的实现，重视生活价值的实现，和个人获得充分的发展、达到高度的自我实现，成就完满的个人。"③ 马斯洛从人的基本需求出发，主张人天生具有自我实现的最高追求，并主张人的道德自觉，认为人是靠内在法则主张趋善的生存。④

在儒家看来，自我完善人格即"圣贤""君子"境界的达成，既非源于神的外部恩赐或拯救，也不是从人性到神性的异质性的跳跃，而是人性自我本身的充分与完美的实现。⑤ 道德并不是既成的事物，而是随着人的成长不断养成的，人的道德素质是不断提升自我修养的结果。"积善成德"是一个渐进性和飞跃性的统一，"不积跬步，无以至千里；不积小流，无以成江海"。人在成长的过程中不断获取善的知识，不断增强行善的能力，进而不断提高自我的道德素养，将善的意志转化为具体的善行，并在行善的过程中获得自我满足和自我成长。道德行为的不断积累是人不断追求善的过程，因而也是人不断完善自我的过程。当道德行为变成了一种习惯，道德自觉也就实现了。"德行有两个因素，那就是意志的向善性和行为的习惯性。在我们修成了一种德性之后，我们的意志利用所习惯的行为，常常趋向人生正确的目标，使我们的自由与人生的目的完全相结合，不会于

---

① ［德］康德：《道德形而上学原理》，苗力田译，上海人民出版社2012年版，第37页。

② ［德］康德：《道德形而上学原理》，苗力田译，上海人民出版社2012年版，第46页。

③ 尚会鹏：《心理文化学要义——大规模文明社会比较研究的理论与方法》，北京大学出版社2013年版，第70页。

④ 方元元：《论马斯洛与〈大学〉中"自我实现"之异同》，郑州航空工业管理学院学报（社会科学版）2015年第6期，第69-72页。

⑤ 彭国翔：《重建斯文：儒学与当今世界》，北京人学出版社2013年版，第123页。

善恶之间稍作犹豫，而是当机立断，从善如流。"①正所谓"上善若水"，贯彻善念最好的方式是像活水一样源远流长，持续不断。因此，"勿以善小而不为，勿以恶小而为之"。让善念变成自己的常识，善行成为自己的习惯。道德主体的自觉性是德性渐进性增长的保障，当善积累到一定的程度就会发生质变，使人成为一个伦理学意义上的"善人"。人的生命有限，但是人的潜力具有无限性，人的发展进步没有止境，因此人追求善的脚步不能停。"善人"并不是终点，而是一个新的起点，生命不止，追善不休。道德水平越高的人对自己的期望越高，对善的追求也更高，同时他身上肩负的社会责任也越重。作为社会中的榜样人物，是一般人的学习对象，他更需要谨言慎行，因为他对社会及他人产生的影响更大。活到老，学到老。人在成长的过程中不断地趋近于"至善"，才能不断实现自我发展和不断地完善自我，从而成就自我。

在自我完善理论中，尤为关键的是人的自主性，即人的主动自觉的行动。因此，在自我完善理论看来，无论是个人、社会还是人类的发展进步，只能依靠人自身，一方面是意识的觉醒，另一方面是自觉的行为。内因是关键，外因只是条件。严格意义上的道德应当是自律的，他律的存在是为人的自觉行为提供一个具有普遍意义的参考范式，归根到底，只有他律中的道德规范内化于道德主体的内心之中，成为道德主体的自我意识，才能更有效地转化为自觉的道德行为。道德的起源于道德自身，起源于每个人自我完善的需要；同时，道德目的在于道德自身，在于完善每个人的品德。一个人的行为可以源于其完善自我品德的道德需要，目的是为了完善自我品德、为了道德自身。②

三、道德自觉的建构目标：道德人格

"人格"一词起源于拉丁文"persona"，意为演员的面具，后引申到心理学领域和哲学领域。美国著名人格理论家查德·里赫曼将"人格"定义为："是个体所具有的一系列动态的、有组织的特征，这些特征独特地影响了个体在不同情境中

---

①　王臣瑞：《伦理学》，台湾学生书局 2005 年版，第 335 页。

②　王海明：《关于道德起源和目的之理论》，《现代哲学》2004 年第 1 期，第 105-110 页。

的认知、动机和行为。"①佛洛姆在《为自己的人》中是这样定义的："对于人格，我理解为先天和后天的全部心理特性，这些特性是个人的特征，也是人成为独一无二之个体的地方。就整体而言，先天特性和后天特性之间的区别，与气质、天赋、所有气质上特定的心理特性和性格之间的区别是同义的。"②洛克将人格定义为："有思想、有智慧的一种东西，它有理性、能反省、并能在异时异地认识自己是自己，是同一的能思维的东西。它在思维自己时，只能借助于意识……"③康德则说："人格是其行为能够归责的主体。因此道德上的人格不是别的，就是一个理性存在者在道德法则之下的自由。由此得出，一个人格仅仅服从自己给自己立的法则。"④

与康德的纯粹理论式的设定不同，亚当·斯密在《道德情操论》中基于人本性中的利他行为提出了一种"道德人"假设，基本内涵包括三个方面：一是人是社会性的动物，在社会生活中逐渐形成和发展出利他倾向。二是人是理性存在物，道德是人理性的选择，动机上的利他行为也是理性的选择。三是追求团体利益最大化，旨在改进他人或社会福利。道德人假设认为在追求物质利益的同时，人有责任承担相应的道德责任，并且通过道德自律的方式实现人的自治。在道德人假设中，人性是本善的，利他是理性的选择，最终的目的是总体的利益最大化。这种形式上的道德人假设是自我完善理论的一种范式，可以说是一种理想的道德人格的模型。从这一种模型出发，我们简单分析一下"道德人"的基本要素。首先，道德感，亚当·斯密认为是同情，正是道德感引发了人的利他行为；其次，理性，在进行道德判断和道德选择时的理性分析，对事件结果的理性预估；最后，目标结果，增加他人和社会的福祉，实现团体利益最大化。完善的道德人格是道德主体能够自觉自愿履行道德责任的保障。人是一个复杂的个体，既不可

① ［美］查德·里赫曼：《人格理论》，高峰强等译，陕西师范大学出版社 2005 年版，第 2 页。

② ［美］佛洛姆：《为自己的人》，孙依依译，生活·读书·新知三联书店 1988 年版，第 64 页。

③ ［英］洛克：《人类理解论》，商务印书馆 1959 年版，第 309 页。

④ ［德］康德：《道德形而上学》，张荣、李秋零译，中国人民大学出版社 2013 年版，第 21 页。

能是完全纯粹的"经济人",也很难成为纯粹的"道德人"。

至于"道德人格"这一概念则是随着道德心理学发展而衍生出的,20 世纪 90 年代,布拉斯、拉普斯利、沃克等提出了道德人格的概念,试图解决科尔伯格道德认知理论中未能解决的知行关系的问题,并将道德人格的概念引入道德心理学的研究当中。Hogan 从社会分析理论的基本观点出发,提出了道德人格的行为动机说,他认为道德人格是包含了多种行为动机的人格结构。[1] 布拉斯根据自我模型用道德同一性来理解道德人格,他认为可以从三个方面理解道德人格:(1)强烈的意志,由在维持有效行为中具有工具性作用的稳定的倾向组成;(2)良好的意愿,是指向道德的深层的、核心的情感性和动机性倾向;(3)个人道德,人具有先天的道德责任去发展自己的才能,寻求自我本性。[2] Higgins、Alessandro 和 Power 把道德人格理解为负责任的道德自我,责任将道德判断和道德行为联结起来。[3] Walker 等从人格结构的特质观出发,把道德人格理解为与道德有关的特质或倾向。[4] Matsuba 和 Walker 提出应当从三个角度入手对道德人格进行系统评定:(1)倾向性特质;(2)特征性适应;(3)生活叙事。[5] Lapsley 和 Navaez 对人格的特质取向进行了批评,提出了道德人格的社会认知观。[6] 道德人格最好被理解为解释社会事件时道德图式的习惯可及性。

我国学者也对道德人格的概念作了一些自己的解释,如吴敏英在《伦理学教程》中将"道德人格"定义为:"道德人格是现实社会生活中具体个人的人格的道

---

① Lapsley D K. Moral psychology. *Boulder*, *co*: *Westview press*, 1996: 216.

② Blasi A. The moral personality: Reflection for social science and education//M W Berkowitz, F Oser. Moral education: Theory and application. *Hillsdale*, *NJ*: *Lawrence Erlbaum*, 1985: 433-443.

③ Higgins-D' Alessandro A, Power F C. Character, responsibility and the moral self//D K Lapsley, F C Power. Character psychology and character education. *Notre Dame*, *Indiana*: *University of Notre Dame Press*, 2005: 101-120.

④ Walker L J, Pitts R C. Naturalistic conceptions of maral maturity. *Developmental Psychology*, 1998, 34: 403-419.

⑤ Matsuba M K, Walker L J. Extraordinary moral commitment: Young adults working for social organization. *Journal of personality*, 2004, 72(2): 413-436.

⑥ Narvaez D, Lapsley D K, Hagele S, et al. Moral chronicity and social information processing: Tests of a social cognitive approach to the moral personality. *Journal of Research in Personality*, 2006, 40(6): 966-985.

德性规定,是个人的性格、品格的统一。"①李春秋和吴正春等人阐发了类似的观点:"道德人格,就是具体个人的人格的道德性规定,是个人的脾气习性与后天道德实践获得所形成的道德品质和情操的统一。"②赵宏兴、王健等人表示:"道德人格是个体人格的道德规定性,是个人的道德人性尊严与后天道德实践活动中所形成的道德品质和情操的总和。"③郭广银对"道德人格"的解释更为清楚,他说:"道德人格概念是人格概念在伦理学中的具体化,只是由于特殊学科角度才有了道德人格的概念。所以,道德人格不是一种特殊的人格,也不是人格发展与构成的某个特殊层级或因素,它是指当人在加入了伦理关系和参与了道德活动以后所获的道德性质和所表现的道德现象。简言之,所谓道德人格,就是指人格的道德规定性,是人格主体的道德认识、道德情感、道德意志、道德信念和道德习惯的有机结合。"④

道德人格并非一个完善的纯粹意义上的道德人,而是人在道德领域中应当具备的人格,每个人都具有道德人格,只是每个人的道德人格的完善度有所不同。帕斯卡说"自我人格是不断变化着的",而人的自我发展和自我完善在道德领域中就表现为道德人格的不断发展和不断完善。正如肖恩·加拉赫所说,道德人格取决于随着时间的推移能够意识到自我的自觉这一必要条件。

道德人格的形成依赖于道德的良性的循环,这里借助 HOME 循环(人类受催产素调节的移情)来理解,如下图所示。

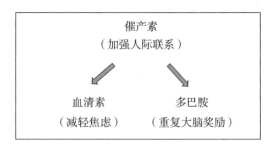

①　吴敏英:《伦理学教程》,四川大学出版社 2002 年版,第 164 页。
②　李春秋、吴正春:《简明伦理学》,蓝天出版社 1991 年版,第 327 页。
③　赵宏兴、王健:《伦理学原理》,辽宁人民出版社 2006 年版,第 422 页。
④　郭广银:《伦理学原理》,南京大学出版社 1995 年版,第 407-408 页。

多巴胺强化了因我们善待他人而得到感谢的微笑时的感受，血清素则可以改善我们的情绪。正是 HOME 循环让我们做好事时感觉良好，从而强化了我们的道德行为，[①] 让我们大多数人更加自觉地进行道德活动，表现出善良的一面，进而获得人们的信任感，也就形成了一个良性循环的行为反馈回路，如下图所示。

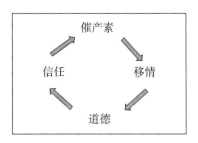

从道德心理学的研究来看，人先天具有一定的道德感，即区分是非、善恶、好坏的能力。正是这种道德感让我们可以评价他人以及他人的行为，并且指导我们对他人予以同情或是指责，在具体的境况中能够对他人的境况产生一种移情，因他人的快乐而感到快乐，因他人的痛苦而感到难过。如亚当·斯密所描述的那样："当我们看到有人朝着其他人的手或腿去击打时，我们会不由自主地收拢起自己的胳膊和腿。当它真的落下时，我们亦会感受到"，移情是道德必不可少的条件，如果我们对他人漠不关心，就不可能拥有道德。在具体的道德行为中，仅仅具有道德感和移情是不够的，社会道德规范会影响我们的道德判断，个人的理性思维会决定我们的道德判断和评价，与此同时，个人的道德行为能力会直接影响整个道德行为的成败。因此，道德人格是多个元素复合而成的道德自我，在道德人格的形成过程中，这些元素都自觉地发挥自己的作用。随着道德人格不断完善，这些基本元素之间会产生良好的化学作用，从而保障道德自我的不断完善。同时，道德人格不仅受到单个元素的影响，而且可能受到多个元素的组合影响。道德人格越是完善的人，其道德行为越易受到复合元素的影响。从道德心理学的实验来看，基于对他者的同情可能激发我们伸出援助之手；基于合作互助的关系，我们会关照我们的伙伴；基于社会道德规范，我们会助人为乐；基于功利原

---

① ［美］保罗·扎克：《道德博弈》，黄延峰译，中信出版社 2016 年版，第 66 页。

则，我们可能会增加整个社会的福祉。但是在这些道德行为中，人们呈现出来的道德人格是不同的，比如许多心理学家认为，女性更注重关怀，男性更注重公正。不同的年龄阶段，道德人格的完善程度会有一定的差异，同一年龄阶段的道德人格也呈现出一定的差异。因此，从某种程度上来讲，道德人格与年龄、道德认知有一定的关系，但并不是必然正相关。

研究表明，道德人格的形成与个人自身和自身所处的环境、接受的教育等有着密切的关系。个人对于自我发挥和自我完成的欲望应当具备充分的认知，并且充分发挥自身的潜力，尽可能地实现自我，争取成为一个负责任的道德自我。良好的社会是把成为健全的、自我实现的人的最大可能性提供给社会成员。[1] 人与社会之间的互动会影响彼此的发展，个人的道德人格的形成离不开一个良好的道德环境，良好的道德环境依赖于个人自觉地履行道德责任，并且由众多的个人共同来维系。

第二节 道德事件中不同角色的道德自觉

人作为现实的个人，在整个道德事件中扮演着三个角色，分别是道德主体、道德对象和道德旁观者。三个身份角色的人之间的相互配合是完成整个道德事件不可或缺的条件，在道德事件缺失参与旁观者的情况下，其他的道德旁观者在进行道德判断和评价时应当格外慎重，避免主观偏好或是被欺骗。在现实生活中，我们往往多注重道德主体的责任，而忽视了道德对象和道德旁观者的责任，虽然，有学者建议将道德主体与道德对象之间的关系用主体间性来理解，一方面可以确保双方在人格上的平等，另一方面也可以更好地理解双方的相互作用。但是，在整个道德事件中，不仅有双方的存在，而且绝大多数时候有存在着道德旁观者的参与(即使现场没有旁观者，进行道德判断和评价的时候一定存在着旁观者)，所以仅仅用主体间性来理解不足以理清复杂的道德事件。更为重要的是道德事件中的主客体之间的关系并不对等，而且两者之间很难对等，所以用三者关

---

① ［美］亚伯拉罕·马斯洛：《动机与人格》，许金声译，中国人民大学出版社 2012 年版，第 131 页。

系来理解能够让人更为准确地找到自己的位置，做出恰当的道德反映，采取恰当的道德行为，保证道德事件的整体完成度更高。只有道德主体—道德对象—道德旁观者形成一个完整的闭环，整个社会的道德自觉性才能够不断提高，反过来又为个人的自由自觉发展营造一个良好的道德氛围。

一、道德主体的道德自觉

作为道德主体的人，是道德行为的主动者，主导着道德事件的走向。狭义上的道德自觉，就是指道德主体的道德自觉。道德主体在整个道德事件中占据着主人公的地位，无论是在人类伦理、社会伦理还是个人伦理当中都以第一人称"我"而存在，即"我应当"中的主语。道德主体既包含了善的主体，也包含了恶的主体。① 道德主体的善恶通过其在道德事件中的行为表现出来。在一件具体的道德事件中，道德主体承担着最主要的责任，具备着为与不为的主动选择权，其行为也直接影响着整个事件的结果。例如，当遇到一个儿童掉进河里，见证这一事件的人都应当成为道德主体，承担助人为乐的道德责任，但是很显然，这个事件中，有道德主体选择履行这一责任——帮助儿童，同时有的人会选择不帮助儿童。若道德主体选择"为"则儿童获救，若道德主体选择"不为"则儿童可能失去生命。我们强化人的道德主体性，应当是提高人行善的自觉性和积极性，抑制恶行的产生。②

个人的道德认知、道德行为能力以及个人的情感和理性都会对道德行为产生重要的影响。这主要体现为道德主体的自主选择性，在个体化与价值多元化的时代，作为现实的个人，我们拥有多元的价值认知。在这样的时代，有两个显著的特征：一是价值的多元化，不同于传统的一元价值世界，多元化的价值给予了道德主体更大的选择空间，同时也给道德主体进行价值排序增加了多样性和难度。二是个体意识的觉醒，如果说在群体本位时期的个人永远将整体或社会的利益放在首位，那么在个体本位时期，作为道德主体的个人对自身发展的需求有了更深

---

① 李建华：《趋善避恶论——道德价值的逆向研究》，北京大学出版社 2013 年版，第191 页。

② 李建华：《趋善避恶论——道德价值的逆向研究》，北京大学出版社 2013 年版，第194 页。

层次的要求，对平等、自由、民主的追求，无不凸显出主体对自身的关注。基于这一点，作为道德主体的个人在进行价值选择和价值排序时也会呈现出更多的个性和多元性。这是不是说我们无法确定一个确切的统一的最高价值标准？我们是否会陷入相对主义的遐想当中？在这里，首先需要肯定的是普遍意义上的价值的确存在，从形而上学的角度追溯，康德给出了我们确切的答案，那就是"绝对命令"的存在。显然，我们也不能仅仅停留在对原则的追溯之上，在解决现实问题时，我们有必要引入情境主义的相关理论。当两者价值之间存在明显的优先顺序时，我们的抉择和判断并不会有太大的争议。但是当两种价值相当时，才是我们争议最大的时候，也是最困扰道德主体的时候。古时便有"忠孝难两全"的道德难题，当下也有"电车难题"等悖论，但是在特定的情境当中，无论我们选择哪一种道德价值，都可以说是正确的，也可以说是错误的，因此，怀着一种宽容的态度，我们应该尊重道德主体的自由，作为道德主体的自觉行为，既存在必然性，也存在着偶然性。唯一的普遍性和共性便是个体对道德价值的追求，只是在价值选择上出现了分歧而已。

就道德主体而言，主要有两个方面的问题需要讨论，一方面是角色伦理问题，即具体社会身份应具有承担相应道德责任的自觉。另一方面是场域伦理，即道德主体在不同的境况下应当采取相应的道德行为的自觉。

（一）不同角色的道德自觉

人是"复合"而成的具体的、现实的个体。在现实的社会生活中，每一个人都扮演着多个角色，而不同的角色对道德主体有着不同的道德要求，即个人在不同角色中承担着不同的道德责任，这些具体的道德责任是"善"的具体表现。传统社会中的"君君、臣臣、父父、子子"就是典型的一种角色伦理，即君要像君，臣要像臣，父要像父，子要像子，不同角色身份决定你需要承担的责任，只有个人自觉地履行自身的责任和义务，整个社会和国家才能有序、有礼地运行。社会越复杂，人与人之间的关系也越复杂，人的角色身份也就越多，需要履行的道德责任也就越多。一个成年男性，在一个三世同堂的家庭中，有三个及以上的身份，他是父母的儿子，是妻子的丈夫，是孩子的父亲，是兄弟姐妹中的兄弟，因此，他需要孝顺父母，爱护妻子，疼爱孩子，兄友弟恭。在一个国家中，他是一个普通的公民，应当具备爱国情怀；在一个社会中，他是一个普通的个体，需要遵守基本的社会公德；在职场中，他是一个职业人，需要履行相应的职业道德；在生活中，他是朋友中的一员，需要友善对待朋友；在面对自己时，需要注重个人修养，达到身心和谐。

角色是人在社会生活中的身份印记，是人的身份的象征。人有多少种身份就意味着扮演了多少个角色。总体而言，人的身份包含了两大类，一类是为了维系自然关系而产生的身份，另一类是为了维持社会关系而产生的身份。第一类关系以血缘、地缘等自然原因形成的关系为纽带，这一类的身份所决定的人的角色具有不可改变性和相对稳定性，因而这类身份所产生的道德义务也具有普遍意义和不可抗拒性。比如，以血缘为纽带所产生的角色，其天然的责任就在于维系血脉的传承，与此相应的是，父母的角色有爱护和养育子女的责任，子女的角色要求赡养和孝顺父母，夫妻之间应当相亲相爱，兄弟姐妹之间应当兄（姐）友弟（妹）恭。第二类的身份则由后天的社会生活所赋予，这一类身份的确认是基于社会的认可，其相应的道德责任则多产生于社会契约，是后天赋予的，与人所处的社会环境和时代背景息息相关。同时，角色也是一种社会地位的体现，不同的角色，其承担的责任也会存在着差异，总体而言，社会地位越高的人，角色所赋予的责任也就越重。不仅是自然所赋予的责任，也包括社会所赋予的责任，一旦两个以上的道德责任同时出现，人总是会根据自己的偏好自觉的选择承担自己意愿承担的责任，选择忽略被动附加在角色身上的责任。在一定的社会关系中，人同时具有双重或是多重身份时，会自主自觉地选择符合自己意愿的身份角色，将其他角色身份置于其后，这也就将符合自己意愿的角色道德凌驾于其他的角色责任之上。因此，角色伦理的关键在于道德主体对自身的清楚定位，道德责任的履行依赖于道德主体的自觉性。

自然赋予我们的身份和角色，我们无法做出更改，就如卢梭所说，"我们生而自由，却无往不在枷锁之中"。但是人的社会关系是动态的，是处于不断生成和不断消除状态之中的。个人只有行动，才会有社会角色，只有行动，角色才会发生作用。① 因此，角色不仅与社会关系相关，还与行动密切相关。社会关系是

---

① 程东峰：《责任伦理导论》，人民出版社 2010 年版，第 25 页。

在社会实践中产生的，角色也是在社会实践中形成的。角色的行动，既可以是主动的，也可以是被动的。被动的行为只有被角色认同内化才能转化为自觉的行为。而角色也只有在社会实践中承担了相应的责任，才会得到社会的认可。角色的本质是人的社会责任的分配和实现，是社会责任在人与人之间的交接和传承。① 责任是被角色所赋予的，是行为主体在特定关系中对自身身份和相关任务的自我确认和自觉服从。

角色的自我认同是角色伦理能够自觉践行的第一步。角色认同是行为主体的一种能力，表明行为主体对自身情况、所处环境、应承担责任的确认和认可。同时，角色认同也是行为主体得到社会承认的过程。"'名誉'揭示的是一种肯定的自我关系，这种关系在结构上与个体特殊性获得主体间承认的前提密切相关。"② 这里的"名誉"相当于"角色"。角色是一个符号、一种象征，它既依赖于行为主体自身的确认和能力的保证，也依靠于社会的承认和认同。认同了自身的角色，也意味着默认了该角色所赋予的道德责任。道德责任是内含于角色之中的，角色认同的过程也是道德责任认同的过程。因此，行为主体在考虑是否承担某一角色时，主要在衡量自身是否具有承担相应角色人物的能力。这也是人具有自知之明的重要体现。若只是为了获得角色所带来的利益而没有承担相应的角色责任，行为主体的角色身份也不能得到社会及大众的认可。在社会系统中，有着各式各样的角色身份，人们按照自己的意愿和能力选择自己能够承担的角色，在社会及大众的考核之下得以确认，从而成为社会关系中的一员，在社会团体中承担着相应的角色责任。而整个社会，是由不同角色共同维系的，每个人各司其职、各尽其责，以此保障整个社会系统的正常有序运行。

道德主体的角色责任是约定俗成的，基本上是稳定的，只有整个社会的道德规则的内涵发生了变化，角色伦理的内容才会发生相应的变化。比如，在传统的封建社会中，"丁忧"所赋予子孙的角色责任是守孝三年，以此表达子孙对长辈的"孝道"，到了现代社会，"丁忧"对子孙的角色责任就宽泛得多，已不用守孝

---

① 程东峰：《责任伦理导论》，人民出版社 2010 年版，第 26 页。
② ［德］阿克塞尔·霍耐特：《为承认而斗争》，胡继华译，上海人民出版社 2005 年版，第 27 页。

三年，只要能够充分表达自己的哀思即可。角色责任的内容或许会随着时代的变迁而发生一定的变化，但是任何时代，角色责任都是不可否认的存在。不同的角色身份所承担的道德责任存在着差异，尤其是一些特殊的角色身份，除了承担一般角色的道德责任之外，还需要承担起角色身份赋予的格外的责任，比如教师这一角色所承担的责任就比一般的角色身份所承担的责任更为重大，这也意味着人们对这些特殊的角色身份寄予了更多的期望。就现代社会而言，公众人物这一角色就承担着更为重大的责任，因其影响力比一般的角色更大。

总体而言，角色的存在是人现实生活中一种身份象征，我们认同角色身份的同时也承认了角色所被赋予的责任。不同的角色身份所承担的责任有所差异，或大或小，在不同的时代，角色责任也会相应地发生一定程度的变化。自觉地承担角色所赋予的道德责任，自觉地采取相应的道德行为是道德主体自觉性的体现。

（二）不同场域下的道德自觉

道德主体所承担的道德责任是普遍设定的，也是普遍有效的，任何人在应承担的道德责任面前都没有豁免权。康德在强调行为中的责任时谈到了道德的三个命题，第一个命题是：只有出于责任的行为才具有道德责任；第二个命题是：一个出于责任的行为，其道德价值不取决于它所要实现的目的，而取决于它被规定的准则；第三个命题是：责任就是由于尊重法则而产生的行为必要性。这三个命题涉及了普遍法则的问题，即行为准则是否可以普遍化的问题。在康德看来一个道德的行为一定是理性的行为，而道德责任的普遍有效性指的是对于所有的有理性的行为者而言，或者说，是在他们都具有理性能力的意义上承认其有效性。[1]而真正合理的行为是在可普遍化准则指导下的行为，这个可普遍化的准则也被称为绝对命令。康德的这种绝对命令的设定在理论上得到了大多数人的认同，即承认道德责任的普遍化，而且是同一化，即任何人都应该平等地承担相同的道德责任，然而在现实中，这种只关注动机的义务论也面临着诸多的问题，被人戏称为"理论上切实可行，但实践中寸步难行"。造成这种矛盾的原因是多种多样的，我们坚信存在着普遍化的道德准则，但是一些简单、抽象的道德规范和教条式的

---

① 龚群、陈真：《当代西方伦理思想研究》，北京大学出版社2013年版，第236页。

伦理规范的确不利于现实生活中的人们的道德行为的开展。只讲责任，不考虑道德主体的行为能力，不合理评估现实的情况，"为了道德而道德"的行为本身与康德最初设定的理性人的存在就是自相矛盾的。因此，在现实生活中，道德主体在履行道德责任时应该"有勇有谋"，不逞一时之能，应在充分了解自身的能力和外在环境的情况下做出最有效的抉择。也就是说，道德责任是普遍化的存在，但是履行道德责任的方式却是多种多样的。即普遍道德责任原则下，具体问题具体分析。场域伦理不是一种相对主义，而是在特定情况下，寻求一种相对更为有效的方式，选择更为重要的道德价值。

在批评道德普遍化的声音中有这样一个例子，规则表明"不许说谎"，但是现实中我们可能为了避免造成更为严重的后果而撒谎，可能会为了给予绝望中的人安慰而撒谎，也可能为了一个更有利的目的撒谎，比如，当一个手持利斧的疯子问你的孩子在哪儿睡觉时，作为母亲会对他撒谎；当一个垂危的病人面临死亡时，医生会对他撒谎；当飞机遇到险情迫降时，机长可能会撒谎。这些理由似乎是在驳斥"不许撒谎"这一规范，但是我们进一步思考就会发现，问题的关键不在于我们是否违背了"不能撒谎"这一规范，而是在同样具有普遍化的道德规范之间进行一种价值选择，母亲违背"不能撒谎"这一规范，是出于"爱"的规范，医生则是为了"关怀"的规范，机长则是更加注重行为的结果。普遍化的道德规范并不等同于教条式的道德规范，它更多是作为一种指导性原则而存在。普遍化的道德规范也不等同于单一的、抽象的道德规范，其内涵是丰富多样的，即表现形式是多元化的，在同一理念的指导下，可以有不同的呈现方式。场域伦理所主要呈现的是多元化的道德文化世界中，人们自主选择，自觉行为。

场域伦理所体现的是一种"因人因时因地"适宜。"因人"主要原因表现为道德主体自身的差异性，道德人格是平等的，但是道德认知能力和道德行为能力却存在着差异。道德规范普遍适用，但是我们也默认道德责任因人而异，毕竟我们不能要求一个4岁的孩子和一个成年人履行相同的道德责任，我们也不能要求一个缺失行为能力的人和一个正常人一样履行道德责任。"因时"指的是道德主体应当与时俱进，与时代保持着一致性，在不同的时代，应当遵守不同的道德规范，一味因循守旧不仅是一种错误的道德行为示范，更是会阻碍人的道德进步。尤其是在时代变革的时候，道德主体更需要时刻转变认知，做出积极的相应。

"因地"主要涉及两个方面的问题，从大的方面来说与地区习俗和民族伦理相关，从小的方面来说涉及事件发生的具体环境。普遍设定的道德原则，其内涵在不同的地区、不同的文化、不同的民族等视阈下都会存在着不同的解释和理解，呈现的样式也是多种多样的。以"爱"为例子，在中国传统文化中的"爱"更多是孔子所讲的有差等的"仁爱"，而在西方传统伦理思想中的"爱"是宗教的"博爱"，即泛爱众。而就道德事件发生的具体场景而言，不同的道德主体基于自身的认知、情感、理性以及自身的行为能力不同会做出不同的道德判断，从而采取不同的行为。值得我们注意的是，这些差异的确存在，但却不是我们不作为的理由。我们承认，在一些道德事件中，道德主体会感到力不从心，无法完成道德责任的规定，但是我们依然应该尽自己最大的可能多做有效的事，而不是选择成为置身事外的旁观者。

场域伦理一定程度上呈现的是道德主体随机应变的能力，是道德规范在具体场景中的运用，它是在普遍的道德原则指导下的一种具体尝试。所以它关注的重点不在于道德规范的设定，而是在多元化的时代，如何更好地选择道德价值，如何更好地履行道德责任，在多种责任之间如何有效抉择的问题。这当中涉及两个需要注意的问题，一个是道德主体的自觉问题，身处现代社会，我们并不缺乏道德规范，我们甚至为拥有众多的道德规范感到困扰，道德主体的责任在于自觉地意识到这些道德规范道德存在，并且自觉地选择有利于自身与社会发展的道德规范，并且在实际生活中自觉地践行。社会是一个协作互助的团体，众人拾柴火焰高，只有每个人都自觉完成属于自己那一份责任，那么整个社会才能凝聚在一起，产生一个良性的化学作用，从而为人营造一个更好的生活环境。另一个问题是社会需要包容与宽恕，对于错误的道德示范，毫无疑问，我们应当坚决抵制与抗争；对于不作为的行为，我们也应当谴责和声讨；但是对于多种价值之间的不同选择，我们应当给予理解和包容。正是人的多样性产生了价值的多元化，又正是这种多元化反过来促进了人的全面自由发展。我们不能因为别人的选择异于我们，就对其进行排斥和抱怨，只要是在伦理范围内，同等级别的道德原则之间的选择，我们都应当给予充分的尊重和理解。而对待曾经犯过错误的人，只要其认真悔过，我们都应当宽恕他。曼德拉说过"宽恕，但不忘记"。宽恕他人，也是放过自己。耶稣对想用石刑处死妇人的男人说"你们中间谁是没有罪的，谁就可以先拿石头打她",旨在提醒世人,人非圣贤,孰能无过。道德是为了使我们更好地为人,而不是为了严格控制我们的言行,束缚人的发展。在实际的情景中,我们应当理解道德主体的自觉选择,包容道德主体的不同道德信仰,同时对于不道德行为进行批评教育,宽恕曾经犯过错误的人。

二、道德客体的道德自觉

作为道德客体的人,是道德行为中的受助者,往往被我们视为弱者,忽视他们的作用。但是随着当下许多热点事件的发生,我们不得不重视他们的"影响力"。道德客体一般被视为弱势群体,在整个道德事件中处于被动的地位,如落水的儿童、摔倒的老人、饥寒交迫的人、等待救援的灾民等。任何人都不可避免地可能成为某一道德事件中的道德客体,等待别人的帮助,因此,作为道德客体也应当具备一定的道德素质,自觉履行自身的责任。作为道德客体的人的道德自觉是一种弱道德自觉,在具体的道德事件中,它强调人应当"恪守本分"。在道德情景中,作为道德客体存在的人最能表现一个人的气节。

首先,道德客体应当摆正自己的位置,不卑不亢,既不必为自身的处境感到自卑怯懦,也不能妄图以弱者的身份谋取私利。基于对道德主体的要求,道德客体理应得到帮助,但是这种帮助并不能被道德客体视为理所当然的存在。我们不能否认道德主体的责任,但是道德客体自身也应当怀抱着尊重、感恩的心态来对待施助者,避免站在道德制高点来谋取自己的利益。道德客体的过度索取就会使原本的道德行为变质,异化为无端的道德绑架,不要从"可怜的人"变成"可恨的人"。在现实生活中,这种异化的事例可谓屡见不鲜,比如拥挤的地铁上,老人仗着自己的"身份"强迫乘客让座,甚至出言不逊,大打出手。更为严重的是现代版的"农夫与蛇"的故事,我们熟知的 2005 年感动中国人物——丛飞在他 37 岁的短暂人生中,先后参加了 400 多场义演,收入并不丰厚,但仍进行长达 11 年的慈善资助。他资助了 183 名贫困儿童,累计捐款捐物折算达 300 多万元,而这些被资助者在丛飞病重时却没有一个人来看望他,这让大众认为丛飞养了一群白眼狼。不仅如此,有的受助者甚至会为了满足自己的私欲,要求他增加资助的额度。在这些事例中,这些所谓的"弱者"无一不是凭借着自己的"弱势者"身份肆意地消费着道德主体的善意,这些人本身并不可耻,甚至很可怜,但是最后都因为自己的私欲，没有谨守自己的本分，变成了"可恨的人"。合作互助是人类进化的优势，而每个人的身份也不停地在施助者和受助者之间发生转化。罗斯认为，在人的天性中原来存在着一种"自然秩序"，它由同情心、互助性和正义感三个组成部分。人们靠这种"自然秩序"原本能够相互同情、互相帮助、相互约束、和平共处，但是这种自然秩序的状态被 19 世纪末 20 世纪初的都市化和大规模移民破坏了。① "碰瓷"就是一种典型的负面示范，道德客体利用自己的"弱势"和旁观者的正义感来谋取私利，甚至以此为职业，这种行为比一般的骗子更为恶劣。因为责任和互助是伦理的源泉，道德客体在消费道德主体的善意的同时，也是在消解责任和互助，也就使事件失去了道德意蕴。善意的消逝带来的是冷漠的产生，当人对其他人的处境不再关怀，对他人的命运不再担忧，伦理道德将会变得更加薄弱和虚无。人与人之间的互助合作关系也会受到波及，个人失去依托，成为孤军奋战的"独行侠"。

其次，道德客体的行为影响着整个道德事件的判断和评价，同时也关乎道德主体的价值评价。道德客体应当客观地承认自己所接受的帮助，澄清事件本身的真实性。这在当下道德问题频发的关键时期显得尤为重要。道德主体基于自身的素养，对道德客体施以援助之手，可以不图回报，但是必须被公正对待，而在整个道德事件中，道德客体是最有力的证人，我们需要道德客体能够站出来，呈现出整个道德事件的真实面貌，给予道德主体正确的评价。在网络时代，许多的道德事件会被无限放大，对道德事件中的当事人影响颇为严重，任何断章取义的视频、语音都可能为道德主体带去无尽的麻烦和困扰。2006 年发生的"彭宇案"在当时掀起了轩然大波，事实的真相已然没有那么重要，彭宇到底有没有撞人也只有当事人才知道。但是这件事情的发酵引发的社会问题却是层出不穷，其一，舆论一边倒地认为彭宇做好事反被诬，法院的判决被舆论质疑，人们"路见不平，拔刀相助"主流价值观受到了严重的质疑，很多网友认为这是触发"小悦悦"事件的重要原因，即人心逐渐变得冷漠，不敢做好事，见死不救。甚至有人认为"彭宇案"的发生令中国道德发展水平倒退 50 年。其二，这一案件更为严重的影响则是引发了一种新型的不道德行为——碰瓷，更有甚者直接以"碰瓷"作为职业，

---

① 刘春琼：《领域理论的道德心理学研究》，上海教育出版社 2011 年版，第 204 页。

多次行骗，被警察识破之后依然屡教不改，将"好人"当作傻子，利用别人的同情心来谋取私利。不仅如此，以"扶老人反被讹"关键词进行搜索，我们可以看到全国各地这样的案例，不仅让我们深思这些老人到底怎么了？他们的良知呢？道德为何如此败坏？道德主体不解的是自己明明是助人为乐的好人，却变成了老人口中害自己摔倒的罪魁祸首，本应得到大家赞扬的事件变成被人诟病的事件。这件事的恶劣影响，使需要帮助的"老人群体"在遇到困难时获得帮助的可能性也开始降低了，这也就加大了道德道德认知与道德行为之间的鸿沟，我们清楚地知道，应该帮助困境中的老人，但是出于自保的原因不敢施以援助之手，从而造成了许多困境中的老人没有得到及时的援助，丧失了获救的可能性。从这些事实和案例来看，我们清楚地体会到作为一个道德客体的"弱者"极有可能转化被动为主动，制造假象来博取同情，从而扭曲道德事实，给道德主体制造麻烦，让道德主体从"助人者"转变为"害人者"。道德客体的公平正义态度对于道德主体，乃至整个社会的道德氛围有着重要的影响力。因此，作为道德客体，应当自觉地还以道德主体正义，避免歪曲事实。从更深的层次来讲，道德主体和道德客体是互为对象的存在，失去了道德主体的支持和帮助，道德客体的境况只会更差，甚至是失去存在的意义。

最后，道德客体的"回报"也是道德客体最为重要的道德责任，是道德客体在接受援助、摆脱困境之后应当自觉采取的道德行为。当然，这个"回报"指的是"知恩图报"，而非"恩将仇报"。善意应该像"火种"一样在人与人之间进行传递，道德客体接受的道德主体的善意应当在合适的时候传递给其他需要帮助的人。道德客体回报的对象不应当仅仅局限于施恩的道德主体，而应当是包括曾经的施助者在内的需要帮助的人。西塞罗提出"回报优先于行善"的原则，他说："假如我们已经受了别人的恩惠，所以我们首先要做的不是施惠，而是报答，那么似乎就应当更加勤勉了，因为没有什么比证明自己的感激之情更为急迫的责任了。"[1]他进一步指出是否行善可以选择，但是回报却是必须要完成的绝对责任和义务。虽然说施恩不图报，如果道德主体以道德客体提供回报为前提提供帮助，

---

[1] ［古罗马］西塞罗：《西塞罗三论：老年·友谊·责任》，徐奕春译，商务印书馆1998年版，第112页。

那么这是道德主体的德行问题，表明道德主体的动机不单纯，责任在于道德主体。而如果对于别人的帮助无动于衷，甚至认为理所当然，这就是道德客体的品行问题。

三、道德旁观者的道德自觉

作为道德旁观者的人，看似道德行为中无关紧要的人员，然而却有着多重身份：第一，道德事件的见证者（相当于法庭上的证人）；第二，道德事件的重要评价者（相当于法庭中的陪审团）；第三，道德事件评价结果的主要执行者。因此，道德旁观者也是道德事件的重要参与者之一。道德旁观者作为主客体之外的第三者的存在，不仅见证了客观发生道德事件，也承担着评价道德主客体的责任，随后还将执行道德评价的结果，在整个道德事件中起着不可取代的作用。道德旁观者也是营造良好道德氛围的重要成员，道德旁观者的道德自觉水平与整个社会的道德水平一致。

"公共生活中的偶发事件，往往是检验个人道德义务的试金石"[1]，不仅能够检验出道德主体是否自觉承担道德责任，也能够检验作为旁观者是否具有正义感，以及对道德义务的认可程度。作为道德事件的见证者，旁观者应当具备公平正义的道德责任，更应该平等客观地对待道德事件中的当事人。从第三者的视角来看待整个道德事件，还原道德事件的真实性具备一定的客观性。正所谓当局者迷，旁观者清，旁观者在整个事件中不涉及自身的利益，甚少加入个人的主观意志，也不存在偏袒道德事件中的双方的可能性，因此，能够相对真实可靠地对整个道德事件进行把控，对道德事件的描述和呈现相对客观真实。但是，在整个道德事件中，道德旁观者的存在具有一定的偶然性，也就是说，不是所有的道德事件中都有道德旁观者存在，同时道德旁观者的出现时间和角度也存在着一定的偶然性，并一定能够完全清楚地看到整个道德事件的全过程。所以，道德旁观者在整个道德事件的存在只具有可能性，而非必然性，同时，在存在道德旁观者的道德事件当中，道德旁观者既可能见证整个道德事件，也可能见证其中的一部分。在整个道德事件中，道德旁观者具备一定的信任度，这个信任度与他所见证的内

---

[1]　黄岩：《旁观者道德研究》，人民出版社 2010 年版，第 97 页。

容的多少有关系，从这个角度来看，道德旁观者的观点和意见只能作为参考意见，并不能在整个道德事件中起到决定作用。但是，事实上在有道德旁观者参与的道德事件当中，道德旁观者的作用却十分重要，可以说是一把双刃剑，既可以佐证事件真实性，给予道德主体支持，成为道德主体的助力，也可以被利用成为道德客体谋取非法利益，陷害道德主体的利器。如黑格尔所说"在公共舆论中，真理和无穷错误直接混杂在一起"①。在《西红柿首富》这部电影中有一个最浮夸的"碰瓷"事件是体现"双刃剑"的最佳例子，一个男子提了一个装满蔬菜水果的篮子等在红绿灯附近，在没有人看见而车辆在红灯停下时，他走到斑马线上将篮子里的东西向上一抛，自己整个人躺下开始大声呼救引起附近的人的注意，而且尽量激怒司机，使对方失去理智与自己发生纠纷。剧中的女主角便是被吸引来的道德旁观者，她"正义"地拿出自己的手机开始记录司机的"恶行"，并且获得了其他旁观者的支持，最终将司机送进了派出所，而她拍的视频也让男主成为了罪恶的化身。司机作为整个事件的道德主体，在遇到碰瓷现象时也想凭借自身的力量来惩罚这个"碰瓷"的道德客体，结果被道德旁观者当作了"肇事者"。在这个事件当中正是道德旁观者的出现改变了整个事件的走向，也影响了整个事件的道德评价，对事件中的双方产生了巨大的作用。正所谓"众口铄金，积毁销骨"。因此，做一个公正的、客观的旁观者是不可推卸的责任。

作为道德事件的重要评价者，道德旁观者在整个道德事件中的评价具有重要的作用。在道德的法庭上，道德旁观者并不是观众，而是陪审团，他们的意见会影响"道德法官"的判断。在整个道德事件中，道德旁观者的参与程度不同对道德评价的影响也会不同，一个目睹该事件全过程的道德旁观者会比一个只看到一部分事件真相的人更能让人信服，正所谓耳听为虚眼见为实。与见证者身份不同的是，即使是完全没有参与道德事件的不相关的旁观者也具有道德评价的权利，而且影响力还不容小觑。互联网时代打破了原来熟人社会中的传统道德评价者圈子，在传统的熟人社会中，道德事件发生以后，参与道德评价的人主要是周边的熟人，但是在互联网时代，任何一个道德事件一旦被放到网络上，所有看到这个事件的人都自动成为了这个道德事件的旁观者，并且成为了道德评价者之一，网

---

① [德]黑格尔：《法哲学原理》，范扬、张企泰译，商务印书馆1961年版，第333页。

络评论、转发等是他们参与道德评价的方式。所以，从这个意义上来讲，道德旁观者参与道德评价的程度也在不断加深，对道德事件的当事人的影响也在不断地加深。从正面的角度来看，这让道德事件的透明度增加了，影响范围增加了，有利于督促道德主体自觉遵守道德责任，约束道德客体的行为，弘扬社会正能量，营造一个良好道德氛围。但是，从反面来讲，不良道德事件的副作用也会更明显，还可能衍生新的不良事件，同时，由于信息不对称所带来的评价会有失公允，给道德事件中的当事人造成了不必要的困扰，甚至遭受网络暴力。作为参与到道德事件中的旁观者，应当自觉地、公正公平地对待道德事件中的当事人，尽量排除个人的主观偏向，慎重地给出客观的评价，因为这些评价会被转化为证词，成为没有参与的旁观者进行判断和评价的主要参考依据。作为没有参与到整个道德事件的完全置身事外的旁观者而言，应该更加慎重地进行道德评价，在没有获得相对完整的真相之前避免盲目跟风式的评价，比较了解到整个事件前因后果之后再进行自己的判断和评价。就真实的案例而言，很多网络热点道德事件之所以会发生惊天大逆转就在于前期曝光的事件只是其中的一部分，而不是整个事件的原貌，还原事实的真相，给予当事人公平公正的待遇也寄希望于参与到道德事件中的见证者。可以说，在这种类似的事件上，成也是旁观者，败也是旁观者。所以作为旁观者，身上的道德责任并不轻松，应当自觉承担相应的道德责任，维持社会的公平正义，让好人好事得以弘扬，让坏人坏事无处遁形。

作为道德评价结果的执行者，旁观者应当维护道德评价的结果。道德事件发生后，道德主客体都会受到一定的道德评价，而这个结果只能通过社会舆论和个体良心来执行，我们无法衡量个体道德良心能否与社会道德评价一致，也无法判定个体内心的良心有没有对个体进行奖惩，或是进行了何种程度的奖惩。我们确信的是旁观者对道德评价的奖惩结果能够外化为具体的言行表现出来，从而形成一种社会舆论，比如对道德高尚的人表示赞扬和崇敬，并且对他的善行进行传播弘扬，而对于道德败坏的人表示谴责和愤怒，对他的恶行引以为戒。道德评价结果的执行无法像法律一样有强制力保障实施，就更多地寄托于旁观者的道德自觉，而社会舆论和旁观者的态度和行为之所以有效的原因在于人是社会性的动物，我们的生活常态是群居生活，他人的排斥、批评不仅会给当人事造成一定的心理压力，而且会影响他的日常生活。例如一个常常撒谎的人很难获得周围人的信任，不被人信任会让撒谎者内心孤独，同时也很难获得朋友的帮助，将一个生活在群体中的人隔绝在人群之外本身就是一种软性的酷刑。道德旁观者对待道德事件评价结果的执行力度对于整个社会风气具有重要影响，一个良好的道德社会一定是人们各司其职、共同营造起来的，这个社会中的人不仅具备明辨是非的能力，而且能够公平地对待善行和恶行，礼遇善人，唾弃恶人，人人向善，人人共同维护善。相反，一个道德败坏的社会，不仅仅是道德主体不作为，道德客体肆意妄为，更包括道德旁观者置身事外。正如阿伦特所讲，正是旁观者的默许和纵容造就了平庸之恶。虽说法不责众，但是并不代表着我们没有责任，可以逃脱责任。"小悦悦事件"中路过的人都可以说是事件本身的旁观者，这些抱着事不关己高高挂起的心态，对伤者不作为的人，难道能够摆脱"见死不救"的事实吗？社会的冷漠，并不是任何一个人的冷漠，而是群体的冷漠，尤其是道德旁观者的冷漠。道德旁观者也是潜在的道德主体，当地震发生的时候，远离震区的人都是旁观者，但是当人们看到那些灾难中的人的惨况会产生同情和怜悯，当这些旁观者都根据自己的实际情况参与到地震灾区的救助中时，就自动变为了道德主体，而那些不能参与救援的旁观者通过关注和支持的方式也可以表示自己的善意。"在人类的天性中，生来就具有合群以及互相帮助和支援的需要。"①当旁观者对他人的苦难无动于衷时，也就无法发生这个身份的转变，没有人主动站出来承担责任，社会也就会更加冷漠，人类也就失去了最大的进化优势：合作互助。道德旁观者的自觉自为在整个道德事件中具备着不可或缺的作用，一方面，道德旁观者能够监督道德主体自觉的履行自身的道德责任，另一方面他们也肩负着维系整个社会的公平公正的责任，是道德奖惩能够落到实处的可靠保障。

本章小结

人是道德的核心，即道德的出发点，也是道德的落脚点。从人出发研究道德自觉的框架体系是现实的需要，也是道德自觉理论能够作用于人的重要保障。在以人为核心的道德自觉体系中，首先需要明确的是人的本性如何，作为人，我们

---

① ［俄］克鲁泡特金：《互助论》，李平沤译，商务印书馆1963年版，第143页。

总是自信地认为人性是优于动物本性的，道德是我们优于动物的证据。但是事实经验证明，人类与其他曾经成为世界主宰的物种一样，是通过杀戮和掠夺的方式获得自己的主宰地位的。那么，我们就需要进一步思考，与其他凶猛的动物相比，我们的优势在何处？是反思的能力，强调人性的善，是因为我们希望自己是善的，我们渴望善。对人性论的讨论让我们确信人对"善"的执着，无论是性善论还是性恶论，出发点不同，但是最终却是殊途同归，其目的就是为了追求善，实现善。自我完善论则为我们追求善、实现善提供了可靠的理论支撑，人具有这样的能力达到善的目的。人不仅能够处理好人与自然的关系，也能处理好自己身心的关系和社会内部的关系。道德是人为了完善自我而采取的有效的途径，是人自主的抉择，也需要人能够自觉践行。道德人格为人的道德自觉提供了一个范式，也提供了一个奋斗目标。人是有限的存在者，善是一种无限的存在，人用有限的生命去追求无限的善需要有一个阶段性的目标，也需要有一个既定的参照物。

从现实来看，人的道德自觉，是一个全面的范畴，是身处于社会关系中每一个人都需要自觉履行的，而并非只有作为道德主体时，人才需要承担道德责任。在道德事件中，道德主体占据着主导作用，影响着事件的走向，道德客观者对道德主体具有反作用，影响着道德主体能否被公正对待，道德旁观者是整个事件的局外人，担负着道德评价和道德奖惩的执行的重要责任，影响着整个社会的风气。作为理性存在的个体，在实践中应该准确把握自身的定位，自觉采取合理的方式来履行相关的道德责任。需要值得我们注意的是，"不伤害"原则是为人最为基本的内容，是道德底线，并不意味着我们倡导不主动为恶的冷眼旁观者的"不作为"行为。事实上，人皆有是非之心，孰是孰非，每个人心中都有一杆秤，对待恶人恶事，我们可以旗帜鲜明地表明自己的立场，并且与之抗争到底，维护社会的公平正义，若是我们对这些人或事无动于衷，虽然我们没有参与其中，但是我们无形之中默许了这些人或事，成为了这些人的帮凶。同时在他人面临困境时，我们选择漠视，并且不作为，这种看似自保的方式事实上让自身处于一种"互不相信"的尴尬的氛围中，严重的影响人心，从而影响社会风气。要做自己，自觉做一个自己意欲成为的"好人"，自觉找好自己的定位，不断完善自身，促进身心的全面自由发展。

第三章　自由意志与道德自觉

自由意志是道德自觉的逻辑起点，也是道德自觉的理论前提。基于自由意志，人能够自主地设立符合自己意愿的行为规则，自愿地根据行为规则的要求行事，并自觉地承担相应的道德责任。道德是自由意志的显现，因为道德是由人自主设定，并自觉完成。

第一节　道德自觉的逻辑起点：自由意志

作为人格意义上的"自我"长期处于隐蔽状态，伴随着人的不断解放才逐渐开始凸显，自我意识才逐渐觉醒。"自我"意味着充分意识到自己作为独立的人存在，不仅具有一般的意识，更具有属于个人的自我意识，能够清楚地意识到自我的存在，明白自我的需求，并能够按照自己的意愿行事，能够对自我的行为负责。良心上自我衡量善恶是非的内在尺度，是督促自我反思的重要动力。独立的"自我"人格也意味着人与人之间的自我意识是独立的，具有一定的差异性，从平等的角度看，人的意志是自由的，且能够独立行事，为自我设定自我的法则，并一以贯之地履行。

一、自我

荣格在《自我与自性》中对"自我"的解释是：自我由经验造就的人格组成，故可谓一切个人意识行动的主体。经验告诉我们，自我存在着两个基本的基础，一个是肉体，另一个是心灵，而这两个基础都包含了有意识和无意识这两个因素，但是自我却是一个绝佳的有意识的因素。不仅如此，自我是个体在后天生活中不断习得的，是在成为主体的个体与外界环境的冲突中不断显现出来的。自我是相对于对象而言的，是个体区别于其他事物的有意识的一种显现。自我不同于生理学有机体本身的特征，也就是说它并非与生俱来的，自我是在后天环境中不断习得的，是在社会经验与活动的过程中渐渐产生的。"是作为个体与那整个过程的关系及与该过程中其他个体的关系的结果发展起来的。"[1]低等动物具有一定的智能，但是并不包含自我。人脱离了人类社会的生活环境，失去了习得"自我"的机会，也无法形成真正的"自我"。我们熟知的"狼孩"就是典型的例子，虽然狼孩具备了人的生理机能，但是在后天环境中他接受的是狼的生活习性，并且按照狼的生活方式维持生存，所以，他并没有习得"自我"的意识，也没有获得自我的经验，从而失去了"自我"。自我是身体与心灵的统一体，我们可以明确地区分身体和自我，身体可以存在并且以某种方式活动，无需包含一个经验的自我。自我以它自身为对象，整个身体是围绕自我组织起来的，身体的各个部分完全不同于自我，但确实是组成自我不可或缺的部分。身体是自我的开端，是自我形成的基础条件。"自我，作为可称为它自身的对象的自我，本质上是一种社会结构，并且产生于社会经验。当一个自我产生之后，从某种意义说它为自身提供了它的社会经验，因而我们可以想象一个完全独立的自我。但是无法想象一个产生于社会经验之前的自我。"[2]心灵是自我不断形成和凝聚的核心，心灵通过感知的方式存在，通过意识的形式显现。身体是有形的，是可见的，心灵是无形的，是可感知的。每个自我都能够感知到自己的心灵，同时也可以通过他人的言行感知到他人心灵的存在，人与人之间在身体上的差别并不明显，但是在心灵上的样态则千差万别。自我的最终形成与心灵的不断发展有着密切的关系，伴随着心灵的成熟，人逐渐开始产生自我意识，又在社会实践的过程中不断强化这种自我意识，从而形成一个独特的"自我"个体。在日常生活中，我们评价一个人是否有自我，主要依据是他是否有自己独立的属于自己的思想。一个随波逐流的人，往往也被我们视为一个失去自我的人。因此，当我们讨论到"自我"这一概念时，更多的是与人的心灵相关的自我的确立。自我作为主体存在，发挥人的主观能动

---

① ［美］乔治·H. 米德：《心灵、自我与社会》，赵月瑟译，上海译文出版社 2018 年版，第 153 页。

② ［美］乔治·H. 米德：《心灵、自我与社会》，赵月瑟译，上海译文出版社 2018 年版，第 159 页。

性的关键在于人的意识(思想)。

成为主体,意味着将自己置于世界中心的一种自我肯定,所以个体作为主体,呈现为个体的自我确定和自我认可。如何确证"自我"的存在是哲学家长期以来颇为关注的问题。奥古斯丁在西方历史上第一次发现了"自我",并用思想、怀疑和错误来证实自我的存在。他说:"一切非我的事物和我相隔,但是什么东西比我自身更和我接近呢?"①从思想视角来确证自我存在有一种不言自明的意蕴,思想存在于人的肉体之中,是人区别于野兽的确证依据。思想是无形的,但是又是确实存在的,并且通过人的言行表达显现出处。思想具有不同的样态,但是思想能够明白地确证自我的存在,即我意识到我自己是可以确证的。奥古斯丁又说可以通过错误来确证自己的存在:"凡是不存在的,显然不会有错误,所以如果我错误,则我存在。"②其实这里的错误隐含着自我主体性意蕴,我之所以犯错误是因为主体的自主行为,而因为我的自主行为造成了错误这一客观现实的出现。因此反推回去,因为存在错误,所以证明自我存在。再者,"在怀疑的时候,至少你知道自己存在着"③。在确证"自我"存在之后,他把人的自我分为了两个不同层次:一个是身心和合的自我(灵魂和肉体统一的我);另一个是"内在的我",它隐藏于形骸之内,是认识的主体,有理性的灵魂。遗憾的是奥古斯丁对"自我"的研究并没有被继承下来。经院哲学开始将关注的重点从"自我"转移到"上帝"那里,彻底将"自我"无视了。不深刻认识自我,也就无法真正超越自我。

以人文主义为核心的文艺复兴运动席卷了西欧各国,使得被基督教势力所压制的人类本性得以重见天日,人也重新意识到人的地位与尊严。蒙田提出"世界上最重要的事情就是认识自我"且"长期注重自我认识的研究",在他看来,一个人最坏的状态就是失去对自己的认知和支配。文艺复兴运动所带来的自我觉醒和理性发展,使人们逐渐开始重新意识到自我的主体地位。近代精神继文艺复兴运动而发展,自由和理性成为新时代的旗帜。人的重新发现促进新世纪对自我的重

---

① 奥古斯丁:《忏悔录》,商务印书馆1963年版,第200页。

② 奥古斯丁:《上帝之城》XI,人民出版社2006年版,第26页。

③ 奥古斯丁:《论幸福生活》II,载维之:《人类的自我意识》,现代出版社2009年版,第41页。

新发现和哲学上的自我研究。经验主义和唯理论是其中最具代表性的两个流派，它们在这一问题上论点虽然不同，但是都肯定了认识活动中主体及其所具有的主体能动性。

经验主义的开创者培根认为人类知识的源泉是来自感官所感觉到的经验。在他看来，感觉是完全可靠的，也是一切知识的源泉。人所了解的知识都只是他对"自然过程所观察到的那么多"①。培根注重科学实验，并将之引入认识论中，作为获得知识的重要手段，提出归纳法可以作为人们认识世界的重要方法。这肯定了主体的主体性、也更加注重自我的感官所经验的一切。霍布斯与培根一脉相承，他说："我们所有的一切知识都是从感觉获得的。"获得的内容只是一种经验现象，并不是我们关注的重点，我们的重点在于后面的推理，通过经验感知的现象推理出其背后的本质。他认为知识的开端乃是感觉和想象中的影像，我们凭借自我的本能即可获得，但是认识事物存在的理由则需要推理来完成，与培根不同的是他更加注重演绎方法的使用。经验主义最大的代表是洛克，其最著名的经验论观点是"白板说"。他认为人的灵魂就像一张白纸，所有的知识都是后天习得，而非先天赋予。"我们的全部知识是建立在经验上面的。"②洛克不仅重视经验，而且重视感觉，他的感觉论尤为出名。他将经验分为由外部事物刺激而引起的外部经验和由"内部感觉"反省而来的内部经验两种。他这种经验二元论倾向经由贝克莱发展，成为了其唯心主义经验论的契机。贝克莱认为"这个感知的能动的主体，我们把它叫作心灵，精神或灵魂或自我"③。所以他说存在即被感知，凡是能被自我所感知的东西即是存在的东西，这种感知并不仅仅是身体的触碰，而且是心灵的一种意识。这种自我感知的能力也是人所独具的，却因人而异。他这个命题与王阳明"心外无物"的观点有点类似，但实则不同。王阳明认为心是本体，心与物同体，物离不开心这一本体而单独存在，心也不能离开物而存在。贝

---

① 北京大学哲学系外国哲学史教研室：《西方哲学史原著选读》（上卷），商务印书馆1982年版，第345页。

② 北京大学哲学系外国哲学史教研室：《西方哲学史原著选读》（上卷），商务印书馆1982年版，第450页。

③ ［英］乔治·贝克莱：《人类知识原理》，关文运译，商务印书馆2015年版，第22-23页。

克莱则是强调自我感知的能力，他将感觉推向极端，认为事物只不过是观念的集合，"它们不可能在心灵或感知它们的能思维的东西以外有任何存在"。休谟认为贝克莱的哲学是最深刻的哲学，但与贝克莱相比，他走得更为极端。贝克莱并不否认外部世界的存在，只是强调存在就是被感知，休谟则直接将感觉之外的内容一笔勾销。他认为只有感觉经验，没有客观实体。一切知识来源于感觉或知觉，"我们的一切观念或比较微弱的知觉，都是我们的印象或表生动的知觉的摹本"①。与此同时，他认为所谓的"必然联系"的观点只不过是心灵的习惯，因为任何个别的认识都不能普遍必然的认知提供证明。这样，休谟经验论必然会走向怀疑论，从而走向不可知论，即他不超出感觉，仅停留在现象的此岸，不承认超出感觉之外存在任何确实可靠的东西。

笛卡儿是近代哲学唯理论的创始人，他充分发挥了理性在认识中的作用，更加强调自我意识的存在，提出了最著名的论断"我思想，所以我存在"②。他用"我思"证明"自我"的存在，并且认为只要理想才能引导我们获得真正的知识。笛卡儿在《形而上学的沉思》一书中解释道："我既然这样明白清楚地体会到这块蜡，难道对于我自己的认识就不会不仅更加真实可靠，而且还更加明白清楚得多吗？因为，如果我由于我看见蜡就断定有蜡，或者蜡存在，那么当然更加明显，由于我看见蜡就可以推断出有我，或者我自己存在了。因为有可能我看见的东西实际上并不是蜡；也可能我甚至于并没有看东西的眼睛；可是当我看的时候，或者当我想着我在看的时候（这两种情况我是不加区分的），这个在思想的我就绝不可能不是一个东西。同样地，如果我由于摸到蜡就判定蜡存在，也还是会得出同样的结论，就是有我；如果我由于我的想象力或者不管哪一种别的原因使我相信蜡存在，就断定蜡存在，那也还是会得出同样的结论的。我在这里对蜡所说的话，也可以应用到一切在我之外的我在外面遇到的其他事物上面。"③思想就是自

---

① 北京大学哲学系外国哲学史教研室：《西方哲学史原著选读》（上卷），商务印书馆1982年版，第519页。

② 北京大学哲学系外国哲学史教研室：《西方哲学史原著选读》（上卷），商务印书馆1982年版，第369页。

③ 北京大学哲学系外国哲学史教研室：《西方哲学史原著选读》（上卷），商务印书馆1982年版，第372页。

我的全部本质或本性，他把一切心理意识活动作为自我的属性。人对外部世界的认识是从自我出发并通过自我而实现的，我们的全部知识都依赖于自我，自我是认识活动的先决条件。斯宾诺莎继承和发扬了笛卡儿的唯理论思想，但他认为心灵即自我不是实体，而是观念的集合，具有某种永恒性。他规定心灵只是各种观念的集合：构成心灵的理智、意志和情感实际上都是某种观念——理智（或认识）是关于某事物的观念；意志由个别意愿所组成；情感是关于身体的感触。①只有当自我的心灵掌握了肉体变化的观念时，它才能认识自己。莱布尼茨则明确反对洛克的"白板学说"，他认为"心灵原来就包含着一些概念和学说的原则"②。他强调人的思维的作用，将真理分为事实真理和推理真理，事实真理只是连续的记忆，而推理真理则是由天赋观点为基础，通过演绎而总结出的观念，具有普遍必然性。

德国古典哲学对自我的研究达到了一个新的高度。首当其冲的便是其创始人康德的自我学说。在《纯粹理性批判》一书中，他阐述了这样一个基本思想，即人的自我是认识活动主体，自我具备先天的认识能力来把外在的作用转化成为现象和知识。梯利曾说："康德全部的认识论是建立在这样一个自我思想上的：统觉的综合的统一性，无非是有自我意识的自我。没有自我意识和由统一作用的自我，不能有知识。"③康德认为"自在之物"的设定为自我本身的存在提供了理论依据，使自我的先天综合统一作用成为可能，自我包含了心理感知中的自我特性与活动组成一个变化的经验自我和在心理活动中进行着综合统一作用的"先验统觉"的一个不变的先验自我。他认为："我以我自身之存在为思维的存在者之存在。"④

费希特是西方哲学史上最注重自我研究的哲学家，费希特的核心观点是"自我设定了自我，自我设定了非我，非我与自我统一"。自我通过活动规定它的受

---

① 维之：《人类的自我意识》，现代出版社 2009 年版，第 91 页。

② 北京大学哲学系外国哲学史教研室：《西方哲学史原著选读》（上卷），商务印书馆 1982 年版，第 493 页。

③ ［美］梯利：《西方哲学史》，商务印书馆 1995 年版，第 447 页。

④ ［德］康德：《纯粹理性批判》，商务印书馆 1960 年版，第 274 页。

动，或通过受动规定它的活动。① 他将"自我"作为知识学理论体系的起点，自己是自己的原因，即自我存在、自我规定、自我发展。自己确认自身是自我的最直接的活动，是进行一切其他活动的前提条件。他说："我是什么，我知道，因为我就是那样；我之所以直接知道我是那样，是由于我根本存在着，我之所以是那样，是因为我直接知道我是那样。这里决不需要主体与客体的联系；我的固有的本质就是这种联系。我既是主体，又是客体，而这种主客同一性，这种知识向自身的回归，就是我用自我这个概念所表示的东西。"②

谢林的哲学接续费希特的哲学而发展和转变。他赞同费希特以自在自明的自我精神来解释世界的新唯心主义，也赞同把这种自我本原定义为一种永恒的行动或活动的创意。不同于费希特注重于自我的自在自明性，谢林着重于自我的主客同一性。谢林认为："自我只是理智及其一切规定所依托的根基。"③"本原的自我正像不能被看成是个体的自我一样，也不能被看成是经验的、即在经验意识内出现的自我。纯粹意识在用各种方式加以规定和限定时就得出了经验意识。因此二者仅仅是通过它们的界限而相互区别的，取消了经验意识的界限，就会得到这里所谈的绝对自我。"④虽然谢林的自我论承接了康德和费希特而发展，但是在视角和风格上还是具有他独特之处，他从主客对立统一方面辩证地分析自我的内涵作用。

黑格尔赞成谢林对费希特哲学的改造，但是他认为作为世界本原的东西应该是自我发展的能动实体。因此，他将斯宾诺莎的"实体"和费希特的"自我"结合起来，并将之改造为既是主体又是实体的"绝对精神"。他在《精神现象学》中将"自我"的概念定义为："自我时自我本身与一个对方相对立，并且统摄这对方，这对方在自我看来同样只是它自身。"⑤进而，他又解释道："自我就是过渡，即从无差别的无规定性过渡到区分、规定和设定一个规定性作为一种内容和对

---

① ［德］费希特：《全部知识学的基础》，王久兴译，商务印书馆 2009 年版，第 56-57 页。
② ［德］费希特：《人的使命》，商务印书馆 1982 年版，第 57 页。
③ ［德］谢林：《先验唯心论体系》，商务印书馆 1976 年版，第 91 页。
④ ［德］谢林：《先验唯心论体系》，商务印书馆 1976 年版，第 40 页。
⑤ ［德］黑格尔：《精神现象学》(上卷)，商务印书馆 1979 年版，第 115-116 页。

象。"①"自我"将个人从一般无差别的人中区分出来，形成独立的、特殊的人，又"通过把自身设定为一个特定的东西，自我进入一般的定在"②。"自我"的普遍存在，是无数个特殊个体的"自我"的集合。黑格尔对概念内涵的研究事实上又回到了唯理论传统上，他通过纯粹的逻辑推演将自我概念的表述更加严谨化，使自我概念在德国古典哲学内部获得了自我发展和完善。

作为青年黑格尔主义者的费尔巴哈则提出通过对象来把握自我，"人由对象而意识到自己：对于对象的意识，就是人的自我意识。你由对象而认识人；人的本质在对象中显现出来，对象是他的公开的本质，是他的真正的、客观的'我'"③。詹姆士将自我分为物质的自我、社群的自我、精神的自我和纯粹的自我四种，前三种总结为经验的自我。胡塞尔也论述过四种自我，他认为："经验自我的自身感知是一个日常的事实，它并不难以理解。自我可以和其他任何外在事物一样被感知到。"④接着他又发展出一个"现象学自我"的概念："如果我们从经验自我祛除自我身体，而把单纯心灵自我限定在其现象学内容上，那么心灵自我就只剩下意识的领域，一个真正的经验的复合，我们总是可以得到当下不证自明的显现物……现象学还原的自我不是别的，正是在经验流中所呈现的同一于自身而又相互联结的整体。"⑤进而他又论述了先验的"纯粹自我"和"人格的自我"概念。纯粹自我存在于纯粹意识中，人格自我存在于生活世界中，并且在社会历史过程中生存和发展。萨特对"自我"的理解则是："自我代表主体内在性对其自身的一种理想距离，代表着一种不是其固有重合，在把主合设为统一的过程中逃避同一性的方式，简言之，就是一种要在作为绝对一致的，毫无多样性痕迹的同一性与作为多样性综合的统一性之间不断保持不稳定平衡的方式。这就是我们称作面对自我的在场的东西。"⑥拉塞尼指出："行动是根据一个作为它的终点导向

①　[德]黑格尔：《法哲学原理》，范扬等译，商务印书馆1961年版，第18页。
②　[德]黑格尔：《法哲学原理》，范扬等译，商务印书馆1961年版，第18页。
③　[德]费尔巴哈：《基督教的本质》，荣震华译，商务出版社2009年版，第7页。
④　《胡塞尔选集》，上海三联书店1997年版，第531页。
⑤　[奥]胡塞尔：《逻辑研究》，倪梁康评，商务印书馆2017年版，第541页。
⑥　[法]萨特：《存在与虚无》，陈宣良等译，生活·读书·新知三联书店2014年版，第111-112页。

或理想规则的决定而进行的，而决定又是来自因为意志而变得更为明确的'自我'。"①

20世纪以来，神经科学和心理学的迅速发展，也促进了自我概念的研究和发展。弗洛伊德是精神分析派心理学的创始人，他主张自我是人的有意识心理，自我感知世界、控制行为、进行思想意识活动。苏联的当代自我问题研究专家伊·谢·科恩在《自我论》中提出了存在的"自我"、体验的"自我"和概念的"自我"。美国的人本主义心理学家罗杰斯提出"理想自我"与"现实自我"的区分。马斯洛则把"自我实现"作为人的最高层次需要。

基于上述的研究和定义，我们能够确证"自我"的存在，而对"自我"存在的确证为自我完善论的发展奠定了基础。善，是自我的倾向，是自我完善、自我发展的需要，对善的追求也是人性发展的必然要求。"道德内在于人，是人们的自我肯定、自我发展、自我完善和自我实现。"②简言之，道德是人的心灵追求自我发展的需要，只有自我的认同和践行，才能保障道德的实现，道德存在对于人来说才具有了真正的意义。道德之于自我的意义并非为了规范、束缚人的发展，相反，道德是为了解放人，为了使我们成为更好的自我的存在。所以，从这个意义上来理解，道德与自我的自觉是密不可分的，脱离了自我的自觉的道德只是一个无用的外壳，自我自觉的内容也离不开道德存在。自我的发展是渐进性和跳跃性的统一，所以道德的内容也是在传承和创新的过程中不断地得以与人相适应的。对"自我"的剖析，是我们确立道德主体的需要，更是我们设定道德原则的需要。为了对"自我"有一个更深层次的理解，我们接下来将要分析一下与自我意识相关的内容。

二、意识与自我意识

在康德的道德哲学中，意识是一个前提性的概念，他说："什么是意识？意

---

① ［美］布尔克：《西方伦理学史》，黄慰愿译，华东师范大学出版社2016年版，第275页。

② 罗国杰主审，李萍主编：《伦理学基础》，首都经济贸易大学出版社2004年版，第9页。

识很明确，意识就是把自己和对象区别开来的一种感觉。"①意识的本质结构，即最基本的、最起码的意识就是我与对象之间的区分。意识具有三个层次，最直接的区分则是感性的区分，也就是说感性、感觉是最初级的意识。知觉是意识的第二层次，是一种有意识的感觉，或者说是意识到了的感觉。第三个阶段是知性，一种不能脱离经验和感性的认识能力。知性能够把握一般的规律，但是对于整个现象的普遍联系，知性是无能为力的。只有理性和辩证法才能够把握。到了理性，我们的意识就进入了更高的层次了，即自我意识。在他看来，正是有了自我意识，人类才成其为万物之灵，自我意识使人类不断地认识自己、确信自己和完善自己。康德将自我意识分为了两类："自我意识就可以分为反思的和领会的。前者是一个知性的意识，后者是一个内感官的意识；前者是纯粹的自我意识，后者是经验的自我意识。"②胡塞尔认为，一切意识都是对某物的意识。萨特更进一步指出："存在就是意识本身，它在意识之内并且是在能及范围之外的，这就像一种不在场和不可实现的东西，它的本质就是把其固有的矛盾封闭于自在之中：它与自为的关系是一种完整的内在性，最终以完整的超越性结束。"③而弗洛伊德将意识视为接受来自外界与身体内部的情报，以其自由的可动的能量控制快乐的情绪，主要包含两个方面的内容，即"对来自外部世界的兴奋的知觉"和"仅来自心理器官内部的愉快和不愉快的情感"。意识产生于人的劳动过程中，借助于语言的方式在与别人交往的活动中得以显现，主要具有三大特征，即自觉性、能动性和社会制约性。最普遍认同的观点是：意识是人区别于动物的最根本的标志，而自我意识是意识的重要部分，是以"自我"自身为对象的意识，也是意识发展到高级阶段的显著特征。

自我意识指的是自我固有的意识，自己意识到自己本身，把自我作为意识的对象。康德将其表述为：一般自我意识就是那种作为一切统一性的条件，但本身却是无条件的东西的表象。④ 对自我肯定的最高形式是个体意识的自我觉醒。生

---

① 邓晓芒：《德国古典哲学讲演录》，湖南文艺出版社 2017 年版，第 385 页。

② ［德］康德：《实用人类学》，重庆出版社 1987 年版，第 11 页。

③ ［法］萨特：《存在与虚无》，陈宣良等译，生活·读书·新知三联书店 2014 年版，第 128-129 页。

④ ［德］康德：《纯粹理性批判》，邓晓芒译，人民出版社 2004 年版，第 345 页。

物学意义上的意识显然是伴随着人的产生而产生的，然而从人类学的角度来看，人的自我意识的觉醒则经历了一个漫长的过程。

人是万物之灵，具有地球上最发达的大脑，内含着思维发展的远景和自我意识的潜力。但早期的人类却并未意识到这种自我意识，处在物我不分的状态。自我意识在人类历史上有一个逐渐形成与发展的过程。早期原始人以自然主义的眼光看待世界，没有明确的自我意识，直到出现了氏族社会，原始人开始以群体方式面对大自然，产生了人类自我意识的第一个形态——群体自我意识。"从人类意识最初萌发之时起，我们就发现一种对生活的内向观察伴随着并补充着那种外向观察。人类的文化越往后发展，这种内向观察就变得越加显著。"①伴随着人类社会的发展，早期人类的群体自我意识终于发展成了个体自我意识，也正是自我意识的发展把原始人类转变成了真正的人。

但是人类群体自我意识向个体自我意识发展的过程十分漫长而复杂，影响因素是多重的。首先是生产劳动的发展。劳动使人与动物真正区别开来，也是人类自我意识发展的基本条件。劳动之所以能够促进自我意识的发展乃是因为它具有对象性和社会性的特点。② 其次是私有财产的出现。随着生产发展带来的产品不断丰富，占有私有财产的人也逐渐增多，也正是获得和保护其使用财产的过程中，原先的集体观念日渐淡薄，私人观念则不断增强。再者是奴隶社会的形成。奴隶社会是以奴隶主对奴隶的统治为特征的阶级社会，也是真正的私有制社会。奴隶主拥有财产和奴隶，是独立的个人，奴隶服务于奴隶主，需通过劳动为自己谋求生存，实际上也成为了(不自由的)个人。至此，人类个体已经完全从群体中分化出来了，个体为了在社会上生存必须具备其起码的个体自我意识。③ 可以说，人类的个体自我意识在奴隶社会已经完全形成，只是水平较低。

人的个体自我意识可以分为两个层次，一是心理学层面的自我意识，这是关于人自身的知识的经验反思，包括体认自身的各种特征与性质；二是哲学性的自我意识，是关于自我存在本身的觉悟，即对于自己之"我"的知觉灵悟，这是人

---

① ［德］E. 卡西尔：《人论》，上海译文出版社 1985 年版，第 5 页。

② 维之：《人类的自我意识》，现代出版社 2009 年版，第 2 页(引论)。

③ 维之：《人类的自我意识》，现代出版社 2009 年版，第 3 页(引论)。

的深层自我意识，由之可体悟精神生命的深层奥秘、达知自我与世界的本体联系。① 自我意识包括了两种形态：一是感性形态的自我意识，二是理性形态的自我意识。人认识自己，不仅需要获得关于自身的知识，更是应该领悟自己本身的存在。哲学家们对自我及自我意识的研究，不断开创着人类自我意识的新境界，同时也把人的自我意识深入发展下去了。我们可以沿着西方哲学的自我思想发展之脉络研究人类自我意识的发展过程。

对"意识"的关注最早可以追溯到柏拉图的"灵魂学说"，柏拉图认为理性灵魂本身居于天体上，因追求感官世界的欲望而进入肉体中。在人体中，理性居于统率和指导地位，灵魂是不死的精神实体，先天蕴藏着理念世界的一切知识和美好，通过感官的激发而使之不断呈现。亚里士多德认为感觉本质上是某种灵魂状态的变化，"感觉一词也会有两层意思：潜的感觉和现实的感觉。感觉对象也是如此，既有现实的对象，也有潜在的对象"②。到了中世纪，奥古斯丁在《忏悔录》中对自我意识进行了一些思考，奥古斯丁说："我存在，我认识，我愿意：我是有意识、有意志；我意识到我存在和我又意志；我也愿意我存在和认识。"③但自我意识在奥古斯丁之后就大大倒退了，他所提出的"自我之谜"也长期被搁置了。

个体自我意识的真正觉醒则是开始于文艺复兴，兴盛于启蒙运动，同时伴随而来的是个体本位时期的到来。长期以来个体意识都被包裹在类主体、群体主体之中，在西方社会则更多地呈现为"上帝"的关怀之下的自我。这种自我受到"上帝"的关照，沐浴在上帝的光照之下，也被上帝之光所裹挟失去了独立自主的地位，个人只是按照上帝的旨意活动。人文主义的兴起，将人的视野从上帝拉回到了人自身，启蒙运用将这一精神发挥到了极致，"自我"成为了人的中心话题，自意识则得到最大程度的觉醒和发展。

笛卡儿"我思故我在"的命题标志着自我意识在西方哲学中的真正觉醒。他说："所谓思想，就是在我们身上发生而为我们所直接意识到一切。因此，不只

---

① 维之：《人类的自我意识》，现代出版社 2009 年版，第 6-7 页(引论)。
② 维之：《人类的自我意识》，现代出版社 2009 年版，第 47 页。
③ ［古罗马］奥古斯丁：《忏悔录》，商务印书馆 1963 年版，第 186 页。

是理解、意欲、想象，就是知觉也和思想无异。"①斯宾诺莎的精神观念，即心灵能够意识到自己的活动，具有自我意识。费希特认为自我意识是"返回自身"的"直接意识"。"既然任何意识只有在直接意识的条件下才是可能的，那么显而易见，这种叫作自我的意识是伴随着人的一切观念的，它必然包含在它们之中，尽管我并非总是清楚地察觉这一点，并且我会在我的意识发展的每一瞬间都说：自我，自我，自我，永远是自我；把一切东西都归于自我。"②卡伦·格洛伊评价他说："费希特是头一个、大概也是唯一的一个为了建立一种哲学体系，既研究了自我意识的整个作用，也研究了它内部装了的哲学家。"③康德在《实用人类学》一书中高度评价了人类自我意识的重要性，他说："人能够具有'自我'的观念，这使人无限地提升到地球上一切其他有生命的存在物之上，因此，他是一个人，并且由于在他可能遇到的一切变化上具有意识的统一性，因而他是同一个人，也就是一个与人们可以任意处置和支配的、诸如无理性的动物之类的事物在等级和尊严上截然不同的存在物，甚至当他还不能说出一个'我'时就是如此，因为在他的思想中毕竟包含着这一点：一切语言在用第一人称述说时都必须考虑，如何不用一个特别的词而仍表示出这个'我性'。"④

按照康德的说法，不仅把人当作手段，而是把人当作目的。尤其是个人主义和自由主义精神的影响下，"自我"成为了人格的核心组成部分，自我意识也成为了确认"自我"的重要依据。正如康德所解释的一样，意识是物我的对立，而自我意识则将这种对立转向了意识的内部，把自己当作一个物，当作一个对象，自己跟自己发生关系。这个关系是既把我自己与我区别开来，又意识到这种区别是没有区别的。意识关心外在对象，而自我意识关心自己。自我意识是在不断地反省中显现自己，它不断地反省，不断地后退，不断地追溯自己的另一个自己。自我意识是一个动态的结构，它造就了人的主体的能动性。康德提出自我意识也存在着三个层次，第一个层次是欲望，即自我不仅要把自己当作对象来看待，而且要把自己当作欲望的对象，要通过追求一个对象来追求自我，因此这个阶段也

---

① ［法］笛卡儿：《哲学原理》，商务印书馆1958年版，第3页。
② ［德］费希特：《人的使命》，商务印书馆1982年版，第75页。
③ ［德］卡伦·格洛伊（文），《人文杂志》1988年第5期，第50页。
④ ［德］康德：《实用人类学》，重庆出版社1987年版，第1页。

被视为最初级层次。第二个层次是生命，即把对象变成我的一部分，用动态的眼光来看，就是维系生命。第三个层次是无限性，这种无限性表现为，我就是我们，产生了这种意识，类才得以维系，从而形成了人类。同时这种无限性要求有一种客观化，即要在现实生活中反映出来。黑格尔在总结笛卡儿以来哲学家关于自我意识理论的基础上，进一步运用辩证的观点创造性地提出了主体性双向运动的原则，黑格尔的自我意识理论为认识论向实践论的转化提供了一个重要的理论前提。

19 世纪中叶以后，心理学家们也开始逐渐关注到"自我意识"，并作出了重要的贡献。詹姆士是历史上第一位从心理学对自我意识进行全面研究的哲学家。1872 年詹姆士的著作《心理学原理》问世便引起了很大反响，他的著名思想——"意识流"讲的是一个关于心理或意识之时空结构的基本理论。他说："意识，在它自己看，并不像切成碎片的。"①人的心理意识，不仅是连续不断的，而且是不断变化的。意识流是一条永不回头的河，他主张意识流就是心理活动的全部，"思想自身就是思想者"。思想是一个不断变化的意识流，而自我之自我是意识流的核心部分，是一切其他自我的自我。人们通过自我意识的反省作用，发现思想者与思想对象之间的不同，从而意识到自我与思想的统一。澳大利亚的神经生理学家 J. 艾克尔斯返回到笛卡尔的身心二元论立场，极力宣扬自我是一独立的自我意识精神。自我意识精神是超越于一切经验之上的"所有经验的中心"，它所赋予每个人以"连贯而同一的感觉"。莫尔说："如果每个意识范围有其自身的完善化的认识能力和社会能力，并由此产生了一个坚实而丰富的信仰、选择和愿望体系，而且该体系与另一意识范围所产生的信仰、选择和愿望体系在很大程度上不相一致，也只有这样，同一躯体内的两个意识范围才是具有意向自主性的。因为我们涉及的是同一身体内不同意识范围的问题，只有强调意识系统不相容性的标准才有助于区分不同的人。如果每个意识范围都具有可以用信仰、选择和愿望来解释的许多的、不同的行动；而且上述信仰、选择、愿望与另一意识范围的信仰、选择、愿望相冲突；这时，不相容性才显示出来。"②B. B. 斯托林提出了

---

① ［美］詹姆士：《心理学原理》，商务印书馆 1963 年版，第 87 页。

② 参见《自然科学哲学问题丛刊》1983 年第 3 期，第 49 页。

三个水平的理论：最先，儿童在感知动作活动中产生机体水平的自我意识，后来在集体活动中形成个体水平的自我意识，最后在个性发展的过程中逐渐达到个性水平的自我意识。① M. H. 丽西娜提出儿童自我意识的交往发生论，认为儿童只有和别人交往，才有机会认识自己的伙伴，并通过伙伴认识自己。②

个体的自我意识既相互独立，又彼此影响。也就是说："自我意识只有在另一个自我意识中才能获得满足。"③很显然，作为个体的人，我们拥有属于个人的自我意识，这种自我意识既具有包容性，又具有排他性。包容性体现在个体与个体之间具有相似性或是共同性，能够彼此认同或认可；而排他性则体现在每个个体都是独立的存在物，有着自己的个性和棱角，正所谓世界上没有两片完全相同的叶子，人亦如此。单个的个体与其他个体所呈现出来的差异性主要源自于两方面的原因，一是基于遗传的各种差异，即自然差异，显现为种族的不同、肤色的不同、自然禀赋的不同等，二是基于社会环境的差异，即社会差异，人的生长环境和成长背景对个体的成长及性格的养成有着极其重要的影响。正是基于此，人才呈现出如此多样又鲜活的个性，而又可以像春天的花园一样百花齐放，既争相斗艳，又和谐相处，共同构成一幅绚烂多彩的画卷。

三、良心与良知

在中国，最早使用"良知"概念的是儒家学派的孟子。孟子说："人之所不学而能者，其良能也；所不虑而知者，其良知也。"④北宋张载将"良知"看作先天的德性之知。明代王阳明则将"良知"看作本体、天理等。简而言之，儒家的良知包含三层含义：良知是先天的，良知是善的，良知具有认识的能力。新儒家结合中西方的思想，对良知作出了新的解释，如唐君毅就认为："能判断吾人之活动之善不善而善善恶不善之自我，即吾人道德理性自我，亦吾人之良知。"⑤良知本

---

① 陈会昌、张东：《60 年代以后苏联心理学对自我意识问题的研究述略》，《心理学报》1988 年第 4 期，第 434 页。

② 陈会昌、张东：《60 年代以后苏联心理学对自我意识问题的研究述略》，《心理学报》1988 年第 4 期，第 434 页。

③ [法]埃德加·莫兰：《伦理》，于硕译，学林出版社 2017 年版，第 157 页。

④ 焦循：《孟子正义》，沈文倬点校，中华书局 1987 年版，第 897 页。

⑤ 唐君毅：《文化意识与道德理性》，中国社会科学出版社 2005 年版，第 315 页。

身是纯善的且具有先天的认知能力，并将之视为天下公理。

康德说："一般自我意识就是那种作为一切统一性的条件，但本身却是无条件的东西的表象。"①那么意识通过什么方式显现呢？自我意识在一般情况下总是处于隐蔽的状态，唯有被个体自我感知，自我意识总是潜藏在人的内心深处，很难被外在的对象所捕获，但也总是通过行为将其转化为现实，昭示着它的无处不在。在道德范畴内，自我意识通常表现为人们的良心。良心内生于人心，是与生俱来的，正如康德所说，良心是作为理性存在的人本来就具有的。叔本华认为，良心是"道德的自我决定"，费尔巴哈强调，"良心是在我自身中的他我"。黑格尔则认为良心是一种积极追求在主观和客观上都是善的东西的伦理意识。海德格尔认为良心是从"此在"（人）中发出的对"本然的自己存在"的呼声。而在弗洛伊德看来，良心是个人的"超我"，是社会的要求在个人那里被内化了。

良知虽然没有实体的存在，但是却可以被我们所感知，个体自身的感知往往表现为一种内心活动，比如，当我们行善时会感到满足、自豪、快乐，当我们为恶时我们会感到惶恐、害怕、不安。同时，其他的个体也可以通过个体的外化情绪和行为感知到个体的良知。良知具有一种软控制力，人在履行对他人和社会的道德义务时，对所负的道德责任的内心道德感和行为的自我评价能力，是人对其道德责任的自觉意识。② 良知是道德信念、道德情感和道德习惯的集中体现，也是人们隐蔽的行为调节器。因此，在日常生活中，我们往往将道德败坏的人视为没有良心的人，因为在这些人的身上我们没有感知到良知的存在。良知作为道德个体的自主性的支撑点，既是道德主体自觉履行道德义务，维护道德正义的依据，也是对行为进行道德审视和道德评价的标准。良知不仅是天赋的、绝对的，而且具有"向善性"和"共识性"。因此，良知自身的可靠性才得以显现，人们才有了依凭。普罗泰戈拉提出"人是万物的主宰"在这个意义上才具有合理性。只有良知自身是合理正义的，它才能够对抗不合理与不公正。所以可被感知的良知成为了道德个体自主性的体现，并且支配着个体的道德行为。

良知是人与生俱来的，但是却潜伏在人的内心深处，需要个体通过后天的努

---

① ［德］康德：《纯粹理性批判》，邓晓芒译，人民出版社 2004 年版，第 345 页。

② 郜爱红：《品德论》，同心出版社 1999 年版，第 188 页。

力不断地发觉。大量的心理学研究表明，我们天生会存在一些道德感，比如同情和怜悯，然而，不同的生活环境和人生阅历，人的道德发展状态也存在不同的差异。也就是说，后天的努力对道德个体来说也异常的重要。后天对道德知识的习得是个体道德进步和良知觉醒的重要途径，儒家认为"欲修其身者，先正其心；欲正其心者，先诚其意；欲诚其意者，先致其知，致知在格物"，不仅如此，个体后天的习得过程也并不轻松，正如孟子所说，"天将降大任于斯人也，必先苦其心志，劳其筋骨，饿其体肤，空乏其身，行拂乱其所为"。所以个体在"修身"的过程中也逐渐显现出差别，并不是人人都能成为孔子口中的"君子"。也正是这种"习得"过程中所造成的差别的多样性才成就人的道德水平的层次多样性，丰富了人的个性，实现了人格的多元化。所以"自觉"在个体的行为中有了更加重要的意义。因为"以良知为中心意味着主体性的确立，意味着对道德行为者提出了很高的要求，即必须矗立起一个道德的自我，必须由自己去体会、去努力、去磨炼、去致良知"①。也就是说，个体作为具有独立自我意识的理性存在者可以凭借天赋的良知，依靠自律来实现道德自治。而自治水平的高低却不在于良知的高低（自我意识的是平等的），而在取决于个体在习得过程中的"自觉"。值得说明的是，我们虽然对人性保有极大的信心，也对个体提出了比较高的要求。但是并不是说，我们的道德任务或道德目的是培养至善的圣人，而是马克思所说的人的自由而全面的发展。个体凭借着良知的指示自觉地做无愧于本心的事便能实现自我的成长与发展、自我的完善与进步。

良知是同一性和差异性的统一，同一性表现为个体都拥有属于自己的良知，并且各自独立、平等，同时个体向善的心是一致的，趋利避害是人的本性。差异性则表现为个体对自我意识在认识上的差别，觉醒程度的差别。个人本身就是目的，具有最高价值，社会只是个人达到个人目的的手段；一切个人在某种意义上说道义上是平等的。② 因此作为主体的个体，注重保持与同伴的一致性而尊重共同的道德秩序，同时也尤其注重自身的独特性（个性）的发展，即区别于其他个

---

① 何怀宏：《良心论》，北京大学出版社 2017 年版，第 36 页。

② 郭湛：《主体性哲学——人的存在及其意义》，中国人民大学出版社 2011 年版，第109 页。

体的特性。同一性与差异性的协同关键在于道德主体的选择，因此，我们接下来讨论的个体道德自我伦理便显得十分重要了。道德作为人自治的手段，也是人自由自觉活动的结果。

四、自由意志

亚里士多德在讨论道德生活时就关注到"意愿"，他说："处于意愿的感情和实践受到称赞或谴责，违反意愿的感情和实践则得到原谅甚至有时得到怜悯。"①只有出于意愿的行为才能产生道德行为，自由意志是道德行为的前提。斯多葛派第一次明确地把道德与自由意志联系起来，德性是善良意志的表现，其本质就是善良意志，也是自由意志。"一个人是否服从道德，要由他自己来决定；意志是自由的。"②奥古斯丁最早将自由作为人类意志的一种特性，他认为自我具有意志的自由，自由意志就是人的灵魂在多种意愿中作出选择，因而也应该承担自由意志的责任。道德的邪恶是人德性的不足，是因为人不能正确运用自己的自由意志。人犯罪的原因是自我不完善的自由意志。阿奎那认为灵魂具有感觉、智慧和意志等品质。人的意志是自由的，但应接受理智和善念的引导，否则将导致邪恶的产生。司各脱在伦理学上主张个人是最实在的个体，他不赞同阿奎那关于理性高于意志的观点，主张意志高于理性，自由意志是人的基本特性，个人有权利按照自己的意志去追求最高的幸福。

文艺复兴时期，随着人本主义兴起，自由被视为人的最高价值，人性得到了解放并被充分高扬。笛卡儿认为人都拥有自由意志，并同样有能力作出道德决定。他在《哲学原理》中提到人有自由意志是不言自明的真理："我们还分明有一个自由的意识，可以任意来同意或不同意。这个真理可以归在我们与生俱来的那些最初的最普通的意念中。"③自明的自由意志是原始的最初公理，是"天赋观念"。卢梭认为："一切行动的本源在于一个自由的存在有其意志。"④在他看来，

① ［古希腊］亚里士多德：《尼各马可伦理学》，廖申白译，商务印书馆 2004 年版，第 58 页。
② ［美］梯利：《西方哲学史》（上册），商务印书馆 1975 年版，第 131 页。
③ 汪堂家：《论笛卡尔的自我概念》，《中国社会科学》1988 年第 5 期，第 126 页。
④ ［法］卢梭：《爱弥儿》，李平沤译，商务印书馆 1978 年版，第 441 页。

"人生来是自由的，但却无处不身戴枷锁"①。失去自由也就相当于放弃了人格。自律就是服从自己加在自己身上的法则，出于自己的意愿而行为。在莱布尼茨和沃尔夫的推动下，逐渐形成了一些共识：理性是自然法的源泉，自由意志是遵从理性知识的，因而我们对于由自然法则定的善的知识之增长也就意味着我们自身意欲的提升。换言之，人们越是理性，也就越自由。自由意志是沃尔夫关于道德哲学考察的起点，他向我们展示自由意志通过理性来确定行动的必然性。意志拥有自由，可以根据自己的偏好决定我们自身的行为。自由意志遵循我们对于善和恶的认知，因而"自由的行为"具有道德上的必要性。我们因理性成为自己的立法者，理性的奖励便是自由，即自治，沃尔夫也将伦理学的最高点确立在自治的概念上。不同于沃尔夫将自由意志视为一种基本属性，康德的自由意志其意义更为深刻。

　　自由是能够组成我们的"真正的自我"，真正的自由意志是在人格的基础之上产生的。康德认为："就理性能够规定任性而言，意志既是实践理性本身。"②他进一步论述道："就理性能够规定一般欲求能力而言，在意志之下可以包含任性，但也可以包含纯然的愿望。可以受纯粹理性规定的任性叫作自由的任性。"③康德从消极和积极两个方面对自由进行了解读，消极概念指的是"任性的自由是它不受感性冲动规定的那种独立性"，而积极的概念则指的是"纯粹理性有能力自身就是实践的"，动物虽然与人一样具有任性，但是动物的任性是出自于动物的本能，没有自由而言，而人是理性的动物，人的任性是由理性的，也就是说人的任性是自由的。只有通过理性，人的任性才称之为自由的任性。人不是动物，所以不能仅凭冲动去干什么，人在做事的时候需要设计目的和手段，也就是在这个过程中不断地运用理性的力量。当然，这种自由的任性并不是真正的自由意志，它与自由意志还是存在着一定的区别。自由的任性，虽然使用到了理性，但是它仅仅将理性当作工具来使用。而自由意志是理性本身的一贯的运用，把理性

---

　　①　[法]卢梭：《社会契约论》，李平沤译，商务印书馆 2011 年版，第 4 页。

　　②　[德]康德：《道德形而上学》，张荣、李秋零译，中国人民大学出版社 2013 年版，第 12 页。

　　③　[德]康德：《道德形而上学》，张荣、李秋零译，中国人民大学出版社 2013 年版，第 12 页。

的运用当作目的而非手段。也就是说，自由意志不受感性的需要、不受经验世界的偶然的环境所支配，纯粹只是按照理性本身的法则，一以贯之地运用理性。自由意志唯一的条件是它自身，康德将之称为无条件的一种应当，一种无条件的命令，即绝对命令。这样一种实践理性，就是纯粹实践理性，即任何条件下都应当做。自由的任性中包含了自由意志的种子，把它单独提出来并纯粹化，就成了自由意志。进一步追问自由意志是什么，康德给出的答案是道德律。道德律是作为绝对命令而存在的，即不受任何外在感性条件的束缚，仅凭它自身的理性的规律而设计自己的行为，设计自己的实践活动。也正是在此基础上，康德提出"为义务而义务"的行为才是真正道德行为。

海德格尔在《存在与时间》一书提出："自由有无限的超越性，但是作为这一过程的展开的自由是离不开此在的自身的领悟。"在哲学领域中，人的自由往往被归属于"自由意志"（抑或意志自由），自由的特性在于不可规定性与无限可能性。意志与自由应如黑格尔所言，达成最终的和解与统一。自由意志的必备特征是意志的自觉能动性，自由意志与意志的自觉能动性、人的主体地位和主体性具有同质性。当我们承认人的主体地位和主体性时就意味着肯定了自由意志的存在。意志自由的本质特征表现为人的自我能动意识及理性意象性能力，主体的自我能动意识体现了意志自由的实质，理性则表达出自由必然性法则。[①] 人的意志是为了实现自身目的内化为自由自觉的一种原则，同时意志本身具有使主体目的客观化的自发性。

第二节　自由意志的贯彻与实现：道德自律与道德自觉

自由意志设定了自我的行为的基本法则，即道德义务。自觉地履行道德义务是自由意志的彰显和贯彻。道德自律强调道德的内在约束力，按照康德的说法，道德自律是自我立法，道德行为的践行是善良意志的一以贯之。道德他律则主要强调外在环境对自我道德行为的约束力，主张通过社会舆论等外力约束个人的行

---

① 文丰安、孙红霞：《道德自律、意志自由与和谐之治》，《求索》2009 年第 8 期，第 60-62 页。

为，使其符合社会普遍道德规范的要求。自由意志的最终实现表现为达到道德自觉的状态，个人的自由意志通过个人的自觉行为得以显现。道德自律与道德自觉既具有相通性，又存在着诸多的差异。

一、自由意志的法则：道德义务

道德义务是自由意志所设定的基本法则。马克思说："作为确定的人，现实的人，你就有规定，就有使命，就有任务，至于你是否认识到这一点，那都是无所谓的。"①古希腊哲学家德谟克利特最早从伦理学角度提出义务范畴，把义务和内在动机联系起来。亚里士多德则将人的德性与意愿结合在一起，他认为凡行为的始因在自身内的行为都是出于意愿的。德性意味着选择，选择是出于意愿的。西塞罗认为影响人行为的推动力有两种，一是内在的意志力，二是外力。内在意志力推动的行为是归于自然的，把自然界追溯到源头，追寻真正的终极善，一定会窥见神的本性。与此同时，他以理性主义自然观为基础，从道德上的善的四种来源出发衍生出了相对应的道德义务。

道德义务概念的提出标志着现代道德哲学的兴起，现代道德哲学更加注重的是"我应该做什么"，即"把道德规则（或道德责任）而不是道德品格置于道德和道德研究的中心地位"②。经验主义将道德义务的来源归因于人们对利益、幸福的追求，并把道德义务归结为人自身某种需要的产物。而义务论者则认为道德义务来源于超验的自由意志，是理性、人性为自己自觉设定的义务。

道德义务就是一个人必须做的事情。按照沃尔夫的理解，某人对某事是否负有义务，关键在于将它能否与意欲或不欲的动机性根据联系起来。基于我们对善恶的认识，自然本身"约束"着我们去做"善"的事，不去做"恶"的事，而约束我们的原则表现为一种法则。作为沃尔夫主义者，埃伯哈德认为，道德判断表达了一种义务，而内在善行和恶行的义务来源于人类与其他事物的本性。与沃尔夫不一样的是，埃尔哈德引入道德情感，但道德情感的判断必须要能转化为理性的判断，且须站在"理性的审判庭"之前。凯姆斯勋爵相信我们产生一种理性的且直

① 《马克思恩格斯全集》（第3卷），人民出版社1960年版，第329页。
② 徐向东：《道德哲学与实践理性》，商务印书馆2006年版，第2页。

接的特殊的道德情感，即情感与理性之间具有某种同一性。他认为责任感表达了一种实践必然性，即是一种理性的命令。换言之，我们能直接地意识到我们的责任感的理性内容。

康德的道德法与沃尔夫的自然法都是自由意志的法则，但是沃尔夫的自然法是质料性的法则，是通过后天的方式被认识的，而康德的道德法则是只能先天地被认识的，具有纯形式的特征，即普遍性和必然性。道德法则的义务基于我们必须既是理智世界又是感官世界的成员。自由法则源自我们自身的理性，是作为理智世界成员的"真正的自我"。在《实践理性批判》中，康德提出："那个根据法则在客观上是实践的，并且将好恶排除于它的决定根据之外的行为就叫作义务。"①在《道德形而上学》中，康德则又说："义务是出于对法则的敬重的一个行为之必然性。"②这两个定义是从不同的角度来进行界定的，但表达的实质内容是一致的，首先，强调行为动机的重要性，动机是决定道德行为是否具有价值的唯一标准，用他的话来说："道德行为不能出于爱好，而只能出于责任。"③也就是说，只有出于责任的行为才具有道德价值，排除了一切感性和情感的作用。任何掺杂了利益和情感因素的行为只能称之为"合乎道德律"，而不是真正的道德行为。其次，义务作为道德准则而存在，"一个出于责任的行为，其道德价值不取决于它所要实现的意图，而取决于它所规定的准则"④，康德将这个法则称为道德律，或者说绝对命令。绝对命令作为实践理性的法则，也就是纯粹实践理性的法规。即"你要这样来行动，使你的意志的准则你愿意它同时成为一条普遍的法则"。最后，道德行为是出于对道德法则的敬重。敬重感不同于其他任何感情，它是唯一一种否定一切情感的情感。因此，他主张人的道德行为应当建立在敬重感的动机上，但这仅是感性的人在进行道德行为时的一个"发条"，只有自由意志的普遍法则才是道德行为的真正动因。

---

①　Kan, *Critique of Practical Reason*, San Francisco: Macmillan Publishing Company, 1993: 84.

②　Kant, *Foundation of the Metaphysics of Morals*. San Francisco: Macmillan Publishing Company, 1989: 16.

③　［德］康德：《道德形而上学原理》，苗力田译，上海人民出版社 2012 年版，第 10 页。

④　［德］康德：《道德形而上学原理》，苗力田译，上海人民出版社 2012 年版，第 12 页。

　　康德的道德义务论影响到诸多的后来者，如罗尔斯、内格尔，但也受到了批评者的诘难。一是认为康德的道德义务过于理想化，很难转化为道德主体的实际行动；二是认为基于实践理性的道德义务只是抽象的"道德命令"，并为得到合理的证明。康德主义的追随者们从不同的视角对其进行了回应和解释。托马斯·内格尔认为，在解决康德道德哲学义务论的问题上，我们应该使人们具有道德义务的意识。内格尔引入"基线直觉"的概念为道德义务论辩护，基线直觉指的是"一个人必须为那些因我们的所为而在意向上受影响的人的好（或者不损害他们的好）而行动，受害者的抱怨可以超出他们所受的伤害，如果我们有意损害他们的好而行动的话（不管我们进一步的目的是否为善）"①。除非我们能理解道德直觉判断中所蕴含的义务论构造，否则道德义务约束的权威地位将无法被人们认可。反对者认为义务论只是为人设定了一种"道德保险"，保护我们不受外界因素的影响而作出道德上错误的行为。若是我们接受"道德保险"的说法，那么就只能用某种性格学说来解释道德上错误的行为。这显然会陷入两难困境，正如赫尔曼所举的例子，"我们不会在追求好东西时对无辜者造成痛苦，因为像治疗瘾君子一样，我们在禁酒和滥饮之间是没有中间依据的，那么我们就把这种解释推到了它的终点"②。

　　威廉斯认为："伦理生活的复杂性并不允许我们从任何一个单一的观点来理解和处理我们日常的伦理经验，或者换句话说，没有任何的道德规则或者伦理原则能够为探究'我应该如何生活'这个问题提供指南。"③仅诉诸绝对命令的道德义务不足以说服道德主体履行道德义务。所以赫尔曼立足康德道德学说提出中层理论为其辩护。所谓的中层理论，就是将一个人的"年龄、性别、健康、富有或贫困"等因素以及与之相关的事实引入解释道德合理性原则中。事实上，康德曾明确宣称，道德法则通过实践理性对意志进行规定，使道德主体按照符合善的意志

---

　　①　[美]芭芭拉·赫尔曼：《道德判断的实践》，陈虎平译，东方出版社 2006 年版，第320 页。

　　②　[美]芭芭拉·赫尔曼：《道德判断的实践》，陈虎平译，东方出版社 2006 年版，第321 页。

　　③　[英]伯纳德·威廉斯：《道德运气》，徐向东译，上海译文出版社 2007 年版，第22页。

而行动。也就是说，只有当道德主体的意志满足实践合理性原则时，他所欲求的对象才是值得追求的。实践合理性的原则基于一种"复杂的、有秩序的善的或选择有价值的条件"①，道德主体意志活动的最终决定条件是由绝对命令所设定的，只有符合绝对命令原则的行为还是合乎法则的。赫尔曼在《道德判断的实践》中对实践理性与道德价值之间的关系作出自己的解释，他说："若没有一种对理性意志活动或理性行为能力的论述强到足以表达内容，绝对命令就不能够是一个有效的道德判断原则。"②实践理性的要求被人们视为一种价值概念，那么在具体的道德运用环境中，中层理论能够扩大道德范畴的范围。因为中层理论是动态的理论：它塑造了实践，又被实践所塑造。所谓超越义务论的地方，无非就是把实践理性作为道德职责本身就是一种价值概念。也是在这个意义上，"我们需要把康德理解为，既主张，如果存在有无条件的善，它就只能是在实践理性的一个原则中，又主张，如果理性是实践的，它的原则就描述了一种价值概念"③。

罗尔斯在迈入道德义务状态之前开辟了一个"原初状态"，将其定义为"它是一种其间所达到的任何契约都是公平的状态，是一种各方在其中都是作为道德人的平等代表、选择的结果不受偶然因素或社会力量的相对平衡所决定的状态"④。不同于洛克的"自然状态"，罗尔斯的原初状态只是一种假设的纯粹状态，其目的是设计出一种能指导社会制度设计得到的原则。在他的考量中，有两个非常重要的价值指标，一是自由，以自愿同意捍卫个人的自决权；二是公平，以制度公平完善权利、资源、责任的分配。在他看来，善就是满足人们的理性欲望，在原初状态下的道德语境中，善由于无知之幕的过滤仍保持着本源性，体现为概念的基础，人类的正义追求正是发轫于这些基本的"社会善"。⑤ 罗尔斯充分发挥了洛

① ［美］芭芭拉·赫尔曼：《道德判断的实践》，陈虎平译，东方出版社 2006 年版，第 324 页。
② ［美］芭芭拉·赫尔曼：《道德判断的实践》，陈虎平译，东方出版社 2006 年版，第 337 页。
③ ［美］芭芭拉·赫尔曼：《道德判断的实践》，陈虎平译，东方出版社 2006 年版，第 356 页。
④ ［美］罗尔斯：《正义论》，何怀宏等译，中国社会科学出版社 1988 年版，第 115 页。
⑤ 张胜利、冯华南：《在个体与群体之间：同一论对道德义务的重塑》，《哲学研究》2020 年第 1 期，第 105-114 页。

克在《政府论》所阐发的"默认同意"概念，即人们自愿同意与他人、集体、社会签订协议并具有遵守协议的道德义务。罗尔斯将"允诺"环节置于享受利益和承担义务之前，通过这一环节人们决定是否自愿同意建立合作的"等价交换"契约。允诺则是在一个较为公平的环境中，具备理性意识并清楚诺言含义的个人自主自愿作出的承诺，且一言既出，驷马难追。这样既实现了道德主体理性的复归，又保障了群体意志的在场，同时为道德义务嵌入了责任伦理的底蕴。同意论强调对个体意愿的尊重，能够适应多元价值对自我意识的追求，同时又嵌入正义制度，将自我意识限定在合理的规定和先对内，明确道德主体与道德义务之间的关系，既重视个人，又保障他人和集体的利益，使道德义务的实现更具可能性，更是维护了社会伦理制度的稳定。现代实践中的伦理秩序建构，必然要从重塑道德义务生成脉络开始，如此方能于义务自身激发出实践动力。①

二、自由意志的贯彻：道德自律

道德是人的一种活动，人们需要在各种社会实践中用理性审视自己的愿望和动机，并通过道德规范的确证与认同，将社会赋予自身的道德法令转化为内心的法则，并自觉按照这个法则约束自己。② 道德是内生于人心，源于人性中对善念的崇敬和追求。道德最大的约束力来源于人的内心，所以从这个角度来说，当我们有道德时，我们就是自治的。所谓"自治"（self-governance），指自己治理自己，即人自我管理、自我控制、自我调整自身行为，并对自身行为和命运负责的状态。作为自治的道德概念拒绝承认人与人在道德能力上的不平等，而这一点却是作为服从的道德概念的一个标准构件。③ 在普遍性的道德原则和道德规范之下，作为理性存在者的人应当平等地承担着相同的道德义务，并不会因为自然禀赋的差异而有所不同。哲学的职责就在于，教导我们自己、使我们保持自我同一的位

---

① 张胜利、冯华南：《在个体与群体之间：同一论对道德义务的重塑》，《哲学研究》2020 年第 1 期，第 105-114 页。

② 文丰安、孙红霞：《道德自律、意志自由与和谐之治》，《求索》2009 年第 8 期，第 60-62 页。

③ ［美］J. B. 施尼温德：《自律的发明：近代道德哲学史》，张志平译，上海三联书店2012 年版，第 7 页。

格，并由此调整支配我们的各种幻想、激情和情绪，以使我们不是通过纯粹外表而是通过其他方面的特征来理解自己、认识自己。① 道德是自治的手段和方式，是为了实现自我管理和自我完善。就这一点来说，道德是普遍有效的，适用于所有人，即道德具有先验性，每个人都应当承担道德义务，任何人都没有豁免权。而道德力能使我们通过实现自我统一而进行自治。② 笛卡儿提出了一种完全自治的伦理学，他将美德定义为意志果敢的坚定不移，这一定义恰好使自治成为其伦理学的核心。自治是个人主体能力的一种显现，即主体有能力对自身的负责，着重强调了道德的力量源泉来自于人自身，来自于人对善的追求，来自于人自我发展和自我完善的强烈愿望，这也是对良心的一种笃定。

康德的自律概念源自于这种自治理念，J. B 施尼温德在《自律的发明：近代道德哲学史》一书中指出：康德发明了作为自律的道德概念，并将在道德上实行自治的行为主体说成是自律的。③ 在康德的概念里，自律是自我立法，自我立法（Autonomie）来源于希腊文，Auto 就是自，nomi 是法则，也译为自律。自己的规律、法则，自己为自己立法。立法的原则是这个法则完全是你自己根据自己的理性而建立起来的，是建立在普遍理性基础之上的。康德以自由意志为出发点阐释道德自律："意志自律是一切道德律和与之相符合的义务的唯一原则；反之，任意的一切他律不仅根本不建立任何责任，而且反倒与责任的原则和意志的德性相对立。"④康德认为"自律性是道德的唯一原则"⑤，实际上把自律性当作道德的本质规定性。

自由意志和理性是自律的前提条件，首先自由意志让人具有了自我立法的可能性和可选项，而理性在这些可能性和可选项中找到了必然的规律，即普遍化的法则。康德认为作为道德根源的实践理性表现为人们道德活动中的意志，表现为

---

① ［美］J. B. 施尼温德：《自律的发明：近代道德哲学史》，张志平译，上海三联书店 2012 年版，第 397 页。

② ［美］J. B. 施尼温德：《自律的发明：近代道德哲学史》，张志平译，上海三联书店 2012 年版，第 380 页。

③ ［美］J. B. 施尼温德：《自律的发明：近代道德哲学史》，张志平译，上海三联书店 2012 年版，第 598 页。

④ ［德］康德：《实践理性批判》，邓晓芒译，人民出版社 2003 年版，第 43 页。

⑤ ［德］康德：《道德形而上学原理》，苗力田译，上海人民出版社 1986 年版，第 60 页。

道德实践的能力。因而，这种意志，先天的、无条件的是善的，并且是一切善的必要前提。这种善的价值基于它自身，而非取决于它所产生的结果。唯有出自善良意志的行为才具有真正的道德价值，因此，善良意志是我们衡量行为善恶的唯一标准。善良意志是一以贯之的坚持，不仅仅是出于善意，更是要忠于善意。因而，意志自律性是道德最高原则。① 自由意志和服从道德法则的意志是完全一致的，按照康德的话来说，就是"你要这样行动，就像你行动的准则应当通过你的意志成为一条普遍的自然法则一样"②。

在康德自律伦理学体系中"人"的观念尤为重要，他认为人不仅是伦理学的起点，也是伦理学的目的，"人"是整个伦理学体系中的核心，而不仅仅是工具性的存在。他最为著名的论断是："你的行为，要把你自己人身中的人性，和其他人身的人性，在任何时候都同样看作是目的，永远不能只看作是手段。"③最大程度地确立人的主体性地位，给自由意志和实践理性足够发挥的空间。"人是目的"为人作为道德义务的主动承担者提供了充足的理由，同样也为人的自律提供了充足的理由。理性的人既是道德法则的设定者，又是道德义务的履行者，也是道德结果的负责人。"作为普遍立法意志的每个有理性的存在者的意志"④为自己立法时要排除情感、兴趣等因素的影响，在承担道德义务时要排除外界因素的干扰。他将人置于道德的核心地位，强调人的主体性、自律性和道德的应然性，提出"自律性是道德的唯一原则"⑤。自律的能力表现为道德的良心，康德相信，既然道德律作为"绝对命令"是自由意志为自我设定的，作为理性存在者的人就会在良心的监督下自觉地履行自身的道德义务。康德的"自律"侧重于自我立法的能力，强调道德的动机，实现了道德的来源和约束力从外界向人自身的转变，道德被认为是人之为人之所在，自身具有了内在价值和完整的人格。

在康德之后，自律的概念发生了新的演变，尼采将康德的理性自律发展为一

① ［德］康德：《道德形而上学原理》，苗力田译，上海人民出版社2012年版，第46页。
② ［德］康德：《道德形而上学奠基》，杨云飞译，人民出版社2013年版，第52-53页。
③ ［德］康德：《道德形而上学原理》，苗力田译，上海人民出版社2012年版，第37页。
④ ［德］康德：《道德形而上学奠基》，杨云飞译，人民出版社2013年版，第67页。
⑤ ［德］康德：《道德形而上学原理》，苗力田译，上海人民出版社2012年版，第46-47页。

种人格自律，从意志自律拓展到行为自律。萨特对道德自律进行了存在主义式的思考，提出生存的道德自律观。人是具有自我意识的自为存在，存在先于本质，人的本质是在存在中形成的，而人命定是自由的存在，自由表现为选择的自由，人的行动是自由选择的结果，因此，道德标准是个体自己选定的。弗洛姆结合弗洛伊德的超我理论提出自律就是人道主义良心和普遍伦理。按照他的理解，人仅以自身为目的，因此，自律的内容是人的自我发展和自我实现。个体道德自律的基础也开始超出先天理性的范畴，非理性的道德情感也可能被视为道德自律的心理基础。彼得斯综合众人的观点提出实现自律的三个心理条件：可靠性联系于良心这一心理机制，理性反思要以一定的道德认知能力为基础，而意志力则必然与意志品格或某些美德联系在一起。①

总体而言，研究道德自律有两个向度：一个是社会向度，即从道德的本质精神的角度出发，强调道德源自于人自身，强调人的自主性和内在善。道德是一种自在善，道德起源于道德自身，起源于每个人完善自我发展的需要，目的在于道德自身，在于完善每个人的品德，实现人之所以为者。如布拉雷德所言："道德以本身为目的，而这目的之本身，即可以'自我实现'四字表示之。"②另一个是个人向度，即从心理发展的角度出发，认为道德的自律性就是指道德规则处于个体之中，个体以自我监督、自我管理、自我完善的力量促使个体自身能够自觉地按照道德规范行事。自由意志是道德自律的前提，正如卢梭所言，取消了自己意志的一切自由，也就取消了自己行为的一切道德。只有承认了道德主体拥有自由意志，才能言说道德主体对自己的行为承担完全的道德责任。

三、自由意志的实现：道德自觉

亚里士多德曾说："每个人都是那些自觉的、依照选择而进行的行为的原因，但对于不自觉的行为，自身不是原因。依照选择而进行一切，他都明白是自觉的。所以显然，善和恶都应是自觉的。"③自由意志是道德自觉的理论前提，没有

---

① 徐萍萍：《心理发展视角下的道德自律：本质与实现条件》，《道德与文明》2018年第6期，第52-57页。

② ［英］布拉雷德：《伦理学研究》（上册），商务印书馆1944年版，第84页。

③ 苗力田：《亚里士多德全集》（第八卷），中国人民大学出版社1997年版，第58页。

理智，自发的运动和活动也能存在；但是，没有自由，就不会有理智存在。道德自觉是道德主体自觉自为的践行道德的行为，而我们之所以能够自觉自为的前提是我们拥有自由地意志。基于自由意志，我们才能自由地设定和选择道德价值，进行道德判断、道德评价，并选择我们认为合乎人自身发展需要的道德行为。当然，自由是程度问题，推动我们向善的知觉越清楚、越分明，我们就越自发、越积极、越自由。"自觉自为性的道德自律来自于人们意识的主观能动性，人们在社会化的过程中，起初是被动地接受一部分道德规范要求，随着自我意识的提高，个体道德观念的养成变成了主动摄取的过程，人们既可以自觉地按照社会道德要求塑造自我形象，同时又可以自为的根据已有的道德观念选择特定的道德要求进行积极的扬弃，道德自律的自觉自为性发展到极致就形成了独特的自我。"①

自由意志设定了道德法则，或者说自由意志选择了道德法则。道德价值作为人追求的诸多价值中的一种，能够显现出来，被人作为一种普遍的追求，本身就是自由意志的表现。自由意志选择了道德价值作为完善人的手段和方式，并设定了它的相关内容。善是基于人存在的价值和意义而提出来的，实现善，成为善人是人的追求和目的。所谓道德法则，正是基于善的理念而设定的规则，而规则的内容并非先天存在的，是人所设定的，人的存在先于道德法则的存在。人的意志决定的道德法则的设定原则，并在不同的时期设定了不同的具体内容。自由意志的存在让我们在普遍化的道德原则之下产生了个体的自我道德和道德认知，并且形成了个体道德自觉的价值引领和理论指导。

自由意志使个人能够自觉地将自我意识转化为道德行为。基于自由意志，人的行为才具有自为性，人才能够自觉地支配自己的行为，而不受其他因素的强制干扰。每个人有"做什么"和"不做什么"的自主选择权，凭借着个人的意愿选择"做"与"不做"，凭借着个人的自主意愿而采取的行为我们也称之为自觉行为。自由意志也影响着道德行为的方式，即"如何做"。在现实生活中，不同的主体在面临着相同的情景时所采取的行为是不同的，每个人都是按照自己的意愿自觉地采取与之相符的行为。也就是说，自由意志影响了人的自我抉择。

---

① 王遂：《道德自律的实现研究》，山东师范大学 2011 年硕士论文。

　　自由意志影响着个人的道德人格的形成，一个自主性强的个体总是能够自觉地按照自己既定的目标要求去学习吸收有利于自身发展的道德知识，并且能够自觉地履行道德义务，不断地健全自我的道德人格。自由意志的先天存在决定了个人所预设的道德目标会存在着一定的差异，即不同的道德人格。我们拥有相同结构的身体，却拥有着千差万别的思想，当我们在预设自己的道德目标时，个人对自我的定位、对自我的审视以及自己的意愿都会对此产生重要的影响。同时，自由意志也影响着道德人格的建构，笃定的意志能够促进个人道德人格的建构，而薄弱的意志则不利于道德人格的形成，即意志是够能被一以贯之的实行，对于我们的目标是否能够实现具有重要的影响。

　　自由意志影响着个人的道德判断和道德评价。正如普罗泰戈拉的名言"人是万物的尺度"，在道德事件的判断中，人就是内在的尺度，人的意志影响了事件的定性和走向。在具体的道德事件中，个体总是会根据自己的意志和认知对事件进行"道德审判"，从而做出自己认为对的道德评价。科尔伯格的道德认知发展理论就是建立这种道德判断和道德评价的实验基础之上的，在实验中，科尔伯格为实验者提供一个道德两难的道德事例，让实验者根据自己的道德标准进行判断和评价并给出自己的理由，以此来判定实验者的道德认识水平。事实上，这个道德认知水平是一定程度上自由意志的反映。

　　综上所述，自由意志不仅是道德自觉的基础，更是贯穿在整个道德自觉过程中，是个人能够自主、自愿、自为、自觉的保障。自由意志需要理性的审视和解释普遍道德原则的考验，才能转化为自我的道德指引。道德自觉是自由意志的实现，道德义务的设定是为了人能够自觉地遵守，从而实现自我的发展和完善，从这个角度来看，道德自觉是自由意志的目的和归属。

四、道德自律与道德自觉的关系

　　道德自律和道德自觉是两个相似而又相通的概念，自律和自觉的主体是一致的，而且都强调个体的道德主体性、自主性和自为性，强调自由意志的重要性，都依赖于主体的良心，"以人为目的"是它们共同的价值追求。道德自律需要通过人的自觉性来实现，作为自律的人能够自觉地履行道德义务，自觉是道德自律在程度上的体现，自觉性越高，说明道德主体越是自律。自律一定是自觉的，而非强迫。道德深藏于人们的习惯和意念之中，通过非强制手段潜移默化于人的思想和行为，以良心等形式而发挥作用。①

马克思曾说"道德的基础是人类精神的自律"②。就道德的设定而言，其本身就是自律精神的显现，表现为道德主体自主自觉的行为。康德将自律视为是道德的唯一原则。自律就是一定主体自觉认知并遵循一定规范要求而形成的内在约束。从道德的性质来说，道德首先是一种规范形式。就道德作为一种规范而言，是对人的意识和行为的约束，要真正得以实现就必须有一个主体对规范的认识、接受、转化和自觉遵循的过程。任何一种规范只有被人们心悦诚服地接受，并且将之作为内在的行为原则，才能得到最终的落实。

作为社会规范的道德既是社会发展的需要，也是个体自我完善的需要。在社会发展和个人的成长过程中，随着人们对道德的不断认同和自觉遵循，慢慢就使其变成了自身的一种需要、一种自我约束。道德的约束力一是来自于外在的舆论的他律，一是来自于内在的良知的自律。身处社会关系中的人，在进入社会环境之中时，都会都到特定的、现有的社会道德关系、道德规范的影响与制约，道德个体只能去接受和适应。只有当道德个体发自内心的主动自觉地以道德主体的身份思考问题，审视道德要求，形成道德良知的时候，个体道德便进入自律状态。道德自律意味着个体对自身的积极自觉的道德约束。道德自律与道德他律最大的区别便在于道德自律所体现出的自觉性。在道德视阈内，自觉首先是对道德他律的一种认可，是对社会道德规范的把握，是一种在自由意志支配下进行的自主决定和选择。从这个意义上讲，自觉性表现为自主自为。拥有自由意志的道德主体能够理性分析其自身所面临的道德境况进行分析，把握一定的道德必然性，并以此为指导作出合适的道德选择。由此可见，自由意志是自律的前提，如康德所言自律是"自由的自律"。"自律性就是任何人和任何理性本性的尊严的根据。"③道德主体的任何道德行为都受其意志的支配，且具有自我抉择的自由。自主意味着主体的思考和行为是在非外在强制力影响下的主动行为。道德主体需要认知、辨

---

① 马永庆：《道德自律的特性解读》，《伦理学研究》2009 年第 5 期，第 51-55 页。
② 《马克思恩格斯全集》（第 1 卷），人民出版社 1956 年版，第 15 页。
③ ［德］康德：《道德形而上学原理》，苗力田译，上海人民出版社 1986 年版，第 89 页。

别和选择的能力，在内心良知的影响下，基于理性思考所做出的一种自我决定和自我决断，是自我本心的真实显现。道德主体只有在完全真实认知自己内在需要时，将社会道德规范内化为自己的道德认知，才可能达到自律。自为意味着主体能够认知并确证自己应承担的道德义务，且会为自己的行为负责。不同于自发的行为，自觉表现为对自我责任的认同，且自愿去完成自己的道德义务。

道德归根到底是为了道德主体自己，自律与自觉都是人主观能动性的体现。所谓"为我"，即以自己的为目的。道德主体主动对自己有所作为，实际上还是为我，即在道德主体的行为中发展自身，完善自我。道德主体的"为我"是通过"我为"的方式和途径来实现的。"我为"的最终目的都是"为我"的。社会生活中的人以自律的方式将社会要求内化为自身言行进行自觉约束，实现个体道德与社会规范的统一和协调。自律既表现为个体以社会道德规范约束自身的行为，也表现为道德主体自觉地在社会实践中不断完善自我、实现自我的行为。道德自律不仅是为了使道德主体增强自身的道德责任感，也是为了使个体在道德上不断完善自我的同时促进良好社会道德风气的形成。在道德自律的实现过程中，道德主体的自觉性不断形成和加强的同时也不断展现了自我。人既是个体存在物，也是社会存在物。因而人既有自我满足的需要，也需承担社会发展的责任。作为自律的道德主体在充分自主、自决的条件下，履行道德义务，体现人的道德生命价值。这也就是说，道德自律不能仅停留在自我完善层面，还需通过自身的自觉行为推动社会的发展与完善。

道德自律与道德自觉作为两个而不同的概念，二者之间虽有相通之处，却也存在着诸多的不同，具体而言主要有以下几个方面：

首先，道德法则的设定，在康德看来，道德法则是根据自由意志设定的，是自己为自己立法，因而自由等于自律。康德的自律是以我们作为理性的行为主体为前提的。作为理性的行为主体，我们的先验自由使我们摆脱了自然的因果关系领域。我们是理性存在者，自发地为我们生活于其中的世界立法，并由此为它创建基本秩序。道德自觉在道德法则的设定上更倾向于道德心理学的设定，即道德是始于人的道德情感，忠于人的理性，道德自觉并不否认情感和外界因素对道德主体的影响，而且认为这个对于个体道德意识和道德认知的产生具有重要的作用，是道德规范重要的来源。从这一点可以看出，自律和自觉是从不同的角度进行设定的，自律是一种纯粹理论上的思考并经过逻辑推演而来的概念，而自觉则是从现实的人的道德生成发展中推演出来的概念。自律的理论依据在于人是拥有自由意志的理性存在着，而自觉强调人是拥有自由意志的现实的存在者。理性存在者可以排除情感对自身的影响，自律可以排除感性因素对道德的影响。自觉则认为可以通过强化道德情感这种具有偶然性的因素，通过理性审视和指引，将其变为具有稳定性的道德认知，促使人们能够自觉地采取道德行为。

其次，道德自律强调善良意志的一贯性，理所当然地认为道德法则是基于人的善良意志而成的，作为理性存在物的人就会始终如一地坚持。他尤其注重道德动机的纯粹性，认为只有出于责任的行为才具有道德价值。道德自觉也承认善良意志的存在，但是却并没有持十分乐观的态度，知和行并不是天生就统一在一起的，而且仅仅强调动机，忽略过程和结果的行为在现实生活中并不可取。道德自觉是一个从知到行的动态过程，个人承担着最主要的责任，道德环境也或多或少影响着道德自觉的发展，同时，道德自觉不仅注重道德动机，道德方式和道德结果也在考量的范畴之内。

再次，自律往往被视为实现道德的手段，而自觉则主要表现为道德的实现程度和主体性的表现程度。自律是针对他律而言的，他律将善恶的判断标准放在人性之外（比如上帝），认为道德的权威和约束力来自外界；而自律想在人性之中寻求善恶的标准，并且认为道德的权威和约束力来自人的良心。自觉则是人的主体性的觉醒程度与其履行道德行为的程度的一种表现，人主体性最初以自发的形态出现，经过了自为再到自觉的形态，自发性是没有强迫的偶然性，比如，人的无意识或下意识的行为动作。自发是自觉的萌芽状态，潜藏着发展到自觉的可能。而作为主体的人的自觉性，首先表明的是人的精神、思想或认识的状态，进而还表明在某种精神、思想或认识支配下人的实际存在、行动或实践的状态。[①]自觉注重作为手段的自律的作用，也关注到他律对于道德自觉的影响。

最后，道德自律和道德自觉的最终目的是"人"。但是实现的手段和方式还是存在着不同，自律是通过自我立法来约束自身的行为，使人自主的承担相应的

---

① 郭湛：《主体性哲学——人的存在及其意义》，中国人民大学出版社 2010 年版，第 38 页。

道德责任，并且通过良心的监督来实现人的发展和完善。道德自觉是在认识到道德必然性的基础上，认为道德是为人服务的，自觉地按照道德的要求规范自身的行为是为了实现人的解放，并且最终实现人的自由全面发展。自律强调一致性，即所有人一视同仁，而自觉强调多元化，即个性化的发展。

本 章 小 结

在人的发展进程中，"自我"长期处于隐蔽状态，个人的自主意识得不到彰显。这个自我并不是生物意义上的自我，而是人格上的自我。在传统社会中，自我往往被置于神之下或是社会群体之中，自我的感受、自我的精神处于"潜伏"状态，没有引起人的关注。直到近现代，人不断从物的束缚中解放出来，"自我"才开始凸显出来，自我意识才逐渐觉醒。意识是人区别于动物的本质属性，自我意识则是个人区别于其他人的重要依据，是人作为个体独立存在的标志。"自我"意味着充分意识到自己作为一个独立的人存在，能够最大程度地独立思考，使无意识达到最低限度。作为具有独立人格的"自我"不仅意味着具有一般人的意识，还具有独属于自己的意识，能够清楚地意识到自我的存在，自我的需求，能够按照自己的意愿行动，并且能够对自己的行为负责，对自己的未来命运负责。在道德领域中，一个人的自我意识常常被视为"良心"，或者是康德说的"善良意志"，也就是人内心中向善的部分。良心是衡量善恶是非的内在尺度，一个有良知的人会因自己的行为符合道德要求而感到幸福和自豪，也会因为自己的行为违背了道德的规范而感到羞愧、内疚和悔恨，从而促使自我反省，审视自己的言行。

自由意志是道德自觉的前提和逻辑起点，基于自由意志，自我能够根据自己的意愿和自己发展的需要设立相关的行为准则，自愿地遵守自己认同的道德规范，自觉地承担相应的道德责任。道德的实现事实上就是自由意志的显现。道德法则是自由意志所设定的，并且经过人的自主选择而逐渐沉淀为社会的普遍行为规范，又通过人们的自觉行为转化为现实的道德实践。道德法则作为合目的性和规律性的统一，是人自我发展的需要，是自我完善的重要方式，因此，基于道德法则而产生的道德义务是普遍有效的，任何人都没有豁免权。道德自律和他律是保证道德义务能够被履行的两种方式，不同的是道德自律强调自我是立法者，道德义务是自我意志的体现，只要自我意志一以贯之的执行就会自觉地采取道德行为。道德自律将道德义务的权威性和约束力诉诸人自身，认为人具有自我管理、自我控制的能力，凭借着良心的存在而规约、约束自身的行为，使其符合道德规范。而他律则强调社会道德规范对个人的行为的调控，将道德的权威性和约束力诉诸社会舆论等外界因素。与道德自律相比，道德自觉则更多地强调人的道德践行的程度，它是从人的道德发展水平的角度提出的概念，是继自发道德之后的一个更为成熟稳定的道德状态。道德自觉在理论上依旧强调自由意志的重要性，自我道德意识的觉醒和自觉道德行为的践行都离不开自由意志，离不开人的主体性。道德义务是自由意志的外化，是道德自觉践行的内容。自由意志是道德自觉的出发点，人的自由全面发展是道德自觉的落脚点。

第四章　道德认同与道德自觉

　　道德意识的生成方式主要有两种，一种是从人的内心中自主生成，另一种则是人从外界吸收内化而成。在道德意识的生成过程中，两种方式往往呈现出交互式的发展样态，通过道德认同的方式实现最终的融合。道德认同是道德自觉能够得以实现的重要条件，个体的道德认同程度越高，其道德自觉的实现可能性越大。

第一节　道德认同的背景：多元价值与道德价值的多元化

　　在一个多元化的时代，不仅价值呈现出多元化发展的趋势，道德价值也越来越多元化。面对多种多样的价值，人的自主抉择显得越发重要，道德价值作为诸多价值中的一种，是人理性选择的结果，其地位依旧稳固，是指导人行为的重要价值。道德价值的多元化发展，为人的道德人格的多元化发展提供了更多的可能性。

一、多元价值的现实存在

　　托尔斯泰认为生命的意蕴是："对于我们而言唯一重要的问题是：我们将做什么？我们将如何生活？"这是价值存在的理由和意义，即它指引着人的行为，规定了人的生活方式。古希腊"智者"学派开始真正探讨人存在的意义，他们将人们的视线从自然研究转向了对人类自身，开始将人们的世界观从"自然"转向"人本"。普罗泰戈拉明确提出"人是万物的尺度，是存在者存在的尺度，也是不存者不存在的尺度"。一切之于人有意义的东西都有存在的价值。善并非唯一的价值，它是众多价值中的一种，是人自主自为的选择。苏格拉底认为一切存在都是在追求其完美性，以"善"为目标是其存在的根本理由。柏拉图进一步将"善的理念"作为最高存在。从而逐渐建立起了一套以"善"为核心的价值体系，善是价值体系中的最高目标，被道德学家视为价值中的第一选择。在这个一元价值体系中，依旧存在着诸多价值，只是善在这些价值中脱颖而出被视为首选。启蒙运动以后，个人意识开始觉醒，强调人生而自由，要求意志自由和个性的自由发展，价值也逐渐走向多元化。"马基雅维利是多元主义的创始人……他希望通过打破原有的统一，是人们逐渐了解对公共生活和私生活中不可调和的可能性作出痛苦选择的必要。"①马基雅维利原创性地将道德分为基督教的道德和异教徒的道德，基督教道德教导人们要慈悲、怜悯、宽恕、爱上帝等价值，而异教徒的道德则教导人们勇敢、追求公共成就、正义等价值。这两种道德是不可相容的，其目的就是凸显价值的非单一性。

以赛亚·柏林(Isaiah Berlin)和马克斯·韦伯(Max Weber)是20世纪价值多元主义学说的典型代表人物。正如柏林所说，生活本身赋予了"我们多元的价值，这些价值是同样真实、同样根本并且具有同样客观性的"②。我们必须承认这样的事实：人们的目的是多种多样的，这些目的并非可相互化约，彼此之间处于一种竞争状态。不同的目的造就了不同的价值取向，从而产生了不同的价值需求。韦伯赞同这一观点，他认为在现代世界中，人们对待生活最可能的态度是相互矛盾的，争论的结果并不能产生最终的结论。他说："按照我们最终的立场。一边是魔鬼，一边是上帝，个人不得不决定哪一个是上帝，哪一个是魔鬼。并且，这种非善即恶的伦理观遍及所有的生命秩序。"③多元化是这个时代的标签，多元价值成为了这个时代的特色。柏林认为："如果有人特别希望保证我们的价值是永恒的、能够在客观的天国里获得，那也许仅仅是我们孩提时期对确定性的渴望与

① ［英］以赛亚·柏林：《反潮流：观念史论文集》，冯克利译，译林出版社2002年版，第96-97页。

② Isaiah Berlin. *Alleged Relativism in Eighteenth-Century European Though*//The Crooked Timber of Humanity：Chapters in the History of Idea. London：John Murray，1990：79.

③ Max Weber. *Science as a Vocation*//H. H. Gerth，C. Wright Mill. Essays in Sociology. London：Rouledge and Kegan Paul，1948：148.

我们在文明的早期对绝对价值的追求。"①柏林所主张的多元价值包括政治价值、科学价值、艺术价值、道德价值等，他说："我们是不是应该考虑某些情况下牺牲掉个人的自由来实现民主，或者再追求艺术和仁慈的同时放弃平等和公正？是不是永远也不可能兼顾效率与自发性？牺牲真理与知识而促进幸福、忠诚与纯洁？"②不仅如此，他还根据主体不同分为，将价值分为个体价值和群体价值，且具有历史性、具体性、文化性和现实性。

按照柏林的理解，价值的多元性体现在三个层面：一是在所有的道德或行为准则的范围里，终极价值或人类目标之间总要发生一定的冲突；以为价值之间的不可通约性、人们难以找到合适的标准对这种价值冲突进行仲裁。二是不一样的文化形式也孕育了不一样的道德和价值，尽管这些文化有重叠交义的特点，但同时也有很多不一样的、不能通约的优点、美德以及善的观念。三是因为价值是不能通约并且伴随着冲突的，所以人们时刻都面临着不得不做的选择。③ 托马斯·内格尔更为详细地把价值分为一个人对自己建立的信仰、不平常的职责、至善论的目的、功利性的目的和基本的权利五个基本类型的价值。凯克斯则将人类普遍存在的价值分为三个范畴：一是满足个体发展需要的价值，二是用来维系社会关系的价值，三是用来保证社会秩序的价值。多元论者认为价值不仅是多种多样的，并且彼此之间是不可通约的。克劳德把不可通约的价值分为三种类型：第一种是不具有可比性的价值，第二种是具有不可衡量性的价值，第三种是没有办法进行排序的价值。④

我们可以按照内格尔的观点把价值之间的冲突分为两种，第一种是互不相容的价值，第二种是互相对立的价值。互不相容的价值意味着你选择了其中一种，就难以实现另一种价值。这种选择仅是因为个人偏好或是特定情况下的随机选

① Isaiah Berlin. *Two Concepts of Liberty*//Four Essay on liberty. London and Oxford：Oxford University Press，1969：162-172.

② ［英］以赛亚·柏林：《自由论》，译林出版社2003年版，第47页。

③ 韩晓贺：《自由与多元价值——以赛亚·柏林价值多元论思想研究》，浙江师范大学2013年硕士论文，第11页。

④ ［英］乔治·克劳德：《价值多元论与自由主义》，应奇等译，江苏人民出版社2006年版，第58页。

择，不存在所谓的对错。但是对于相互对立的价值而言，"彼此之间不仅在现实中互不兼容，而且实际上两者都将对方谴责为美德的对立面，因此要相互回避"①。价值之间的冲突和不可通约决定了人们无时无刻不再面临着选择，而且增加了人们选择的困难程度，人们基于自身的偏好和具体情境所作出的选择存在着差异，这也导致着结果的不同。人是自由而理性的存在者，那么人就能够自主的选择有利于自身发展的价值作为自己的追求目标，多元价值的存在既是客观的现实，也是人自由而全面发展的需要。亨廷顿曾明确表示"在未来的岁月里，世界将不会出现单一的普世文化，而将有许多不同文化和文明相互依存"②。

多元价值的出现对于个人和整个社会而言，既意味着自主选择的机会，更意味着如何选择的困境。尤其是在社会转型时期，这种选择困境带来的影响会更大，即价值失范现象，正如当下的中国就是如此："处于文明转型时期的中国正在出现普遍的道德失范现象，处于传统和现代的夹缝之中的中国民众正在经历着文化价值观念的剧烈冲突：个体主体意识与整体主义（集体主义），功利主义、拜金主义同传统'正谊明道'的超功利主义，享乐主义、消费主义与传统节俭美德，技术批判理性与启蒙理性，后现代文化与工业文明精神，等等。显而易见，世纪之交的中国社会不可避免地要经历一次深刻的价值重建和文化转型。"③价值多元化和选择多元化意味着价值共识的达成存在着一定的困难。如果在不同的主体中寻找到他们共同或一致的需求和利益，就能比较容易达成价值共识；但是如果主体的需求和利益是根本对立的，没有调和的余地，那么他们要达成价值共识就很难了。

当今社会是一个价值多元社会，当今世界也是一个价值多元的世界，那么当今社会和世界也是一个规范多元的社会和世界。以善为核心的道德价值是多元价值中的其中一种，它是人自主选择的结果，并且在代与代的传承中不断地演化和发展。当下，道德依旧是我们进行自我管理、自我调控的重要方式，是促使人们

---

① ［美］马克·里拉、罗纳德·德沃金、罗伯特·西尔维斯：《以赛亚·柏林的遗产》，新星出版社 2009 年版，第 95 页。

② ［美］塞缪尔·亨廷顿：《文明的冲突与世界秩序的重建》，周琪等译，新华出版社 1998 年版，第 2 页。

③ 衣俊卿：《论社会转型时期的生存模式塑造》，《北方论丛》1995 年第 4 期。

不断发展、不断完善的重要途径。价值哲学的开创者洛采认为，在各种价值中，善依旧是最高价值，是人们追求的最高目的。在物欲横行、精神空虚的现代社会中，尤其需要道德善的指引。多元价值意味着人们的选择空间更大了，需要更多地发挥人的自主性，道德的价值在于不仅为我们确定了一个是非善恶的标准，也为我们设定了一个前进的方向和目标。在个体化与价值多元化的时代，作为现实的个人，我们拥有多元的价值认知。在这样的时代，有两个显著的特征，一是价值的多元化，不同于传统的一元价值世界，多元化的价值给予了个体更大的选择空间，同时也给个体进行价值排序增加了多样性和难度。二是个体意识的觉醒，如果说在群体本位时期的个人永远将整体或社会的利益放在首位，那么在个体本位时期，个人对自身发展的需求有了更深层次的要求，对平等、自由、民主的追求，无不凸显主体对自身的关注。基于这一点，个人在进行价值选择和价值排序时也会呈现出更多的个性和多元性。这是不是说我们无法确定一个确切的、统一的最高价值标准？我们是否会陷入相对主义的遐想当中？在这里，首先需要肯定的是普遍意义上的价值的确存在，从形而上学的角度追溯，康德给出了我们确切的答案，那就是"绝对命令"的存在。显然，我们也不能仅仅停留在对原则的追溯之上，在解决现实问题时，我们有必要引入情境主义的相关理论。当两者价值之间存在明显的优先顺序时，我们的抉择和判断并不会有太大的争议。但是当两种价值相当时，才是我们争议最大的时候，也是最困扰个人的时候。在特定的情境当中，无论我们选择哪一种价值，都可以说是正确的，也可以说是错误的，因此，怀着一种宽容的态度，我们应该尊重个人的自由，个人的自觉行为，既存在必然性，也存在着偶然性。而唯一的普遍性和共性便是个体对价值的追求，只是在价值选择上出现了分歧而已。

二、道德价值：从"底线"到"至善"

道德价值作为道德自觉的灯塔，指引着道德主体行为的方向，即道德价值告诉我们，什么应该做，什么不应该做。道德价值导向是一元的，道德价值取向则往往是多元的。道德价值是多层次的，既规定了道德主体的最高追求是"至善"，同时也限定了道德主体的最低要求，即不得违背道德底线。趋善避恶被视为人的本性，而理性、自由意志是人自觉履行道德责任的前提。作为区别于动物的人类，自觉地遵守道德规范、履行相应的道德责任被视为人之为人的标志。但是人在自觉选择道德价值的时候往往受到个人自身及所处环境的限制，因此也很难做到孔子所倡导的"圣人"的要求。正如亚里士多德所说："凡隔离而自外于城邦的人——或是为世俗所鄙弃而无法获得人类社会组合的便利或因高傲自满而鄙弃世俗的组合人——他如果不是一只野兽，那就是一位神祇。"①换言之，道德价值的内涵丰富，层次颇多，道德底线为我们提供了一个最低的限度，而道德至善则是我们最高的追求。道德的多元化发展为道德认同提供了多样性选择的可能性，也为道德自觉的多样性存在奠定了基础。

"至善"作为最高的道德价值诉求的思想缘起于古希腊时期，苏格拉底在批判智者学派的个人主义与相对主义道德观时提出善具有普遍性，而且善作为世界和个人的目的是自身规定自身、自身实现自身，超越了特殊与具象。他说"美德即知识"，一方面确认了善的普遍性，另一方面又站在理性的立场上，确立其道德的客观性。在他看来，不道德的行为源自于无知，通过学习让人达到自知就能实现道德。柏拉图在此基础上提出"善的理念是所有事物、所有行动的最高最后的原则，也是伦理原则的最后根据，是伦理行动的终极目的"②。"这样，柏拉图拒斥苏格拉底通过发现自己无知而得到的自知，并通过形而上学的终极实体为世界上一切东西作价值判断，从而保证了道德标准的客观性。"③

作为古希腊哲学的集大成者，亚里士多德在《尼各马可伦理学》中指出幸福就是至善，是一种合乎美好德行的现实活动。他说："善的事物已被分为三类：一些被称为外在的善，另外的被称为灵魂的善和身体的善。在这三类善事物中，我们说，灵魂的善是最恰当意义上的、最真实的善。"④也就是说，善有层次之分，而至善则是指最完善的东西，而这种东西始终因其自身而从不因别的事物而值得欲求的东西是最完善的，即幸福就是这种最高的、最完善的东西。至善的最

① ［古希腊］亚里士多德：《政治学》，吴寿涛译，商务印书馆 2010 年版，第 9 页。
② 汪子嵩等：《希腊哲学史》（第 2 卷），人民出版社 1993 年版，第 790 页。
③ 王艳秀：《道德客观性及其限度——伦理学与政治学的边界问题研究》，中国社会科学出版社 2014 年版，第 20 页。
④ ［古希腊］亚里士多德：《尼各马可伦理学》，廖申白译，商务印书馆 2003 年版，第 21-22 页。

终实现依赖于个人幸福的实现，而这种幸福是一种德性生活的体现。正是基于对至善伦理的追求和探索构建起了亚式的美德伦理学。这种美德伦理学与中国传统儒家所倡导的对"君子人格"的追求有异曲同工之妙，是对个人的道德品格的高层次的要求，也是终极道德价值诉求的体现。不同的是孔子讲"内圣外王"，强调的是内外兼修，而亚里士多德则更注重内在的灵魂之善。到了中世纪，基督教神学将"至善"归根于上帝，认为上帝是全善的，他在道德上是公正仁慈的，是人类的道德原型，把上帝的诫命视为最高的的道德原则。

康德的义务论道德观将这种"至善"理念发展到了极致。康德认为"至善"就是人们在自由意志的基础上，出自义务或责任，自愿地执行道德法则。而正使自由意志真正实现了人之为人的主体地位，成就了人的道德和尊严。① 在这里，康德对人之自由的设定有两个内含的条件：一是善良意志，二是人的理性。所以，道德法则具有绝对性和无条件性，是先验的存在，无须证明，是"无上命令"。很显然，在康德看来，道德动机是优先于道德结果的，而推动我们进行道德行为的动因是理性的自律，任何外在因素所驱使的道德行为都不能算作真正意义上的道德"至善"。从这里我们不难看出，康德延续了自苏格拉底以来的对美德的无限推崇，对个人道德品格提出了严格的要求，并且认为这种道德品格的实现依靠的是人的自律。到此，康德式的这种忽略任何具体的经验因素的"形式主义的道德哲学"也走向了顶峰。

黑格尔认为："这就是康德、费希特道德原则的缺点，它完全是形式的。冰冷冷的义务是天启给予理性的肠胃中最后的没有消化的硬块。"②道德"至善"作为最高的道德价值诉求，是人对自我不断完善的本质要求，其存在有着不可替代的合理性。但是，过度的拔高这种道德"至善"会导致绝大多数的普通人无法跟上道德要求的步伐，既失去了亚里士多德原初所设定的那种"至善"理念的本意，也无法真正落实到实践当中，成为空洞的理论。恰如叔本华所说"道德，鼓吹易，

---

① 王艳秀：《道德客观性及其限度——伦理学与政治学的边界问题研究》，中国社会科学出版社 2014 年版，第 23 页。

② ［德］黑格尔：《哲学史讲演录》（第四卷），贺麟、王太庆译，商务印书馆 1996 年版，第 291 页。

证明难"①。康德的道德哲学的错误在于他把应当发生的道德法则当作实在发生的事情。这正是休谟所提出的问题，即"应当"不等于"是"。他说："认识德性是一回事，使意志符合于道德是另一回事。"②因此这种纯粹理性主义逻辑下的形式道德很难在实践中发挥其效用。休谟从情感主义的角度出发，提出同情心是道德基础。这就将人从"绝对命令"的道德法则的束缚中解放出来，从人性的角度赋予了道德情感关怀的意蕴。叔本华也认为："只有这种同情才是一切自发的公正和一切真诚地仁爱之基础。只有发自于同情的行为才有其道德价值；而源于任何其他动机的所有行为则没有什么价值。"③叔本华的同情伦理不仅否定了康德道德法则的先验性，而且提出了推己及人的方式来实践道德，这一方式类似于儒家所说的"老吾老以及人之老，幼吾幼以及人之幼"。由此可见，正是基于情感主义的这种同情，判断道德行为标准的善恶也与人的情感相联系，失去了其固有的客观性标准，所以，尼采说这个善与恶的标准是变化不息的。它犹如河上的浮桥似乎是固定不动的。春风吹过，河流解冻，万物复苏，这座浮桥也会流动，这时谁还会再固持原有的善和恶呢？④ 好比一千个读者眼里有一千个哈姆雷特，他认为不同的民族有不同的善恶标准，不存在由理性所制定的普遍性的道德规范。情感主义虽然在一定程度上否定了理性主义道德论的冷冰冰的"形式道德"，给予了道德主体更多情感关怀的考虑，但是这种否定道德的普遍性行为，很容易陷入相对主义的牢笼，忽视道德的客观性存在，模糊了善恶的界限。功利主义者爱尔维修也反对理性主义对道德的设定，他说："人是一台机器，为肉体的感受性所推动，必须做肉体的感受性所执行的一切事情。"⑤因此，他指出道德善恶的判断是感觉，即一种肉体的快乐与痛苦。很显然，进行道德判断主动权就完全地掌握在道德主体手里，而其判断和评价的结果也打上了主观性烙印，失去了客观的普遍

① ［德］叔本华：《伦理学的两个基本问题》，任立、孟庆时译，商务印书馆1999年版，第271页。

② ［英］休谟：《人性论》（下），关文运译，商务印书馆1980年版，第465页。

③ ［德］叔本华：《伦理学的两个基本问题》，任立、孟庆时译，商务印书馆1999年版，第234页。

④ ［德］尼采：《查拉图斯特拉如是说》，湖南人民出版社1987年版，第250-251页。

⑤ 《西方哲学原著选读》（上卷），商务印书馆1981年版，第180-181页。

性标准。

阿多诺从否定辩证法的角度提出，在人们精神空虚的现状下，既不能实现理性主义的"至善"，也不能过于悲观地看待出现的道德问题，更不能走向相对主义的道路。坚持"最低限度的道德"是我们的现实出路，设定最起码的道德底线，不断地反思自身，从而树立正确的道德价值观。道德底线即道德的最低标准，是人们生活中最低的道德要求，是道德与否的界限。西方这种从"至善"走向"底线"的道德价值诉求的变化反映了时代的变化，只从理论上设定道德的最高道德追求是不够的，而道德底线的设定不是道德标准的降低，而是道德标准的多重维度的延展，我们既不能放弃对"至善"的探寻，也不能过分好高骛远，应该在遵循生活实践的道德基本要求的基础上寻求更高层次的自我完善。

道德底线通常是指"维护一个社会正常秩序所必需的、社会所有成员不论何种身份地位都必须遵守的行为规范"①。在此意义上，道德底线包含两层含义。一是指最基本的、最起码的行为规范，即从道德行为来说，是最低的行为规范。② 也就是说，道德底线是人们应该遵循的社会公道德的最低警戒线，也就是捍卫人最基本的尊严、良知的最低防线。按照马克思的说法，人具有自然属性和社会属性，而社会属性则是人与动物的最大分别，若是人突破了道德底线，则人与动物无异，也就是亚里士多德所谓的"野兽"。陈璧生认为："每一种文明都必须具有道德底线，只有这样的道德底线存在，才能防止人的集体性道德犯罪与无意识全面堕落。"③道德底线作为最低限度的道德要求，其维护的是人之为人的本性，其要求也是多方面的，在不同的领域有着不同的要求，但是这些要求既符合人性，也是社会秩序的基本要求，因此，这也是人力所能及的事情，也是人必须遵守的强力要求。二是指最普遍的行为规范，就是说道德底线是最普遍的、为大多数人所认同的行为规范。④ 首先，就履行道德义务的主体而言，其所覆盖的范围是全体社会成员，不论身份高低；其次，就履行的道德规范的内容而言，其获得了所有社会成员的认可。说到底，道德底线是人类在漫长的历史发展过程中逐

---

① 尹振球、何怀宏：《"底线伦理"思想刍议》，《道德与文明》2010 年第 2 期。

② 赵昆：《论网络行为的道德底线》，《道德与文明》2014 年第 3 期。

③ 陈璧生：《文明的道德底线》，《社会科学论坛》2004 年第 6 期，第 59-62 页。

④ 赵昆：《论网络行为的道德底线》，《道德与文明》2014 年第 3 期。

渐积累和形成的道德理念。何怀宏指出底线伦理是一种现代社会的社会伦理,旨在寻求一种基本的道德共识,"底线伦理的基本属性和两个特征,亦即:第一,它是一种普遍主义的义务论;第二,它是一种强调基本义务的义务论"①。

道德底线是社会道德的基础和起点,也是个体道德需要遵守的最基本的道德要求,是维护社会伦理道德大厦的根本,也是人类社会生活健康有序的根本。道德底线是最基本的道德要求,要求社会的全体成员共同遵守,若是不遵守,就是不道德。社会之所以倡导它,是因为大家都认可,且与大家的日常生活紧密联系在一起,是维护社会秩序的重要方式,也是人之为人的基本要求。在一个文明的社会里,必然有两条不可逾越的底线,一条是法律线,那是最低的行为界限,另一条是道德线,那是社会存在物的界限。与法律竖起的闸门不同,道德树立的是一种风尚,是一种"应然",引导着人们趋利避害,实现人的自我完善和自我发展,最终目标是"善",从而维系人们行为的道义基础,使人与野兽区别开,成为一个脱离低级趣味的社会存在物。

无论是道德至善还是道德底线,都是我们的道德价值标准,一个是最高标准,另一个是最低限度,我们既要怀揣远大的道德理想,更要坚守最基本的道德底线。道德水平的两极分化是我们当下社会的现状,针对这种现状我们应当奉行亚里士多德所讲的"中道"原则。正如亚里士多德所认为,人类生来就有合群的性情,而"人类由于志趋善良而有所成就,成为最优良的动物,如果不讲礼法、违背正义,他就堕落为最恶劣的动物"②。因此,我们既不要期望每个人都成为道德圣人,也不能甘愿做无道德的野兽,我们是介于这两者范畴之内的城邦公民,应当坚持中道的伦理价值。

"任何一个社会的价值问题,都表现为相互矛盾的两个方面:一是'我们到底要什么'?这就是社会的价值导向和价值规范问题;二是'我到底要什么'?这就是个人的价值取向和价值认同问题。"③人正是在这种矛盾中使自己成为社会的存在者,"在存在的选择中,在选择他们自己中,现代的男男女女们才能将他们

---

① 何怀宏:《底线伦理的概念、含义与方法》,《道德与文明》2010 年第 1 期。
② [古希腊]亚里士多德:《政治学》,吴寿涛译,商务印书馆 2010 年版,第 9 页。
③ 孙正聿:《有教养的中国人》,中国青年出版社 2018 年版,第 118 页。

的偶然性转化成命运"①。选择成为我们自己的过程是人社会化的过程，也是自我内化的过程。基于"主体具有自主性、自为性、选择性和创造性"②我们在诸多的价值中选择了道德价值，又在多层次的道德价值中抉择出了自己的理想道德价值，从而构建起自己的道德价值体系。

第二节　道德认同及其实现

道德认同作为道德自觉实现的重要途径，包含了道德的自我认同和道德社会化、内化两个方面。道德认同的内容十分的丰富，既包含了道德规范认可、道德价值认同、道德行为认同等，且道德认同是作为主体的人的一种自主自觉的选择过程。道德自觉是道德认同的实现，道德认同虽然不会直接导致道德行为的产生，但是能增强道德行为的动机，敦促着道德行为者采取道德行为，实现道德自觉。

一、"道德认同"的基本内涵

美国道德心理学家哈特最先将道德认同引入道德领域，从此开启了道德认同的研究。美国心理学家布莱西从自我角度出发，认为道德认同即是个人的道德系统和自我系统的同化或融合，以至于道德感和认同感达到一定程度的统一。③ 达蒙认为道德认同是"我想成为某种人"的核心道德价值观的感觉，"对道德行为具有激发作用的自我调节机制"④。他们普遍强调道德认同的个人心理机制，将道德认同视为外界道德规范与自我发展需要相结合，不仅注重道德价值的认同，也注重道德行为的认同。

---

① ［匈］阿格妮丝·赫勒：《道德哲学》，王秀敏译，黑龙江大学出版社 2014 年版，第 13 页。

② 阮青：《价值哲学》，中共中央党校出版社 2004 年版，第 122 页。

③ Hardy S A. Identity, reasoning, and emotion：An empirical comparison of three sources of moral motivation. *Motiv Emot*, 2006, 3：207-215.

④ Damon W. The Moral Advantage：How to Succeed in Business by Doing the Right Thing. *Berrett-Koehler Publishers*, 2004：174.

与西方学者从心理学视角分析道德认同不同，我国学者大多从社会角度来界定道德认同。罗国杰认为"道德认同是指道德主体与社会道德要求的一致性或同一性"①。何建华则认为道德认同是指道德主体在原有道德图式基础上不断同化社会道德规范于自身的道德结构，同时又不断改变自身的道德结构以顺应社会道德发展的过程。② 马向真教授认为道德认同是外在的道德规范转化为个体内在的道德品质的必然过程，也是个体汲取道德营养，形成符合社会需求的道德认识、道德情感、道德意志和道德行为的必由之路。③

从概念的界定可以看出，道德认同既是一个心理上的自我建设过程，也是个体成为社会人的重要环节。道德认同是一个动态的过程，包含了两个方面的内容，一个是道德自我的认同，主体道德人格的形成，并完成从自然人向社会人的转化，成为社会中一员；另一方面是将外在的道德原则和道德规范内化为自身的道德认知，形成道德动机的过程。从生成的角度看，道德认同一方面是对人的天性中潜藏的善的因素的认同，另一方面是对社会的主流道德价值观的认同，是个人与社会的相互认同。只有个人认同、内化了社会的内容，人才能成为社会中的一员，社会的内容被人认同、传承了，社会才能得以延续和发展。正如桑德尔所说："如果我是一个有目的的存在者，我至少有两种方式可以'获得'它们：一是通过选择，二是通过发现；即通过'找到它们'。我们可以把第一种'获得'的意义叫作行为主体的唯意志论维度，第二种'获得'的意义则是其认知维度的。"④

(一)道德的自我认同

19 世纪末，弗洛伊德在大量的临床分析中发现了人的心理防御机制，称之为"identification"(认同)，指的是：个体潜意识地向某一对象投射，(精神上)把自己置身于对象的位置上，(心理上)以他们自居而获得替代性满足，且形成超

---

① 罗国杰：《中国伦理学百科全书：伦理学原理卷》，吉林人民出版社 1993 年版，第200 页。

② 何建华：《论社会转型期的道德认同》，中共浙江省委党校学报 1996 年第 6 期，第 7-10 页。

③ 马向真：《人格面具与道德认同危机》，江苏社会科学 2007 年第 4 期，第 30-32 页。

④ 迈克尔·J. 桑德尔：《自由主义与正义的局限》，万俊人译，译林出版社 2011 年版，第 74 页。

我的过程。弗洛伊德认同作为一种普遍的心理过程，其基础是人最初的本能，道德认同对道德人格的形成和发展具有决定性作用。埃里克森（Erikson）提出了"ego-identity"的概念，并将其与理性的自我联系起来，将认同的概念延伸至社会心理学，后发展成为"self-identity"，提出"自我同一性"这一命题，"自我"被视为人格的重要部分。哈特（Hart）最先将同一性理论引入道德领域，开启"道德自我同一性"研究，道德认同基本上也就等同于"道德自我认同"。"虽然'认同'离不开他者、他们的存在，但'认同'的基点还是'自我'或'个体'，提出认同需要并实施认同行为的都只是个体。"①

现代哲学家查尔斯·泰勒和安东尼·吉登斯都将自我认同看作理解现代性的关键。泰勒认为现代社会是多元性的、人类价值是多元性的、民族文化也是多元性的，在这样的背景下讨论人的自我设定常常需要同我们关系密切的人对话或争执的过程中定位我们的身份。认识人与人之间的差异是认识自我的必要前提，自我认同也需建立在文化、处境差异的相互理解和尊重基础上。吉登斯对认同现代道德的意义做过深入讨论，他明确指出自我认同是"个人依据其个人经历所形成的，作为反思性理解的自我"，是"作为行动者的反思解释的连续性"②。自我认同侧重文化属性，道德认同则更强调对伦理价值目标的接受。道德认同始终不离主体的道德成长意愿，且以此为前提实现"为己"的目的。

布莱西（Augusto Blasi）从自我的角度出发，认为道德认同即是个人的道德系统和自我系统地同化或融合，以至道德感和认同感达到一定程度的统合。③ 道德认同是人心理上的需要，是个人观念与个人行为的协同一致。哈特（Hart）则将道德认同界定为"对促进或保护他人福利的行动路线的一种自我承诺"④，而达蒙（Damon）认为道德认同就是"用道德原则界定自我"。阿基诺（Aquino）和里德

---

① 李萍：《论道德认同的实质及其意义》，《湖南师范大学社会科学学报》2019 年第 1 期，第 57-63 页。

② 安东尼·吉登斯：《现代性与自我认同：现代完全的自我与社会》，赵旭东、方文译，生活·读书·新知三联书店 1998 年版，第 58 页。

③ Sam A. Hardy. Identity, reasoning and emotion: An empirical comparison of three sources of moral motivation. *Motivation Emotion*, 2006, 30(3): 205-213.

④ Hart D. Atkins R, Ford D. Family influences on the formation of moral identity in adolescence: Longitudinal analyses. *Journal of Moral Education*, 1999, 128(3): 375-386.

（Reed）强调道德认同是"围绕一套道德特质而组织起来的自我概念"。总体而言，基本达成的共识是：将道德与自我结合起来，认为道德认同是自我认同结构的过程。道德认同是自我人格形成的重要因素，尤其注重个体的自我认识、自我归属感。

皮亚杰在研究儿童道德发展问题时，提出了一种"图式"论，用以解释人的主体认知结构的形成和发展。在他看来，图式是主体内部的一种动态、可变的认知结构，虽然来自于先天遗传，但是在后天环境的影响下会不断变化、发展。菲克斯克认为，"道德图式是用以指导人们在道德实践过程中如何对原始材料进行采集、记忆和推理的理论或概念"[1]。国内学者对道德认同的概念也做了一定的界定，易法建认为："道德图式是主体在道德实践活动中所积累的、经由整理、类化、加工而形成的、组织化了的道德经验知识结构。"[2]吕耀怀则将其定义为："发源于道德实践活动，而又作为先存的心理状态，来制约主体活动的若干具有价值向性的道德意识单元的有机组合。"[3]道德图式结合了道德发展理论的相关内容，认为道德认同是在人们天生的内在道德认知的基础之上，不断将实践活动中获取的与自身内在图式相一致的内容整合进自认的认知结构之中。

显然，不管道德认同是从人格角度开始构建还是从自我的道德图式开始构建，这里的道德认同主要表现为道德主体的自我认同、自我发展、自我完善。事实上，道德人格正是伴随着这种道德认同的推进而不断建构而成。道德认同的内容也是道德人格形成的重要理论资源，道德认同的程度和深度也影响着个人的道德人格的完善程度以及个人的道德认知水平和道德行为的自觉性。

（二）道德社会化与道德内化

从道德图式的形成过程中，我们发现除了最初天生的内在道德图式，大部分的道德图式是通过后天习得的。而这个习得的过程也是人从自然人向社会人转变的过程，在这个过程中，个体开始融入社会，社会承认和接纳个体的存在，这也

---

① ［美］S. T. 菲克斯克等：《社会认知：人怎样认识自己和他人》，张庆林、陈兴强译，贵州人民出版社1994年版，第149页。

② 易法建：《道德图式初论》，《武陵学刊》1998年第4期，第25—29页。

③ 吕耀怀：《论道德图式》，《哲学动态》1994年第2期，第33—34页。

叫作社会化。人天生具有自然属性和社会属性，仅凭着与生俱来的生物本能，我们是无法在人类社会中生存的，也无法将人与动物分离开来。在社会化的过程中，人学习和掌握了社会知识和规范，使人的社会属性不断凸显，也将人与动物之间的区别不断拉大。社会化是社会与人互动的结果，一方面表现为，人通过社会化的方式融入人类社会大家庭之中，成为一个社会人，另一方面，社会化的人反过来又不断稳固和发展了整个社会，使人类的社会组织形式得以延续和发展。

道德社会化是人的社会化过程中重要的组成部分，是指社会成员通过社会互动，学习道德规范，内化道德价值，培养道德情操的过程。① 道德内化是一个由外向内的过程，是人不断吸取道德知识和道德经验，从而内化为自我道德意识的过程。事实上，这既是个体从他律逐渐转化为自律的过程，同时也是个体融入社会，获得社会认可的过程。在皮亚杰的儿童道德发展理论中，他明确提出了人的道德发展是从他律到自律的过程。科尔比格将这一理论拓展到青少年人群，并提出更为详细的"三水平六阶段"理论。道德认同是伴随着和道德认知水平的增长而不断加深的。按照他们的理论，人年龄越长，越容易认同社会道德规范，并越容易做出道德行为。道德社会化理论认为，道德认同是个体社会化过程中必经的过程。肯尼思·格根（Gergen，K）强调，道德认同是在社会文化环境中人们形成道德价值观的过程，特别的与当前社会群体和环境有关，关系到个体能不能把这些社会价值观融合到个人的自我认同中去。②

法国社会学家杜克海姆最早提出"内化"概念，意指社会意识向个体意识的转变。涂尔干（E. Durkheim）在《道德教育论》一书中明确指出，内化就是外部世界向内部世界移入的过程。在这一观点的影响下，阿伦森（E. Aronson）将内化的内容替换为准则和信念。沙弗尔（D. R. Shaffer）将内化看作认同他人的观点时并将他人的观点转变自己的观点，将行为的限制从外部转变为内部。同化是个体自主、自觉的行为，是一个动态的变化过程，内化的内容主要取决于个体的主体需要和自主选择。正是基于个体的主体性的存在，在内化过程中个体的自我选择和

---

① 郑杭生：《社会学概论新修》（第三版），中国人民大学出版社 2003 年版，第 102 页。

② 万增奎：《西方德育心理学研究的新主题：道德同一性》，《黑龙江高教研究》2007 年第 5 期，第 84-87 页。

认同的差别，生活在相同的社会道德规范、准则和信念氛围下的人们自身的道德认识、道德判断能力和道德自觉程度却千差万别。在弗洛伊德看来，道德内化与推理无关，属于道德情感的范畴，会发生在幼儿期。儿童为了不失去父母的"爱"，会以父母的态度为标准来进行道德内化。霍夫曼在批判皮亚杰和科尔伯格道德发展认知理论的基础上，指出道德内化是高层次的个体道德结构，当一个人感到有义务遵守其道德结构中的组织成分，并在没有外部奖惩的情况下也能主动考虑他人时，其道德结构就是内化的了。① 他清楚地看到了道德发展理论中认知与行为之间的鸿沟，道德认同的结果是产生自发的道德动机，却未必会产生道德行为。显然这种观点更为可信，道德认知、道德认同会产生道德行为的动机，而不是直接形成个体的道德品质。

唐凯麟认为："道德内化是个体在社会实践中，通过对社会道德的学习、选择和认同，将其转化为自身内在的行为准则和价值目标，形成相应的个体道德素质的过程。"②道德内化的过程也是个体德性的养成过程，即道德主体自觉自愿地从内心真正接受道德规范，进而自主自觉的按照其规定行动。内化道德规范时道德自觉的前提和基本要求。道德主体只有真正的接受道德规范，并将之内化为自身修养的方式，才可能完全意义上实现到道德认同，从而实现道德自觉。易法建教授认为："道德内化(Moral Internalization)是指道德社会化的主体———人经过一定方式的社会学习，接受社会的道德教化，将社会道德标准、价值观、道德规范和行为方式等转化为其自身稳定的道德人格特质和道德行为反应模式的过程。同时，道德内化又是道德知识逐步转化为个人内心的道德信念的过程。"③胡林英博士认为："道德内化，就是指人们的精神被提升到普遍状态，化天性为德性，从而实现完善的道德自我的过程。"④杨韶刚更加注重道德认同在道德内化中的地位与作用，他认为道德认同不仅是社会规范内化的关键阶段，而且是社会规范接受过程的中间环节，既是个体建立规范行为自觉机制的开始，又是道德价值移入

---

① ［美］T·L. 霍夫曼：《移情与道德发展》，杨韶刚、万明译，黑龙江人民出版社 2003 年版，第 155 页。

② 唐凯麟：《伦理学》，高等教育出版社 2003 年版，第 161 页。

③ 易法建：《论道德内化》，《长沙电力学院学报》1998 年第 2 期。

④ 胡林英：《道德内化论》，社会科学文献出版社 2007 年版，第 34 页。

个体内部的关键环节。吴发科从心理学的视角出发认为："道德内化过程实质上是道德事物在人脑中的'模仿、整合→再认、转化→存贮、再现'的心理表征过程，也是道德内化表征形式及表象外显形式相互间的作用过程。"①

总体而言，对道德内化的定义的思路是一致的，认为是从外向内转化的过程。在这个过程中，内化的内容是主体抉择与客观存在的统一，客观存在的社会伦理道德规范和道德经验是内化的主要知识来源，而主体的需要和自主的抉择是衡量内容是否被内化的内在尺度，同时主体的主体性也决定了内容被内化的程度和深度，直接影响着最终道德内化的结果。在道德内化的过程中，人的主体性是关键性因素，真正的内化，必须要有主体的积极参与，有主体对社会道德的整合、转化和吸收，没有这个过程，就不可能有真正的道德自觉。正是基于此，我们发现未成年人的道德内化过程和成年人的道德内化过程差异巨大，在内化过程中，我们还需要对道德内化的逻辑层次、道德内化的现实发展、道德主体的身心成长过程进行明确的划分研究。

易法建教授认为道德内化过程的发展是这样的：个体的道德内化是一个由低级到高级、由简单到复杂的过程，表现出发展性的特点。皮亚杰（J. Piaget）通过一系列的研究，发现了个体道德内化过程经历了 4 个发展阶段，即：自我中心阶段（2—5 岁）、权威阶段（6—7、8 岁）、可逆性阶段（8—10 岁）和公正阶段（10—12 岁），揭示出道德内化过程的发展性特征。科尔伯格（L. Kohlerg）发展了皮亚杰的研究，强化了道德内化的发展观，认为儿童的道德发展水平与其思维发展水平直接相联系，由于儿童认知发展存在阶段性，因而其道德发展亦具有阶段性。科尔伯格经过研究发现，个体的道德内化的发展过程包括三种水平、六个阶段，这就是：（1）前习俗道德水平，包括惩罚与服从的定向阶段和工具性相对主义定向阶段。（2）习俗道德水平，包括人际关系的和谐协调或"好孩子"的定向阶段和"法律和秩序"的定向阶段。（3）后习俗道德水平，包括社会契约的定向阶段和普遍性伦理原则的定向阶段。② 这个道德内化的主体限定在幼儿到成年这个阶段，未涉及成年人的道德内化过程。而且在这个研究中，道德内化是伴随着年龄增长

---

① 吴发科：《道德内化表征及表象外显形式探析》，《思想教育研究》2002 年第 1 期。

② 易法建：《论道德内化》，《长沙电力学院学报》1998 年第 2 期。

而不断发展前进的，认为道德内化与年龄增长呈现正相关。从现实情况来看，将道德内化看作一个直线上升或螺旋上升的过程有些理想化。未成年人在道德内化过程的确会随着年龄的增长而表现出一定的递升性，但不是简单的线性发展，作为有思想的个体，在接受外界社会道德规范内容时因受主体的道德情感、道德意志和道德理性等多个方面的影响会表现出不同的反映，接收程度也存在差异。道德内化不是简单地将社会道德移入个体道德之中，更不是简单的内容叠加，尤其是在青壮年时期，个体自我的身心也处在成长的关键时期，想要成为他自己，他不愿只是顺从外界的道德教化，他会试图对所接收道德进行重新评价、选择和重塑，使之打上自己的烙印，变成自己的道德。从客观上呈现出的道德水平也会出现反复和曲折。成年后的个体仍然存在道德内化现象，道德内化贯穿于人的整个人生过程。成年人的道德内化过程不同于未成年人的道德内化过程，成年人在成长的过程中已经形成了一个相对比较稳定的"属我"的道德认知，在社会道德向个体道德转化时，若是与个体已有的道德认知相一致则只是起到强化和加强作用，但若与个体已有的道德认知相悖则会产生价值冲突，其结果则会有所不同。未成年的道德内化主要表现为一个由低级到高级、由简单到复杂的过程，而成年人的道德内化则往往呈现出可能发展、可能停滞、也可能倒退的状态。

　　燕国材教授把道德内化过程分为定向、认识、顺从、认同、良心化六个阶段，然后将这六个阶段与人的成长过程挂钩①。但事实上，定向、认识、顺从、认同、良心化六个阶段是道德内化的逻辑递升进程，但是与个体道德现实发展并不完全一致，与道德主体的身心成长也不完全一致。个体道德的现实发展并不一定完全按照这样的顺序、进程来实现，它其中有过程反复，有环节缺失，有顺序颠倒。同样，个体的身心发展也并不一定按照那六个阶段进行。② 从这个意义上而言，道德内化的过程用简单的图式呈现是不合理的，是一个复合的、复杂的过程。在研究道德内化的过程中，我们必须要注重人的主体性问题。"道德内化的过程，不是客体向主体内部的简单搬移或机械复制，而是主体依据内化图式对道

---

① 燕国材：《谈谈道德内化问题》，《中学教育（沪）》1997 年第 6 期。

② 易小明：《道德内化概念及其问题》，《伦理学研究》2001 年第 5 期。

德信息作了大量处理而达到的对于客体的创造性接纳。"①这种说法还是有些绝对的，道德内化的过程有两个阶段，初级阶段是主体简单复制接收社会道德，高级阶段是主体在接受社会道德的基础上创造性的吸收和转化。伴随着主体道德知识储备的增加和认知水平的提高，道德主体在内化的过程中也愿意仅仅停留在复制这一初级阶段，他们迫切地想要对已获得社会道德知识进行整合重组，甚至是创造性的理解，再以个体道德形式向人类社会输出，展现具有"我属性"的个体道德。从这个意义而言，道德的主体性的提高有利于人的道德内化从初级阶段迈向高级阶段，但是并不能直接导致人的道德水平的必然提高。主体性是道德内化的必要而非充分条件，主体性的差异不仅影响道德内化的过程，也会影响道德内化的结果。这也造就了同样社会道德教化下出现多元化的个体道德现象。虽然道德主体具有"为我"性，在内化的过程中会存在个体偏好，但是并不意味着个体在道德内化的过程中科研为所欲为，道德主体的这种"为我性"是有限度的，即不违背普遍社会道德原则的技术上不损害他人和社会的利益。

道德内化是道德认同的重要体现，正是因为我们将外在的社会道德内化为自身的个体道德，才表明我们真正地实现了道德认同，同样，也正是因为我们认同了外在的社会道德，我们才会自主自愿地将其内化为自身的道德遵循，才会自觉地按照道德规范的要求行为。

(三)道德认同的动态过程

道德认同其实就是对道德的认同，认同的对象包含了道德规范、道德观念、道德价值、道德品格、道德行为等。涵盖了从知到行的全过程，正是基于这样完善的道德认同体系，我们才会产生一个自觉的道德主体，并以自己所认同的道德人格为追求目标，不断地自我发展和自我完善。

道德规范认同，就其根本是认同规范，自觉自愿的按照规范的内容来要求自己，自主地将自己的行为限定在规范的范围之内。道德规范的作用是为了劝人从善，只要有社会生活，就有道德规范，要实现社会的和谐，就要有道德规范的认

---

① 胡林英：《道德内化论》，社会科学文献出版社 2007 年版，第 20 页。

同。① 道德规范认同意味着人们对道德规范的认可和接受，且自愿接受道德规范的约束，使其言行符合社会道德规范的要求。如果道德个体对道德规范认同感强，他就更加会自觉地按照道德规范的要求行事。反之，如果道德个体对道德规范认同感差，就会无视道德规范的约束，即使是迫于舆论压力而表面服从，也无法做到自主自觉的道德。因而认可道德规范是道德自觉的前提条件。正如霍布豪斯所说："道德是不可能强迫的，因为道德是一个自由人的行为或性格，但是创造一些道德能在其下发展的条件却是可能的，在这些条件下中，一个并非最大重要的条件是不受他人强迫。"②道德规范的认同包括对道德规范约束力的认同和对道德规范内容的认同。道德规范对人所具有的约束需要得到个体的认同，否则道德就会被束之高阁，而无法真正的发生在现实社会之中。作为自己的个人之所以会认同这种约束，或者说对自身行的限制，是因为"限制不是目的，而是一种达到目的手段，那个目的的要素之一便是扩大自由"③。

　　道德价值是道德的核心内容，随着价值的多元化发展，道德价值多元化已经成为一种客观现实，基于这样的现实，具有主体意识的个体必然会产生多元化的道德选择，也正是在如此，赫勒才说："在谈到主体实践的美德以及规避的恶习时，还没有哪个单一的具体目标被给予那个人，没有哪个单一的具体价值应该被他或者它增进，对于他或者她来说，没有哪种神秘不可少的活动是预先决定的，没有哪种生活的形式被提出来是她或者他必须符合的。"④人们立足自身发展的需要、个人偏好等个人因素选择自己所需的道德价值，并将其内化为自身的道德价值，因而道德价值的认同，终归到底是个体道德价值和社会道德价值协同发展的过程，也是个体自我选择的结果。"道德选择是人们在一定的道德意识支配下，根据某种道德标准在不同的价值准则或善恶之间所作出的自觉自愿选择。"⑤个体选择性的认同有利于自身发展的道德价值，并将其作为自己的价值指引。道德的个人是具有自己选定价值之能力的主体，多元价值是客观现实存在的，那么，个

　　① 曾钊新等：《伦理社会学》，中南大学出版社 2002 年版，第 95-96 页。
　　② ［英］霍布豪斯：《自由主义》，朱曾汶译，商务印书馆 1996 年版，第 74 页。
　　③ ［英］霍布豪斯：《自由主义》，朱曾汶译，商务印书馆 1996 年版，第 68 页。
　　④ ［匈］阿格妮丝·赫勒：《道德哲学》，王秀敏译，黑龙江大学出版社 2014 年版，第 75 页。
　　⑤ 王正平、周正平：《现代伦理学》，中国社会科学出版社 2001 年版，第 452-453 页。

体的选择结果也必然会是多样化的。一个社会想要正常运行，需有一种全体社会成员共同认同的道德价值目标。社会核心价值则是引导个体围绕核心价值建构自身的价值观，在不违背社会普遍原则的基础上寻找自身的发展。

道德行为是社会现实生活中最基本的道德活动现实，也是个体道德意识、道德价值等的真实显现。真正的道德人不是听他说了什么，而是看他做了什么。道德认知是"应然"的，而道德行为是"实然"。动机和结果的统一才是真正的道德实现。道德行为认同是建立在正确的道德判断基础上的，"道德判断是一种规定性的和普遍性的准则或原则，而不是具体行动的规则"①。当个体将其道德认知外化为道德行为时就会产生道德结果，个体根据自己的道德认知和社会普遍的道德规范标准对其进行判断，这种判断本身也包含了认同的意蕴。只有在个体认同其道德行为的基础上，个体才会判断其行为符合道德规范的要求，从而做出正面的道德评价。所以，从这个意义上而言，道德行为的认同是一个综合性的认同。道德行为的认同其目的是为了树立道德模仿的榜样，学习道德模范和其道德事迹的目的就在于使人们能实现道德行为的认同，从而促进人们按照道德模范所展现出来的道德行为的范本去践行。

道德榜样实际上就是人格化的道德规范，道德榜样的行为就理想化的道德行为。道德榜样作为道德规范的代言人，它将理论的道德观念、道德价值外化到具体的个体身上，并通过个体的道德行为形象地表达出来，是自身道德认同和道德行为的统一。道德榜样是道德认同的直接参照物，也是个体道德行为认同和模仿的对象。

道德认同的目的是为了促进个体的道德行为，仅仅产生道德动机是不够的。因此，在道德认同的过程中不仅需要学习相关的社会道德规范和道德经验，形成自己的道德认知，同时也要确认自身的社会身份，明确自身的道德责任和义务，从而促进人自主的提升自己的道德行为能力，自觉地进行道德行为。道德认同并不能直接转化为道德行动，只是从一定程度上加强了对社会道德规范的认知，同时激发了道德动机产生的可能性。道德认同的程度和深度的不同所产生的结果的

---

① 郭本禹：《道德认知发展与道德教育——科尔伯格的理论与实践》，福建教育出版社1999 年版，第 76 页。

差异主要表现在激发的道德动机的强弱，而不一定就决定了道德行为的践行程度。这也就是为什么在现实生活中，道德学家并不一定就比普通人的道德践行程度高的重要原因。但是不可否认的是，道德认同是一个成熟的自觉道德行为的重要前提。人们可能会凭借着本能和直觉做出某种道德行为，也可能被某种道德情感激发而采取某种道德行为，但是这种道德行为的偶然性成分太高，无法作为保障人持续地自觉地履行道德义务。道德认同的结果是可以为这种出于本能或道德情感而产生的道德动机提供理性分析并触发这种动机，使偶然性的道德行为成为一种必然性的道德行为。

影响道德认同的因素是复合性的，哈特的认同模型如下图所示，为我们清晰地呈现出因素包含五个方面：人格、社会结构、道德认知、自我-认同、道德行为动机。

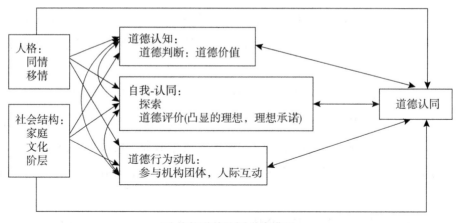

哈特的道德认同形成模型

在五个因素当中，"人格、社会结构是背景性的、相对稳定的、不可控的两个因素，对道德认同的形成有直接和间接影响；道德认知、自我-认同、道德行为动机是形象道德认同形成的直接的、相对可塑的、相对可控的三个因素，也是人格和社会结构影响道德认同的中介，而且三者与道德认同存在交互因果关系"[1]。也就

---

[1]　曾晓强：《道德认同研究进展与德育启示》，《重庆工商大学学报（社会科学版）》2011年第4期。

说，外在不可控的因素是我们需要尊重的基础，也是不可随意妄图超越的存在，我们应该将重心放在可控的因素上面，着力于道德认知、自我-认同和道德行为动机的研究。

刘仁贵认为道德认同是人的心理活动和社会活动的结合，人在一定的社会关系中成长到一定阶段便会形成一定的道德认同结构，这是一种思维结构，即内部世界、自我、道德、外部世界，如图所示：①

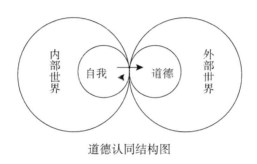

道德认同结构图

简而言之，道德认同是内外联结的过程，在这个过程中个体面向社会道德开放，从中获取个体发展所需的养分，同时社会也面向个体道德开放，从中汲取具有普遍意义的道德价值。道德认同既包含了自我认同的过程，也包括了社会认同的过程。

二、道德自觉是道德认同的最终实现

道德认同是一个动态的过程，也是一个不断重复、确认、扬弃的过程。道德认同的最终目的是为了实现人的道德自觉，从而促进人能够实现最终的善。道德认同是提升个人道德认知水平的重要手段，同时也是个人养成道德责任意识的重要途径，进而在道德认同的过程中逐渐培养和提升自己的道德行为能力，通过人的理性直接作用于道德行为。

---

① 刘仁贵：《道德认同论纲》，《吉首大学学报(社会科学版)》2016 年第 4 期，第 60-64 页。

(一) 道德意识的自觉形成

道德意识内生于人的心中，随着人的道德认同过程而逐渐形成一个完整的体系。正如孟子所说，人生而有四端，即恻隐之心、羞恶之心、辞让之心、是非之心，这都表明人的天性中便存在着善端，只要我们沿着善端的方向不断地前行就能够找到一条逐善之路，成为"善人"，但是这个过程是复杂、曲折的，因为在逐善的过程中，我们会面临着各种各样的诱惑，从而面临着许多的选择，有些是道德的，有些是不道德的，有些是可以兼得的，而有些是必须做出取舍的。而支撑我们做出正确判断的是善的知识和明辨是非的能力，这些知识主要依靠后天学习所得，而学习的过程又是一个"扬弃"的过程。而这个习得的过程正是伴随道德认同而进行的。同样，也如荀子所说，人生而恶端，比如好利、疾恶、耳目之欲，如果由着这些恶的因素保留在人的身上，不加以遏制的话，那么人迟早也要变成一个恶人，不可能为善。所以人需要经过后天的学习和努力，掌握善的知识，找到遏制恶的方法，减少恶的产生也从反方向促进了善的发展。而这个过程更离不开道德认同的存在，道德认同不仅是要对善的知识进行认识和内化为自己的道德认知，同时也要有意识地了解恶的知识并尽量避免受到恶因素的影响。简单来说，就是对善的认同是为了内化于心，成为自己的行动指南，而对恶的不认同，就是要将恶排除出自己的内心，避免其影响自身的心智。我们内化的是我所认同的关于善的内容，而我们摒弃掉的是我们不认同的关于恶的部分。

就道德意识的形成过程而言，道德认同分为两个阶段，第一个阶段是明辨是非，第二个阶段是道德主体自我抉择。这就像饥肠辘辘的我们走进食堂，面对着丰盛的菜肴，首先我们需要知道哪些食物是对身体有好处的，哪些是对身体不利的，接下来在对身体有好处的食物中选择适合我们自己身体需要的，从而建构起这些被选择的食物对于我们的身体有益这样一种意识，最后将具体的事物变成一个抽象的意识概念存储在我们心中。

首先，我们分析一下明辨是非这一阶段，也就是区分善与恶，从食堂选菜，我们就能够看出，无论是善还是恶，它的存在对于人来说都能实现一定的目的，只是选择善的目的是从长远的角度出发，为了使自身更加完善，成为一个更好的人。而人并非主观意愿想要选择恶，也就说我们并不是为了成为一个恶人而主动选择恶，就像油炸食物一样，我们选择它并非为了使自己的身体变坏，而是为了满足口腹之欲，恶行也的确有可能带给我们一些利益，与健康的水煮白菜相比，油炸食品的口感就明显更好，而且也能够实现填饱肚子的目的。但是不同的是恶的东西不可能带给我们道德价值，就像不健康的事物无法成就一个健康的身体一样。通过为恶的方式，我们可能获得一些非道德的其他价值，比如金钱、权力、地位等。这里，我们需要明确的一点是非道德不等于不道德，道德价值是多种价值中的一种，道德价值是我们对事件进行判断的重要标准，但不是唯一的标准，比如法律价值、宗教价值等。道德价值不是我们唯一的追求，但却是最重要的价值评判标准之一。我们认同对其他价值的追求，但是其限度是不能违背道德价值。所以，我们排斥恶，即使是怀着恶的动机最后却带来了善的结果或者是以恶的方式来达成某种善，这都不是我们所认同的善，前者我们称之为恶，后者我们称之为"伪善"。我们最崇高的善应当是既具有善的动机，也能产生善的结果的行为。在这个阶段中，我们主要的目的是内化善的意识，同时也要产生拒绝恶的意识。

如果说第一个阶段的道德认同目标是非常清晰明了的，那么第二个阶段的自我抉择阶段则更需要发挥人的主观能动性。正如前面所论述的一样，道德价值是多元化的，从最低层次的"道德底线"到最高层次的"至善"，人的自主选择空间很大，有的人目标定的高，想要成为"圣人""神祇"那样的人，所以，他会主动选择那些属于"至善"的内容进行学习、吸收，并内化为自己的道德意识，而有的人目标很低，只想做芸芸众生中最普通的一个，那么，他会自觉选择认识那些不可触碰的"道德底线"进行内化，并形成属于自己的道德意识。不仅如此，同一个层次的道德价值也呈现出多元化的样态，比如自由、平等、公正就是人们自主选择时分歧比较大的道德价值。罗尔斯与诺齐克之争的最大分歧点就是到底应该更加注重自由还是注重平等的问题，所谓的"电轨难题"也是这种同一层次的道德价值之间的选择问题。不同的个体在道德认同的过程中，往往倾向于选择自己更为偏好的道德价值作为自己内化的内容，继而形成自己独有的道德认知和道德意识。在第二个阶段中，已然没有了谁是谁非的问题，纯粹是青菜萝卜各有所爱，"至善"的确是人的最高追求，但是我们也不可能奢望人人都能成为像孔圣人那样的人，即使是孔圣人，也认为自己并没有成为他自己设定的理想的人格——"君子"。道德意识和道德认知是道德认同过程中实现的最直接的结果，目的是自觉养成正确的道德意识，为自我道德人格的完善奠定基础。因此，同一社会环境之中的人们道德认同的结果是存在差异的，而这个差异的存在也是合情合理的，只要是有利于人的发展和自我完善的道德意识，我们都应当予以充分的尊重和赞同。也正是这种差异的存在才造就了道德价值的多元化发展，反过来，也正是基于道德多元化社会的包容性才能促进人的自由全面发展。

(二)道德行为能力的自觉提升

罗尔斯在谈人的正义感时提到了一个著名概念——道德能力，在他看来，人只有具备道德能力，才可能有正义。在《道德哲学史讲义》一书中，明确将道德能力分为正义感的能力和善观念的能力。罗尔斯解释这些能力的来源时说，"第一种观点是从经验主义学说中历史地产生出来的，它的最新发展形式是社会学习理论。道德训练的目标是提供失去的动机，即为了正当自身的原因去做正义的事的欲望和不去做不公正的事这一欲望。第二个论点是，与道德标准认同的欲望在正常情况下是在人生的早期，在我们获得对于这些标准的根据的理解之前产生的"[①]。罗尔斯强调道德能力是后天习得的。进化生物学家与神经心理学家通过实证的方式为证道德能力是人的先天禀赋。保罗·卢布姆认为婴儿时期人类就已经具有了道德感，正如亚当·斯密所言："道德感与外部感官有几分相似。正如我们周围的物体以一定方式刺激我们的外部感官，让我们了解不同的声音、味道、气味和颜色；人类心灵的各种情感也以一定方式触动我们这个特殊官能，让我们了解亲切或可憎，美德或丑恶，正确或错误。"[②]这证明我们在道德判断方面有着先天的道德感。实验证明人类先天就有同情感，而这种同情感是道德起源的基础。

道德行为能力是指人具备一定的道德素养的基础上拥有一般行为能力。主体道德行为能力是主体道德素质与主体道德行为能力的统合，道德素质促使主体行

---

① [美]约翰·罗尔斯：《正义论》，何怀宏等译，中国社会科学出版社 2001 年版，第 460 页。

② [美]保罗·卢布姆：《善恶之源》，清涂译，浙江人民出版社 2015 年版，第 26 页。

动符合道德方向，一般行为能力则保证这一行动能够成功，只有兼有两个方面才会拥有较强的道德行为能力。① 很显然，人的道德行为能力是有限的，不同的行为主体其道德能力存在着差异，所以我们应当从理性的角度出发，结合自身的一般行为能力进行考察，做出恰当的道德判断，而不是康德式的只为履行道德责任而不计后果，简单粗暴地"为了道德而道德"。作为理性存在的人，应当遵从自己的自由意志，结合自身的道德行为能力做出恰当的道德选择才符合人自身发展趋势的正当性。

　　道德意识的自觉养成是道德认同的第一个阶段目标，在这个目标任务完成之后，伴随而来的一个现实问题是，我们自身是否有能力实现我们的道德理想，按照我们的道德认知和道德意识践行道德义务。这也就是说我们在道德认同的过程中多了一个任务：个体的自我审视。事实上，我们在选择内化何种善的时候，潜意识中已经自觉或不自觉地对自己进行了审视，不仅是审视了自己的心灵所需，也审视了自身是否能身体力行。当我们在道德教育中，我们会接触到许多高尚道德模范的典型代表，我们会心生敬佩，但是却很少有人会认为自己可以成为这样的人，从而以此为自己意欲成为的对象。而衡量自己是否要选择成为某种类型的人的重要标准是对自身道德行为能力的审视，即"能不能"的问题。按照康德的"绝对命令"来说，道德义务对于每个人来说都是平等的，理论上而言，每个人都应当承当一样的道德义务，这是道德原则的普遍性所决定的，也是不可置否的。然而经验告诉我们，这种普遍性的道德原则应当要结合实际情况才能真正发挥有价值的作用。道德教育是为了帮助个体获得自身需要的道德认知和道德经验，为了促进个人的自我发展和自我完善，而不是按照统一的模板来雕刻个体。如马克思所说："人是特殊的个体，并且正是他的特殊性使他成为一个个体，成为一个现实的、单个的社会存在物。"②所以，试图将人像盆栽一样随意剪裁是不现实的，因为每个个体都是现实的特殊个体，具有自主意识和自我行动的权利和能力。所以，在普遍性的道德原则之下，作为理性存在物的个体会结合自身的实

---

　　① 易小明、谢宁：《道德行为的生命安全限度》，《兰州大学学报（社会科学版）》2014 年第 5 期，第 53-57 页。

　　② 《马克思恩格斯全集》（第 42 卷），人民出版社 1979 年版，第 123 页。

际情况做出"最恰当"的选择。正如努奇所说："个人领域是处于自我决定的事情，判断标准是：问题可以自我决定，别人对这问题的干预是不可以的。"[1]作为独立的个体，能够自主地决定"意欲成为一个什么样的人"，只要自己意欲成为的人不偏离社会道德的普遍规定性即可。

道德认同是自我人格形成和自我道德意识觉醒的重要途径，道德行为能力作为我们是否能够承担起我们肩负的道德义务，按照我们预期的目的实现道德人格建立的关键性因素，不仅影响着我们在道德认同时的判断，也会影响我们道德意识转变为道德行为的结果。因而，在审视自身的基础上，我们还需要发掘自身的潜力，努力提高自身的道德行为能力，以保障我们能够有能力去履行道德义务，实现自己的道德目标。提升自己的道德行为能力与道德认同是相辅相成的。责任和能力保持协调一致才能达到最好的效果。在道德认同的过程中，我们初步获得了一些道德知识和间接的道德经验，在对这些内容进行理性分析并进行内化的时候伴随而来的是怀疑，我们需要确认这些内容是否真实有效，而确认的手段最直接有效的方式是社会实践。我们在社会实践中检验的结果是不同的，就像是"小马过河"故事中所讲的那样，面临同一条河，牛伯伯说"水很浅，刚没小腿"，而小松鼠则表示"水很深，淹死了自己的伙伴"，而当小马自己过河时发现既不像牛伯伯说的那么浅，也没有小松鼠所说的那么深。其原因就在于每个人的情况是不同的，我们要学会根据自身的道德行为能力选择"力所能及"的那些内容，使之成为指导我们行动的道德认知。过高的道德意识和道德认知虽然听起来很是动听，但是却无法让人自觉地去践行，因为能力不足，根本做不到，这就变成了"思想的巨人，行动的矮子"。我们常听到有人说自己的理想是"世界和平""世界上所有的人都幸福快乐"等，的确我们是赞同这些理念的，但是我们却并不会认为这些人能实现，反而觉得他们有些好高骛远，不能脚踏实地的"做自己"。只要你的道德意识是对的，道德行为是符合道德规范的，无论你是拯救世界的超人，还是在日常生活中热心助人、无私奉献的"雷锋"都是人们心目中的模范英雄。从历年的感动中国人物的评选活动中脱颖而出的人物，多数是坚守自身道德信念并默默自觉践行的"小人物"。我们并不会因为他们做的是小事而轻视事件

---

① 刘春琼：《领域理论的道德心理学研究》，上海教育出版社 2011 年版，第 62 页。

本身的价值，也不会因为做的是大事就能原谅其背后的不道德行为。正所谓"勿以善小而不为，勿以恶小而为之"。正确的自我定位是我们能够实现自我发展和自我完善的重要前提；正确的内化我们需要的道德意识和道德经验，从而形成自己的道德认知，是指引我们采取正确道德行为的重要措施；提升自身的道德行为能力是道德行为能够达到既定目标的重要保障。道德认同不仅是要提升自己的道德意识，同时也要增强自身的道德行为能力，使自己的能力能够与自己的义务和目标相匹配。

（三）道德责任的自觉践行

道德实践是道德主体将自己的认知结合自身的行为能力后落实到实际行动的举措。按照王阳明的说法，我们应当"知行合一"。理论终究是为实践服务的，若是空谈理论，而不落实到实际行动中，也是无用的。道德认同的目的是为了实现道德行为，但是结果只是激发了人们的道德动机。若只是增加了行为者的道德认知和意识，而没有促进人们采取道德行为，那么这个道德认同的完成度是不够的。这也是科尔伯格道德认知发展理论会在德育实践中无法达到预期效果的重要原因。

我们是活在现实社会中的人，之所以需要学习社会道德规范、准则不仅是为了确认自己的"社会人"身份，更是希望在现实生活中能够实现自我的发展，能够帮助自己成长，并使自己成为自己意欲成为的那种人。道德认同的不仅是要形成正确的道德意识、提升自己的道德行为能力，更为重要的是能够自觉地承担道德责任，并能够自觉地践行，即道德自觉。道德认同作为道德行为的重要助动力，其主要的作用在于一方面使自身的道德意识和道德行为能够与社会的主流道德价值观保持一致，另一方面是期望通过道德认同的方式使个人能够将社会的主流价值观内化指导自身道德行为的准则，并推动人们能够自觉地践行道德责任。因而，道德认同的最终落脚点在于道德责任的自觉践行，个人的道德自觉性也一定程度地反映了个人的道德认同水平，从而进一步反映出个人的言行是否与道德教育所预期的目标一致。

要使个人能够认同和内化社会的道德规范和道德准则比较容易，但是要推动个体主动承担道德责任，并且自觉的按照道德责任的内容去践行则相对困难。从美国大学里用科尔伯格的道德认知发展理论进行道德教育的结果能够明显地看到这种分裂，在课堂上，面临各种各样的道德两难问题，学生们能够理性的分析，并且给出自己认为的最佳解决方案，但是却并不妨碍他们在课后依旧违法乱纪。在这个时代，绝大多数的人已经超出了苏格拉底"知识即美德"的设定，即人们已经获得了足够多的道德知识，很少出现因"无知"而为恶的情况。同时，人们已经满足"仓廪实而知礼节，衣食足而知荣辱"的物质生活条件，甚至这个物质条件要超越这个基本设定。我们现在面临的最大的问题有两个，一个是"明知应当为而不为"，一个是"明知不可为而为之"。第一种情况来说，缺乏的是个体的主体自觉性，道德认同虽然激发了人的道德意识的觉醒，也清楚使我们明白"应当"做，但是缺乏勇气主动去采取行为或是基于别的因素导致我们"不敢为"，这其实也就是亚里士多德所说的"怯懦"。第二种情况来说，缺乏的是主体自控性，道德认同虽然使人具有了明辨是非的能力，但是也清楚地明白我们"不应当"如此，但是基于我们对其他价值的追求而放弃了道德价值，也就是亚里士多德所说的"鲁莽"。我们也知道亚里士多德提倡"中道"原则，即应当在"怯懦"和"鲁莽"的中间寻找一个适度的平衡，即"勇敢"。要实现道德行为不仅需要正确的道德意识作为指导、相当的道德行为能力作为支撑，也需要"勇气"这一助推器，而有多大的"勇气"在于我们对实现自己的道德目标的坚定程度。当我们通过道德认同而设定的道德目标是合情合理的，我们也拥有足够的道德行为能力来保障这一目标的实现，那么是否会自觉的采取相应的道德行为，就在于我们的道德信仰是否足够坚定，我们是否真正的渴望成为我们意欲成为的那样的人，或者说这种渴望的程度有多深。当我们拥有坚定的目标，而有足够认同我们自身应当承担的道德责任且拥有足够的能力时，我们就应当有勇气自觉地去行动。

道德实践的关键在于"君子有所为，有所不为"。而这"为"与"不为"取决于我们的道德价值和自身的道德行为能力。对于我们需要"为"的内容，应该义不容辞，对于我们"不能为"的内容，应当不越雷池一步，这也是道德自觉的基本要求。也正是基于此，道德自觉才能从可能性变为现实性。当然，这里需要我们进一步指出的是，道德自觉强调的是个人的主动自觉性，每个人应当有担当，主动肩负起自己应当承担的责任，并且在社会实践中自觉地践行。很多人认为不主动为恶就不算是不道德，但是这种类似"见死不救"的不作为行为依旧不是我们所倡导的道德自觉。道德价值有正价值，即善，负价值，即恶，还有中间的零价值，即不善不恶，所以，善的否定不仅是恶，还包括不善不恶的部分。因而，道德自觉的核心在于自觉的为善，而不仅仅是自觉的"不作恶"。自觉地践行道德责任强调的是个人的自主性，主动为善强调的是动机善，也注重结果善。

本 章 小 结

我们正处于一个多元价值的时代，作为诸多价值中的一种，道德是人们自主自觉的抉择，其目的是为了成为一个自己意欲的"好人"。多元价值是人追寻个性和自由发展的结果，也是人自由意志的展现，为人们的价值认同提供了可供选择的内容。一方面，多元价值的存在增加了人们自主选择的机会，为人的自由而全面的发展创造了条件，有利于人个性的展示和发展；另一方面，多元价值也增加了人们自主选择的难度，使人们游离在诸多的价值之中，需要更多的时间和经历来进行价值判断和价值排序，从而抉择出自己想要的价值目标。在传统一元价值体系中，善具有绝对的权威性，是神赋予的，人们能够自觉地将其视为首选，但是多元价值体系中，神摔下神坛，人成为内在尺度，人们在进行选择时难免会受到非理性因素和外界其他因素的干扰，从而做出不明智的抉择。不可否认的是，价值是多元化了，但是道德对于人的意义依旧存在，因此，道德依旧是人追求的最为重要的价值之一。不仅价值向着多元化发展，道德价值内部也呈现出多元化发展的样态，从"底线"到"至善"，道德价值层次分明，且内容丰富。人是自由而理性的存在物，能够自主自觉地根据自己的意愿选择自我发展所需要的道德价值作为指引，并且将其内化为自我意识的一部分。我们将这个过程表述为道德认同，一方面是个人通过建构自我道德人格以期获得社会的认同，成为人类社会组织的一员，即社会人；另一方面，社会通过价值引导的方式参与到个人的日常生活中，使社会规范内化为个人的自我准则，化整为零，使社会道德得以传播和延续。

道德认同作为自我道德人格构建的重要方式，是在社会和个人相互作用下逐渐实现的，其目的和结果虽然存在着一定的差异，但是终归是向着好的方向发展，道德认同虽然不能直接产生道德行为，但是却能够提升道德行为出现的概率。道德自觉是在道德认同的过程中不断形成的，也是道德认同的目的所在。道德自觉不仅表现在自我道德意识的觉醒和提升，还表现为自觉地按照自己的道德人格目标前进，即自觉地践行道德责任，并养成主动行为的习惯。道德认同最直接的结果是个人道德知识的增长，判断善恶是非能力的提升，无形中还对自身进行了理性审视，根据自己的道德行为能力确认自己的奋斗目标，基本建构出一个道德人格的框架模型，并且增强了人的道德动机。在人的主观能动性的推动下，个人的道德自觉程度也会在一定程度上得到提升。

第五章　道德修养与道德自觉

人非天生的道德家，道德也不是既成的，需要个体在成长的过程中不断的养成。道德修养以理想的道德人格为目标，通过自我修养和道德教化的方式来提升个人的道德水平。传统儒家为道德修养提供了一些可供参考的途径，对当下道德修养的自觉养成具有重要的借鉴意义。

第一节　传统儒家的道德修养之道

在儒家思想中，道德是人自觉自为的结果，伴随着人道德水平的不断提高，其自觉性也就越高。同时，宗族血缘维系下的熟人社会也为道德自觉的实现营造了一个良好的外部环境，不仅将道德与政治联系在一起，而且与个人的生存发展联系在一起，奖罚分明，使道德成为了人们自觉遵守的行为准则。这种道德内化深入人心，且经过一代又一代的传承，成为了一种文化的烙印，一个民族的习俗，甚至于我们从来不会去质疑其合理性或是追问其原因。在这种文化中道德修养的功能发挥到了极致，以个体的道德自律为主，社会的道德他律为辅，虽不至于使每个人都做到"知行合一"，但是能最大程度发挥道德的作用，在提升道德主体自觉性的同时，维护良好的社会秩序。这一套完整的道德自觉体系既依赖于人"趋利避害"的本性，也充分利用了政治政策、社会舆论、家族家规等外在因素。传统儒家思想中的道德自觉体系的崩溃是源于社会政治制度的变迁，并不是道德的崩溃，道德具有历史性，不同的时代其内容也会发生相应的变化，因此，我们要否定的不是儒家道德本身，而是否定其中不适应社会发展的部分。任何文化的传承都不是一成不变的照抄照搬，而是在取其精华，去其糟粕的基础上创新和发展。当代道德自觉思想体系的构建也不是凭空想象出来的，而是在充分吸收传统道德自觉思想精华的基础上的创新和发展。也就是说，传统儒家的道德自觉思想是构建当代道德自觉思想体系的思想源泉。

一、儒家伦理道德思想体系

（一）先秦儒家伦理道德思想

古语云："德者，得也，内德于己，外得于人。"个体的道德内生于心，外受社会环境影响，即内外兼修方能"有德"。作为儒家学派的开创者，孔子所处的时代是一个"礼崩乐坏"、天下大乱的时代，因此，道德不仅是修身之道，更是解决当时社会问题的重要手段和途径。孔子主张道德至上，坚持道德决定论，认为它高于政治、经济、法律、教育、艺术、宗教等一切活动，且主张用道德统帅其他活动。这也是儒家学说的主要特征，即道德理性主义。孔子曰："志于道，据于德，依于仁，游于艺。"（《论语·述而》）孔子也试图用这种方式恢复周礼，让他们摆脱无序的社会生活，走向一个理想的大同世界。

孔子志在恢复周礼，企图通过"礼治"来重建社会秩序。孔子以"复礼"为己任，并试图以"仁学"思想改革周礼，将仁与礼结合为一种人文修养，礼与仁一文一质，文质彬彬方为君子。孔子创立了一个以"仁"为核心的道德思想体系，以"君子"作为人追求的理想道德人格，将"仁"作为处理人际关系的准则，视仁为人的本质，以礼作仁的文饰。仁体现着一种道德自觉，且根植于人的心中，礼则用来规范人的言行。孔子说"不学礼，无以立。"（《季氏》）应当"约之以礼"，做到"非礼勿视，非礼勿听，非礼勿言，非礼勿动"（《颜渊》）。仁则是礼内化为内在德性的体现，礼的精神内核是"仁"。仁是核心，礼从属于仁。仁是内容，礼是形式，仁是礼的基础，即"人而不仁，如何礼?"（《八佾》）。孔子"仁学的创立，是人文意识完全觉醒，伦理文化由自发走向自觉的标志"[1]。

"仁"乃是孔子道德观的核心，也是最基本的道德价值观。"仁"是为人之首要的价值追求。何为"仁"? 孔子曰："夫仁者，己欲立而立人，己欲达而达人，能近取譬，可谓仁之方也已。"（《论语·雍也》）"仁"的要义在于"爱人"，即仁者

---

[1] 张锡勤：《中国伦理思想史》，高等教育出版社 2018 年版，第 23 页。

爱人。孔子的仁爱思想从"仁"出发，由"爱亲"推及"爱人"，由"爱人"而"泛爱众"，正所谓"老吾老以及人之老，幼吾幼以及人之幼"。这一思想突破了基于血缘关系而产生的"爱亲"思想局限，超越了人自私心理，又通过"由己及人"的方式实现了泛爱众的目的。仁者需克己复礼，既表现为遵循礼的规范，也表现为一种超越，即"志士仁人，无求生以害仁，有杀身以成仁"(《论语·卫灵公》)。

"仁"是"为人"之德，但是真正做到"仁"却不容易，在孔子看来，诸如楚国令尹子文、齐国大夫陈子文、子路、冉求、公西赤之流都达不到"仁"的标准。"仁"者，首先要"义"，孔子曰"君子义以为上"(《论语·阳货》)，且需做到"见得思义""见利思义"(《论语·宪问》)。"义"为先既是君子必须具备的品质，也是为"仁"的基本要求更是做人需要遵守的社会道德准则。按照孔子的说法"君子喻于义，小人喻于利"(《论语·里仁》)，君子应当将"义"放在第一位，当"义"与"利"发生矛盾时，应当无条件地服从仁义，甚至不惜牺牲自己的生命，即"杀身以成仁"。需要说明的是，孔子反对的是不正当的私欲，并不是否认"利"的重要性，只是强调应当"先义后利"。

孟子继承了孔子的"仁"学，且赋予了"仁"真正的操作化概念，即"仁者也，人也。合而言之，道也"(《孟子·尽心下》)。"仁"是人的本质属性，源自于人性之善端。孟子吸收和发展了孔子的仁学思想，提出以"仁义"为最高的道德观，进一步完善了儒家的伦理道德体系。在孟子看来，"礼"已经失去了其应有的约束力，应当更加注重"义"，认为应该"仁""义"并重。"仁"和"义"是一致的，但是侧重点却不同。"仁"是基本立足点，"义"为实现"仁"的道路，是"仁"的延续和发展。即如他所说："仁，人心之安宅也；义，人之正路也。"(《孟子·离娄上》)"仁"强调个人修养应遵循的道德规范，"义"则是根据"仁"的要求来处理人际关系的道德规范。

孟子以"人伦"为思想前提建构起他的"仁义"之道。"父子有亲，君臣有义，夫妇有别，长幼有序，朋友有信。"(《孟子·滕文公上》)这样的"人伦"思想是封建宗法关系的集中体现，明白这个道理，就应把"仁义"视为处理社会伦理关系的最高原则。孟子的"仁义"包含了三层含义：一是，爱亲、敬长。家族道德是"仁义"的基础，仁义者应当从爱护、敬重自己的亲人和长辈开始，继而扩展到爱护、敬重社会中的其他长者，尤其是君主。二是，爱人、仁民。"仁者爱人，有礼者敬人。爱人者人恒爱之，敬人者人恒敬之。"（《孟子·离娄上》）仁君者应当实行"仁民"，进而推行"仁政"。三是，仁为人心，义为人路。"仁"要求人们做到"爱人"，"义"则为"爱人"设定了界限。"仁义"的根本精神乃是爱恨分明，即爱应当爱的人，而非所有人。孟子的"仁义"道德观包括了仁、义、礼、智四个方面的内容。孟子认为仁义根植于人的内心，人有善端，即"恻隐之心，仁之端也；羞恶之心，义之端也；辞让之心，礼之端也；是非之心，智之端也。人之有是四端也，犹其有四体也"（《孟子·公孙丑上》）。"四心"是仁义礼智的来源，人需要沿着"四心"之端，不断进行自我修养，方能克服客观环境的影响。

"仁义"是处理人伦关系的准则，在个人修养方面需"去利怀义"。在孟子看来，义与利代表的是两种不同的价值选择，正是基于不同的选择造成了两种相反的人格境界，瞬与跖之间的差别无非是"利与善之间"（《尽心上》）。当然，不同的选择所造成的结果也明显是不同的。因此，"去利"而"怀仁义"便成为了王道政治能够实现的决定性因素。在解决"义""利"之间的矛盾这一问题上，孟子与孔子持相同的看法，用孟子的话来说，"生，亦我所欲也；义，亦我所欲也。二者不可兼得，舍生而取义者也"（《告子下》）。孟子肯定了符合道义要求的个人欲望的存在和对正当利益的追求。事实上，在义利之辩问题上，孟子更多的是在强调获利方式的合理性和义利的优先性问题，而不是要不要利的问题。真正的仁义者应当做到"富贵不能淫，贫贱不能移，威武不能屈"（《孟子·滕文公下》）。荀子总体上赞成孟子的观点，但同时又提出了"义利两有"的观点，在他看来，这两者皆为人的基本需求，"欲利"与"好义"并不矛盾，这两者特质、追求同时为人所具有，关键是应该在义利两者之间，寻找一个恰当的平衡点。

荀子继承和发展了孔子"克己复礼为仁"的思想，将"礼"视为最高的行为准则。如他所言"礼者，人道之极也"（《荀子·礼论》）。"礼"是做人的根本标准，也是人道的终极价值。具体而言，荀子认为：首先，"礼"是人之为人的根本标志，是人本质的显现。其次，"礼"是个人人生根本，是个人存在于世的根本保证。[①] 再者，"礼"是治国安邦的根本。最后，"礼"是道德的根本。从结构划分，"礼"包括外在形式与内在理念两个层次，外在形式即礼仪制度规范，内在理念

---

① 张奇伟：《荀子礼学思想简论》，《中国哲学史》2002 年第 2 期，第 101 页。

即政治人类规则和道德规范："义"。何为"义"？"夫义者，所以限禁人之为恶与奸者也。"(《荀子·强国》)礼仪是"义"的外化而体现"义"的精神，"义"是礼仪的灵魂而决定礼仪的内涵。①

荀子的道德观以"礼"为核心进行建构，其内容包括了两个方面，一是"隆礼"思想，二是"以义制利"。荀子曰："隆礼，虽末明，法士也。"(《荀子·致士》)荀子将"礼"和"法"作为社会生活中规范人们行为的两大基本准则，且"礼"高于"法"，以"礼"为本，法治方可奏效。在处理义利关系时，他提出"以义制利"(《荀子·正论》)。这实际上是"礼仪养性"的道德价值观的体现。应在以礼节欲的前提下"义利两有"，"先义而后利"(《荀子·荣辱》)。

总体而言，先秦儒家所建构的道德规范体系是建立在道德主体自觉性基础上，为了追求理想道德人格的个体修身养性之道。

(二)汉唐时期的儒家伦理道德思想

生活在西汉初年的董仲舒，以"天人合类"的神学目的论为理论基础，对以"三纲五常"为核心的儒学道德学说作了神学宇宙论的论证，赋予封建道德以至高无上的神圣品格，从而建立了一个庞大的神学唯心主义的伦理思想体系。② 董仲舒将"天"视为最高的哲学概念，既具有自然属性，也具有道德属性。从道德属性的视角看，"天"是一种最高的普遍的道德原则，"天"赋予了"三纲五常"神圣不可侵犯的力量。董仲舒发展了先秦"人伦"思想，提出了"三纲"，即"君为臣纲、父为子纲、夫为妻纲"。从"三纲"出发，董仲舒又顺势建立起封建社会最基本的道德规范——"五常"，即"仁、义、礼、智、信"。"三纲"将君臣、父子、夫妻的尊卑、主从关系神圣化、凝固化，"五常"则作为个人处理人与人之间关系的行为准则和基本要求。

"三纲"强化了"忠""孝"之意。董仲舒说："天为之下甘露，朱草生，醴泉出，风雨时，嘉禾兴，凤凰麒麟游于郊……以时至封于泰山，禅于梁父，立明堂，宗祀先帝，以祖配天，天下诸侯各以其职来祭，贡土地所有，先以入宗庙，

---

① 余冬林：《试析荀子之礼》，《河海大学学报》2002 年第 9 期，第 66 页。
② 康宇：《儒家美德与当代社会》，黑龙江大学 2007 年博士论文，第 31 页。

端冕盛服，而后见先，德恩之报，奉先应也。"(《春秋繁露·王道》)因此，"忠"是国泰民安的基本要素，也是臣民必须遵守的行为准则，需做到"从一而终"。进而，他又从"天"的结构特征和信念本体出发，论证了"孝"的合情合理。他在《春秋繁露·五行之义》中指出，在木受水、火受木、土受火、金受土、水受金的"授—受"关系中，所授予者，是父之道；所接受者，是子之道。即一方面，父生子，子从父来。有父，才能有予。所以作为主生之父，应多爱少严。另一方面，从木主生而火主养、金主死而水主藏的五行特征中，从火乐木而养以阳、水克金而丧以阴以及土竭忠以事火的基本关系中，可以推出孝子忠臣所应该执守的一般准则。①

　　董仲舒在论述"五常"时提出："仁之法，在爱人，不在爱我。义之法，在正我不在正人。仁者，爱人之名也。义云者，非谓正人，谓正我。是义与仁殊。仁谓往，义谓来，仁大远，义大近。爱在人，谓之仁。义在我，谓之义。仁主人，义主我也。"(《春秋繁露·仁义法》)"仁"是一种精神力量，更是道德主体的一种道德自觉。人际交往准则是"以仁安人，以义正我"。"仁"在个体待他人时得以展现，而"义"则表现为约束自身主体的道德规范，即仁者爱人，义者正我。义利观方面，董仲舒从"养心"重于"养身"的角度认为"义"比"利"更为重要，应当"正其谊不谋其利，明其道不计其功"(《汉书·董仲舒传》)。经董仲舒改造后的儒家道家规范思想经由官方认可，作为官方意识形态成为了统治中国的官方正统道德观念。

　　面对玄学和佛学的冲击，以"文艺明道"为主导思想的唐宋古文运动应运而生。韩愈率先举起"道统"和"文统"的思想旗帜以复兴儒家。韩愈更加注重"内圣"之学，他最大的贡献在于创立了以"性情三品"为理论基础的道德规范体系。韩愈认为道德理性是人性的本质，人性的内涵是仁、义、礼、智、信。他认为人性有上、中、下三品，与此相对应的是情也存在三品。性是情得以产生的动因，情则是性的具体表现形式，两者共同成为人们伦理行为的原动力。② 上品伦理行为是可"主于一而行于四"，中品伦理则是"一不少焉，则少反焉，其于四者混"，

---

① 余治平、孟祥红：《孝：何以必须》，《新疆大学学报》2003 年第 12 期，第 30 页。
② 康宇：《儒家美德与当代社会》，黑龙江大学 2007 年博士论文，第 35 页。

下品伦理则是"反于一而悖于四"。韩愈强调"博爱谓之仁"(《原道》),在处理人际关系的时候,他将"利他"视为道德规范的最高且唯一的原则。

总体而言,汉唐时期儒家道德规范体系确立了其正统地位,在强调自身修养的同时也注重道德的社会政治功能,有利于启发人们道德修养和实践的自觉性。

(三)宋明时期的儒家伦理道德思想

宋代学者为适应巩固和发展封建专制的社会政治需要,把复兴儒学推向了高潮,形成"理学"和'心学'两大派别。

北宋的程颢、程颐第一个将本体论引入儒家道德规范思想体系中,他们据天道以明人道,以使人们所遵循的伦理道德规范符合"天理"。二程赋予"人理"以哲学与伦理学双重含义,将"天理"的本体精神和终极意义贯彻到其伦理思想的学说当中,创造性地建立了一个以"天理论"为核心的理学伦理学体系。[1] 二程的道德规范体系主要从三个方面展开,一是,义利关系,即道德行为的价值取向。二程继承了儒家伦理道德思想的传统,认为人们的一切有目的的行为不是图利就是出于义。二程认为凡事不能从私心出发,若为私利而不顾公益必得其害。二程主张义利合,即在不违反义的前提下谋利。"利非不善也,其害义则不善也,其和义则非不善也。"(《河南程氏粹言》卷一)二是,"天理"与"人欲"的关系,即道德行为所产生的社会效应。"天理"乃是天地万物存在的依据,更是亘古不变的封建伦理道德规范。"人欲"则是对"天理"的遮蔽,若要彰显"天理",必得减少甚至是去掉不必要的"人欲",即"存天理,灭人欲"。三是,"人心"与"道心"的关系,即人们行为的动机。出于义理产生"道心",基于利欲滋生"人心",二者同是行为动机,对人的行为具有指导作用。将"道心"外化为行就是"义",即"天理";"人心"付诸行动就是"利",即"人欲"。三者从本质上说是一致的。义、天理、道心,都是指符合封建道德的规范,是维护封建社会公共利益的要求;利、人欲、人心,都是指违背封建道德规范,是社会个别成员为了私利造成对社会公

---

① 章启辉:《二程天理论的伦理特质》,《湖南大学社会科学学报》1994 年版第 1 期,第34 页。

共利益的破坏。①

南宋朱熹继承和发展了二程的"天理"学说，把封建伦理道德的"理"提高到宇宙本体论高度，且以"理"为基础，创建了他的儒家道德规范体系。朱熹把"三纲五常"看作一个以"仁"为核心的伦理道德体系。"仁"是总的天理，"仁"统"三纲"，"仁包五常"。(《论语或问》卷十五)在整个道德规范体系中，"仁"是核心，"仁"制约着义、礼、智、信等其他道德规范，用以调整各种人伦关系。朱熹认为"天理"是人们正当的物质需求，是不可或缺的存在，"人欲"则是违背天理而生出来邪恶欲望。社会之所以混乱，源自于"人欲"，所以要"明天理，灭人欲"。"天理"乃心之本然，是合乎人本性的，灭除人欲才能存得"天理"。朱熹从"理欲"观引出他的"义利"观，"事无大小，皆有义利"(《朱子语类》卷十三)且"义者，天理之所宜"(《论语集注·里仁》)。以"天理"作为"当然之则"，通过内心的自我把握，使其言行符合"天理"，这就是"为义"。而"利者，人情之所欲"(《论语集注·里仁》)。遇事"计较厉害"，以自己的私欲为行为的动机和目的，这就是"为利"。"为义"是遵循"天理"的善，"为利"则是服从"人欲"的恶。

与朱熹同时代的陆九渊是"心学"的创立者。他以"心学"理论为基础展开他的道德学说，"心"不仅是宇宙的本源，亦是社会伦理道德的根本。如他所言，"宇宙便是吾心，吾心便是宇宙"(《陆九渊集》卷二十二)，道德是人心本身所固有的，但是受先天禀赋和后天学习影响，道德可能会被遮蔽，所以他将克除私欲视为道德修养理论的出发点。陆九渊强调："凡欲为学，当先识欲利公私之辨。"(《陆九渊集》卷一)社会无法满足人无限的欲望，若是不节制人欲，社会将会无法正常运行。

王阳明继承和发扬了陆九渊的"心学"思想，形成了以"致良知"为目的的道德观。"心"具有伦理道德特征的能动精神实体，对人的活动起着绝对的支配作用。人们在日常生活中践行道德需把道德观念和道德修养融为一体，做到"知行合一"，从而实现"致良知"。

宋明理学强调作为道德存在者的人，以道德本性为最高原则。程朱理学和陆王心学共同构筑起以"理学"为核心的儒家道德观，使儒家道德规范体系达到巅

---

① 杨达荣：《二程道德论笺》，《广西师范大学学报》1997 年第 2 期，第 31 页。

峰状态。

明末清初,以王夫之为代表的学者们掀起了一股思想启蒙浪潮。王夫之在批判总结"理学"所倡导的正统道德基础上,融入古代朴素唯物主义和朴素辩证法思想,形成了"性日生日成""习与性成""以理导欲""身任天下"等道德观。他在气本体论的基础上建构一套以人性理论为起点的道德体系。人的自然本身是天生的,但是"仁义之性"是人在后天生活中不断"习成"的。在义利观方面,王夫之强调"以义制利"。而在理欲观上,他不赞同将"天理"与"人欲"对立起来,认为"人欲"的存在是符合"天理"的,但需接受"天理"的统帅,"理尽即合人之欲"。

(四)新儒学的伦理道德思想

鸦片战争以后,中国历史步入近代,"从戊戌时期开始,以三纲为核心的旧道德遭到越来越猛烈的批判。同时受到批判的还有一些传统的旧礼俗以及种种陋俗、恶俗。与此同时,西方的自由、平等、博爱观念,以及快乐主义、功利主义、合理利己主义、个人主义等伦理学说也开始在中国传播,影响越来越大"[1]。于是,以儒家道德文化为主体的中国传统道德文化陷入一种革新或湮灭的选择困境。身处于这个时代的一批学者肩负起了扭转儒家道德文化日益衰败颓废的责任,他们在中西文化相结合的基础上创建中国新儒家文化的现实道路,从而形成了新儒家。

梁漱溟是第一代新儒家的代表人物,他引入伯格森的生命哲学来充实儒家伦理思想,开创了"以洋释儒"之新风。梁漱溟尊崇陆王"心学",且以"人心"为基础建立自己的道德观。人类心理的发展具有本能、理智和理性三个层次,理性是人的道德感情和道德精神的标准,是一种"无私的感情"[2]。这种"无私的感情"在人心的实践便是道德,理性是人心之美德,是道德之本。理性为体,理智为用。以理性为本的道德是克服"他心"的障碍,实现人生精神追求的途径。[3] 他认为道德是一种自愿的善行,是人自主的选择。梁漱溟为求完整地贯

---

① 张锡勤、柴文华:《中国伦理道德变迁史稿》(下卷),人民出版社 2008 年版,第 142 页。

② 梁漱溟:《梁漱溟全集》,山东人民出版社 1990 年版,第 125 页。

③ 熊吕茂:《论梁漱溟的道德伦理思想》,《理论学刊》2004 年第 6 期,第 88 页。

彻道德实践上自觉原则和自愿原则结合的思想，认为只有人内心有强烈的道德自觉，心主宰身，不局限于发之身体本能的需求之中，才有可能实现道德追求。所以他极力倡导人们进行"道德自觉"修养。① 与梁漱溟不同的是，冯友兰继承和发展了程朱理学，他采众家之长建立起以"新理学"为核心的道德规范体系。他认为道德根源于先天地万物而生的"理"，"理"内在地包容和涵摄着道德。② 冯友兰将理性思维作为体认和把握理本体的手段，认为有了心性就有了知觉灵明，人们的知觉灵明之心可以产生觉解，而觉解能使人产生道德。觉即为自觉，意指对自身理性活动的省察；解则为了解，意指对事物之理的认识。觉解也就是人对宇宙人生的认识和了解的自觉。当人的觉解程度达到某一高度时，便进入了道德境界。

贺麟结合陆王心学和黑格尔主义建立起"新心学"的儒家道德观，熊十力则承袭孟子的性善论和王阳明的"良知说"，并将之融入自己的"新唯识论"，创造出他的儒家道德本体论。牟宗三在传统儒家伦理道德思想中注入终极关怀的玄学，突出性理之学的基础上，系统阐释了儒家道德实践的内在根据，从而建立起比熊十力更加完备和具体的儒家道德形而上学的理论体系。唐君毅则试图从人的心灵出发，把道德生活的本质看作自觉的自己支配自己，和超越现实自我的人格完善。杜维明建立了以"人性自我修养"为核心的道德观。成中英则以天人合德为基础建构儒家道德思想。

新儒学重构儒家道德理论是特定时代的需要，其目的是为了挽救道德危机，对抗西方伦理道德思想的冲击。他们共同的特点是以传统儒家道德规范为基础，引入西方思想和其他派别的思想来重塑儒家道德思想，开辟了新的"内圣外王"之道。

总而言之，在儒家的伦理道德思想中，道德是最为重要的价值，重义轻利的义利观贯穿了整个发展脉络，潜移默化地影响着人们的思想和行为，敦促着人们自觉地按照道德规范来约束自身的行为。从这个意义上而言，儒家的道德规范体

---

① 康宇：《儒家美德与当代社会》，黑龙江大学 2007 年博士论文，第 51 页。

② 唐凯麟、王泽应：《20 世纪中国伦理思潮》，高等教育出版社 2003 年版，第 163 页。

系本质上是一种道德自觉思想。

二、儒家伦理道德思想的体系结构

(一)逻辑起点

人性论是儒家道德自觉思想的逻辑起点，也是道德修养的理论基础。孔子以性相近为理论基础，衍生出通过修养来实现扬善抑恶的目的；孟子以人性本善为理论基础，延伸出发扬善端的修养之道；荀子则以人性本恶为理论基础，提出需要后天修养造就善性。

孔子认为"性相近也，习相远也"，强调后天环境对个人道德修养的重要性。人的先天禀赋是相近的，但是人在后天生活环境中会产生出"近朱者赤近墨者黑"的现象，即出现了君子和小人的巨大差异。君子之所以成为君子，并非天生具备君子的本性，而是因为他近朱，环境造就了他。环境既能造就君子，也可以使人沉沦为小人。后天环境因素中有些是客观存在，人不能凭借个人意志对其进行改变，只能选择接受。但有的则是可控因素，人们可以充分发挥自身的主观能动性，自觉地选择有利于自身发展的因素为自己所用，又自觉地把礼义引回人自身，克服私欲，规范自身言行，努力按照君子的标准严格要求自己，从而使自己成仁成君。人是道德规范的主导者，要成为君子就应该修身，只有身修，才能实现齐家、治国、平天下。

孟子认为"人性本善"，世人皆有"恻隐之心""羞恶之心""辞让之心""是非之心"，此为善之端，即道德的本源，仁义礼智四德的心理基础。在他看来，人之为人，就应该有与禽兽不同的规定性，而人性就是这个规定性。孟子说"君子所性，仁义礼智根于心"是"我固有之"。也就是说道德主体先天就具有仁义礼智四种良好的道德意识和道德情感。孟子认为只要根据善端的引导，"人人皆可为尧舜"。但是并非所有人都能成为尧舜，根源在于受后天环境的浸染和主观不作为导致其丧失了善良的本心。孟子也认为应该在后天的习得过程中，充分发挥主观能动性，不断发扬内心固有的"善端"，从而成为一个完善的道德人。

荀子则坚持"性恶论"，主张矫治人性，在后天环境中应当对人天性的"伪善"进行矫正，改变人性之恶，养成良好的道德品质。与孟子相反，荀子认为善并非先天的，而是后天赋予到人身上的品质。性虽天生，但是可以通过后天积极学习和修养，使其发生质的变化，即"化性起伪"。荀子认为："尧禹者，非生而具者也，夫起于变故，成乎修为，待尽而后备者也。"①即使是尧舜，也非天生的圣人，他们是通过日积月累的自我修养，才达到人性至善至美的境界。

儒家的后继者们也对人性论进行了相关讨论，如二程认为"性无不善，而有不善者才也……才禀于气，气有清浊。禀其清者为贤，禀其浊者为愚"（《遗书》卷十八）。王阳明则认为"无善无恶心之体，有善有恶意之动，知善知恶是良知，为善去恶是格物"。这些人性论的观点不尽相同，但总体而言，其都是作为他们道德修养理论的逻辑起点而存在。从人性论这一逻辑起点出发，充分发挥主观能动性的基础上，经过后天的长期学习，慢慢修养成为自己理想的"道德人格"。虽然他们的人性观点不同，提出的道德修养方式和途径有差异，但是他们都肯定了后天修养的重要性，其最终目的是一致的，都是为了实现人的道德自觉，追求"君子"人格。

（二）理想目标

道德修养的目标是道德主体所追求的理想人格，更是人在道德修养过程中所追求的终极范式。如何做一个人格完善、道德完美的人？先秦儒家道德修养观的终极范式就是内圣外王。"圣人"这一理想人格的设定，为人们的道德修养制定了一个最高的人格标准，是人们追求至善的必然选择。但是孔子也明确说："何事于仁，必也圣乎！尧舜其犹病诸！夫仁者，己欲立而立人，己欲达而达人。"②作为至高、至大的理想人格，是尧舜都难以做到的，更何况凡夫俗子。孟子继承了孔子的圣人观，认为"规矩，方圆之至也；圣人，人伦之至也"③。作为圣人是至善的表现，"可欲之谓善，有诸己之谓信，充实之谓美，充实而有光辉之谓大，大而化之之谓圣"（《尽心下》）。圣人境界是身与心、形与性、人与天的完满统一，标志着最高程度的道德境界和人格境界。在他心中，孔子就是既仁又智的圣

---

① 《荀子·荣辱》，载章诗同：《荀子简注》，上海人民出版社1974年版，第31页。
② 《论语·雍也》，载杨伯峻：《论语译注》，中华书局1980年版，第65页。
③ 《孟子·离娄上》，载杨伯峻：《孟子译注》，中华书局2000年版，第165页。

人，他鼓励人们在修行的过程中不断见贤思齐，向圣人境界靠近，即做到"内圣"。荀子则强调"圣人"的外在功夫，即所谓的"外王"。在荀子看来，圣人理想人格应该是这样的："修百王之法，若辨白黑；应当时之变，若数一二；行礼要节而安之，若运四肢；要时立功之巧，若诏四时；平正和民之善，亿万之众而博若一人；如是，则可谓圣人矣。"①由此便形成儒家"内圣外王"的完美人格，即在内在修养上"出乎其类，拔乎其粹"，又能行道德教化，有以德治世之功。

圣人太过完美，给修养者一种望尘莫及的感觉，孔子又为世人设计了一个更为大众化的理想人格，即君子。君子是通过自我修养和道德教化之后可以达到的一种高尚的道德人格。君子具有坚定的信念，秉持着重义轻利的精神原则，不断加强自我修养的坚强意志。"君子"人格是仁者的追求，孔子虽未对君子的内涵和外延进行明确的界定，但是从多方面对"君子"提出了要求，简而言之，君子应当具备三个基本的要素：仁、智、勇，做到"仁者不忧，智者不惑，勇者不惧。"（《宪问》）在这三种品质中，"仁"居于核心地位，"智"是"仁"的补充，即"仁者安仁""知者利仁"（《论语·里仁》）。"勇"则是实现"仁"的必备品质，如他所言，"仁者必有勇，勇者不必有仁"（《论语·宪问》）。"君子""圣人"是儒家追求的理想的道德人格，也是衡量人们道德水平的重要尺度。

（三）道德准则

三德八目是儒家的道德修养的价值追求，也是道德规范的基本内容。孔子把"仁""智""勇"并称为"三达德"。而在《大学》中提出了针对个体心性修养的"八条目"，即"格物""致知""正心""诚意""修身""齐家""治国""平天下"。

"仁"是道德原则规范的总纲，包括了礼、义、孝、悌、忠、恕、恭、宽、信、敏、惠、智、勇等诸多德目。孝悌是伦常之德。伦常之道即为家人相处，共同生活，及其生活的原则和轨道。比如父母之慈，子女之孝，兄弟之悌，夫妻之顺，加上君臣之义、朋友之信，合称五伦。孝悌乃是体现宗法关系的品德，视为仁，"民之于仁也，甚于水火"（《论语·卫灵公》）。"仁"是道德之根，是价值之源。其包含的每个德目都是内心之仁对于人、事、物显现的德行。"智"是其中

---

① 《荀子·儒效》，载章诗同：《荀子简注》，上海人民出版社 1974 年版，第 67 页。

最为重要的德目，它是由个别的心灵意向上升到普遍的社会情感，以情挈情，需要有"智"之德。"勇"以"仁"为基础，是一种生命自我承担之勇气。孔子曰："志士仁人，无求生以害仁，有杀身以成仁。"（《论语·卫灵公》）

"八条目"首先从"格物""致知"开始。二程曾说："人之学莫大于知本末终始。致知在格物，则所谓本也，始也；治天下国家，则所谓末也，终也。治天下国家，必本诸身，其身不正而能治天下国家者无之。"（《河南程氏粹言》卷一）然后是"正心""诚意"，《大学》指出："所谓修身在正其心者，身有所忿懥，则不得其正，有所恐惧，则不得其正，有所好乐，则不得其正，有所忧患，则不得其正。心不在焉，视而不见，听而不闻，食而不知其味。"而"所谓诚其意者，毋自欺也。如恶恶臭，如好好色，此之谓自谦。故君子必慎其独也。"齐家在于修身，"所谓齐其家在修其身者，人之其所亲爱而辟焉，之其所贱恶而辟焉，之其所畏敬而辟焉，之其所哀矜而辟焉，之其所敖惰而辟焉。"而治国在于齐家，"所谓治国必先齐其家者，其家不可教而能教人者，无之。故君子不出家而成教于国。孝者，所以事君也；弟者，所以事长也；慈者，所以使众也。"最后是平天下，"所谓平天下在治其国者，上老老而民兴孝；上长长而民兴弟；上恤孤而民不倍。是以君子有'絜矩之道'。"

忠恕之道是为仁的方法，也是儒家的道德准则。所谓"己欲立而立人，己欲达而达人"（《雍也》）、"己所不欲，勿施于人"（《颜渊》）。"推己及人""将心比心"是儒家的基本思维方式，也是孔子认为应当一以贯之之道。"老吾老以及人之老，幼吾幼以及人之幼"则是其精神的重要体现，由己及人是"仁"推进的方式。

中庸之道则是衡量德行的重要尺度，"君子中庸，小人反中庸"。所谓"中庸"指的是不偏不倚、无过无不及的恰到好处。无论是君子、圣人，抑或愚夫愚妇皆可实行，只是自觉的程度有高低之分，领悟有深浅之别。中庸不等同于平庸，绝不是一味调和，它极力反对"和稀泥"的随意调和，体现的是一种不偏不倚的高超的处世智慧。

儒家的伦理思想是以仁为核心，礼为形式，以追求君子人格为目的，以三德八目为标志，采取忠恕之道与中庸原则，涉及人们日常生活中的方方面面的一套完整的社会道理规范体系。

三、儒家道德修养与道德教化

在儒家的伦理道德思想体系中，道德自觉是其核心内容。道德主体的自觉性是道德修养最可靠和最根本的途径，外部环境和教育等因素也或多或少地影响着人的道德修养。因此，道德自觉的养成在于设定一个正确的道德价值目标，树立一个理想的道德人格形象，整合一套完整的道德规范体系，营造一个良好的道德环境和氛围，提供一个科学有效的道德教育方法，最重要的是凭借着道德主体强大的主观能动性和道德自觉性在社会实践中做到"知行合一"。儒家的道德自觉思想的相关内容和道德修养的途径和方法对于当下道德自觉体系的建构和养成有着一定的借鉴作用。

（一）儒家道德修养思想的演变

孔子认为，一个有道德的人要具备两个方面的条件，一个是守道，一个是修德。人的成长过程是不断修养的过程，君子人格并不是一蹴而成的，随着年龄和阅历的增长，人的思想境界逐步提高，才能逐渐地向君子人格靠齐。孔子说："吾十有五而志于学，三十而立，四十而不惑，五十而知天命，六十而耳顺，七十而从心所欲，不逾矩。"（《为政》）然后自谦地说"躬行君子，则吾未之有得"，可见做君子并非一件容易的事。孔子认为"性相近也，习相远也"（《阳货》），为道德修养提供了理论前提。人的本性大体上是无甚差异的，人与人之间的差别取决于后天环境与自我修养，而道德修养最为关键的在于个体的自觉性和主动性，"为仁由己，而由人乎哉"（《颜渊》）。孔子强调克己修身，反躬内省，简单来说，首先是好学，其次是思考、反省，以道德标准来考查自身的行为。再者是躬行实践，衡量一个人的道德品质不仅需要看他的言论，更重要的是看他的实际行动。最后是克己复礼，即"见贤思齐焉，见不贤而内自省也"（《里仁》），就像曾子那样，自觉做到"吾日三省吾身"（《学而》）。道德修养的自觉意识和道德主体的自主精神是个人道德的品质能逐渐提升的保障。当然，孔子认为道德理想的实现，君子人格的养成，不仅需要个体自身的不断修养，也需要依靠外在的道德教育。道德教育的目的是"成人"，内容是诗书礼乐，道德践行之法，明仁义忠信之道。而教育者应当以身作则，"其身正，不令而行"，对受教者有教而无类、因材施教。

　　孟子提出的道德修养的方法和理论与孔子是一脉相承的，他强调道德自觉，注重道德实践，提倡反躬自省。在人性问题上，孟子认为人有四端，只要沿着四端自然的展开，就可以成就善行和理想的道德人格。具体的修养方式，孟子提出了三个：第一，"思诚"，"先立乎其大者"，即坚定道德信念，确立对道德心性和高尚人格的价值追求，"存其心，养其性"，依靠道德良知，克服物欲的影响，进而实现人格的自我完善。第二，"寡欲"，在孟子看来，外在的物欲是阻碍善性充分发挥的重要因素，因此，"养心莫善于寡欲。其为人也寡欲，虽有不存焉者，寡矣；其我忍也多欲，虽有存焉者，寡矣"（《尽心下》）。养心的前提是寡欲，理性的克服私欲，人的善性就能逐渐积累起来。第三，"集义"，在孟子看来，"养气"是道德修养的关键所在，而"浩然之气"的养成是通过"集义"的方式实现的。在这个过程中，人以善性为指导，随着时间的积累，在人的内心中逐渐涌现出精神气质和道德品质，从而形成坚定的道德信念。最终达到一种"仰不愧于天，俯不怍于人"的道德境界和高尚人格。

　　在儒家经典《大学》中对道德修养进行了更为深刻的论述，即儒家的"修齐治平"之道："古之欲明明德于天下者，先治其国；欲治其国者，先齐其家；欲齐其家者，先修其身；欲修其身者，先正其心；欲正其心者，先诚其意；欲诚其意者，先致其知。致知在格物。物格而后知至，知至而后意诚，意诚而后心正，心正而后身修，身修而后家齐，家齐而后国治，国治而后天下平。"（《礼记·大学》）格物、致知、诚意、正心、修身、齐家、治国、平天下是由"内圣"而"外王"的八个步骤，也被称为"八条目"。修身是中心环节，格物、致知、诚意、正心是为了不断完善自身道德，达到修身的目的，而修身并不是终点，其目的是为了齐家、治国、平天下。个人的道德修养是关键，既是自我修养的过程，也是培养治国人才的过程，将个人的命运与国家的命运联系在一起，即将"安邦定国"与"安身立命"联系在一起，从而提升了个人道德修养的重要性，不仅关乎个人，更是关系着家国的大事。从而将道德引入政治，提出"德治"，一定程度上从外部为人的自觉修养注入了一股强制力，加强了个体的道德自觉。

　　儒家的道德修养体系在宋明时期发展到了巅峰状态，主要代表是以程朱为代表的理学派和以王阳明为代表的心学派。程颢和程颐兄弟确立了"损人欲以复天理"的道德目标，并为此提出了以"敬义夹持"为中心的修养方法，即"主敬"和"集义"同时用功，不可偏废，"主敬"，凝聚和积淀天理的观念；"集义"，运用天理所彰显的价值观念去指导自己的行为。"敬义夹持，直上达天德自此。"(《遗书》卷五)朱熹继承并发展了二程的观点，为了实现"存理灭欲"，他提出"居敬涵养"的道德修养方法，即"思索义理，涵养本原"(《语类》卷九)。朱熹对"敬"作出了自己的解释，大致包括三层含义：一，心中有主；二，静坐体察；三，守护心灵，体现为由"敬"经"静"到"净"的过程。当然，朱熹认为仅凭"居敬"是不够的，还需要"穷理"，即涵养的过程，研究事事物物之理。"穷理"的方式在于格物致知。无论是"居敬"还是"穷理"，其最终的目的都需要落实到实际行动中，朱熹强调"行重于知"，"学之之博，未若知之之要；知之之要，未若行之之实"(《语类》卷十三)，学的是做事、做人、为人处世之道，知的是性、理、天，是格物致知之知，行则是道德实践。道德作为一种实践理性，离开了实践就失去了道德存在的意义。陆九渊从"心即理也"出发，提出了重视主观精神的道德修养方式，主要目的在于要人自尊自强，知羞耻荣辱，"成孝敬，厚人伦，美教化，移风俗"(《象山集》卷三十五)。陆九渊与孟子一样，都强调培养人的自尊。自尊是人们对自身价值的自我确认，是对人的尊严、人格的自我尊重。[1] 人的本心本身具有一切善性，因此，道德修养只需向内反省，发明本心，道德修养的过程就是本心的自我发现、自我肯定的过程。自尊是个体对自己的高度认同和肯定，当自身的言行得不到自己认可时就会产生一种羞耻感，所以在道德修养上强调"知耻"。知耻是促进道德行为的心理动力，是人之为人的最基本的道德自觉。另外他还提出"减担""寡欲"的道德修养方式，人心本是固有不学而知、不虑而能的良知，但是外物会蒙蔽本心，因物欲的污染使本心不得其光明，所以为保本心，必须寡欲。欲多则心寡，欲去则心存。王阳明深受陆九渊的影响，认为良知即是天理，通过对儒家经典《大学》的新解释而提出人的道德修养在于"致良知"。"身、心、知、意、物是统一的"，故而道德修养的原则在于"格物之功，只在身心上做"，修养的方法则是"省察克治""事上磨炼""随事尽道"，从而达成"事事物物皆得其理"的修养目标。不同于朱熹"行重于知"的观点，王阳明认为应当

---

[1]　张锡勤：《中国伦理思想史》，高等教育出版社 2018 年版，第 209 页。

"知行合一"，首先，"知是行之始，行事知之成"；其次，"知是行的主意，行是知的功夫"；最后，"真知即所以为行，不行不足谓之知"。

作为进步的思想家和教育家的王夫之十分重视道德教育的作用。他提出"继之者善也，成之者性也"（《周易外传》卷五）的道德修养方法。人们可以通过后天学习来实现完善自我的目的，也可以在这个过程中锻炼和培养自己的善良品质。道德教育的目的就是为需要自我完善的个体提供帮助，引导他们习得善，养成优良品质。在道德教育的引导之下，努力发挥人的道德自觉性是理想的"成人"之路。

新儒家的代表人物冯友兰提出了三个道德修养途径：一是儒家的忠恕之道，二是见贤思齐，三是提高自我的觉解程度。唐君毅强调道德的自我建立，认为人们应该在认识道德责任的基础上，坚持自觉的自己支配自己的价值导向，从而领悟道德的自我，使道德精神不断提高，实现人格完善。

（二）儒家道德修养的方法与途径

儒家主张道德教育和道德修养应从自身做起，并将其作为处理人与人，人与社会关系的基础。儒家的道德原则就是推己及人，将个人道德修养与社会道德规范相结合，实现了道德上个性和共性的统一。儒家的道德教育和修养，不是独善其身之法，而是希望通过道德教育使天下所有的人承担起自己应尽的道德义务，以此促进人与人、人与社会关系的和谐发展。为了达到这一道德修养目的，儒家提出了诸多的道德修养方法。

立志，心之所向即为志，孔子曰："吾十有五而志于学。"（《论语·为政》）立志是修身的第一步，学是为了实现立志的目标。志向，有志方有向，才有目标。孔子说："三军可夺帅也，匹夫不可夺志也。"（《论语·子罕》）"志"是个体自我修养的开始，一个完善的人，总要先有志向，然后为之而学习，学而思，思而行，最后才能形成理想的人格。

博学慎思，孔子曰："德之不修，学之不讲，闻义不能徙，不善不能改，是吾忧也。"（《论语·述而》）"学"是个体修养的基础，尤其是后天学习对道德修养具有重要作用。孔子曾经指出："好仁不好学，其蔽也愚；好知不好学，其蔽也荡；好信不好学，其蔽也贼；好直不好学，其蔽也绞；好勇不好学，其蔽也乱；

好刚不好学，其蔽也狂。"(《论语·阳货》)学习是获得社会道德规范的重要方式，即"仁"的内容。一是学习道德知识，二是学习道德模范的言行。学习是向善向仁的关键一步，"笃信好学，死守善道"(《论语·泰伯》)。道德修养不是一蹴而就的，需要日积月累的学习，还需要广泛学习，正所谓"博学而笃志，切问而近思"(《论语·子张》)。孟子也说："博学而详说之，将反说约也。"(《孟子·离娄上》)总之，学礼、好学、善学、乐学、学而不厌，是个体修养的重要路径。积极主动向他人学习是个体自我修养的重要方式，正所谓"三人行，必有我师焉。"同时，学无止境，个体需要活到老，学到老。但若只是停留在学习阶段是不够的，正如孔子所言"学而不思则罔，思而不学则殆。"(《论语·为政》)个体通过学习获得了繁杂的道德知识，但是就个体发展而言，还需要进行思考分辨，君子有九思：视思明，听思聪，色思温，貌思恭，言思忠，事思敬，疑思问，忿思难，见得思义。慎思是道德自我修养的良好方法，是学以致用的前提，只有通过思考才能清楚地辨别出什么是自己发展所需，什么是有利于自身道德修养的内容和方法。

自省克己，指的是人们在道德修养过程中自我反省、自我省察克治的方法。孔子要求"见贤思齐焉，见不贤而内自省也"(《论语·里仁》)。自省强调通过外在规范来约束个体自身的行为。曾参说："吾一日三省吾身，为人谋而不忠乎？与朋友交而不信乎？传不习乎？"(《论语·八佾》)孟子要求人要"反求诸己"，"行有不得者皆反求诸己，其身正而天下归之"，强调"君子必自反也"(《孟子·离娄上》)。克己，即自我克制、自我约束能力的培养，孔子曰"克己复礼为仁"，每个人都应当克制自己不正当的欲望，自觉遵守社会道德规范，达到"仁"和"礼"的要求。"一日克己复礼，天下归仁焉"。

慎独，作为道德修养的一种方法，依靠道德自觉性来达到修身目的。《礼记·中庸》开篇便说："天命之谓性，率性之谓道，修道之谓教。道也者，不可须臾离也，可离非道也。是故君子戒慎乎其所不睹，恐惧乎其所不闻。莫见乎隐，莫显乎微，故君子慎其独也。"慎独意指人在独处时依旧注意自己的内心和行为，杜绝不符合道德规范的念头和行动。也就是说在没有外界监督的情况下，个体仍能自觉地按照社会道德规范的要求规范自身的思想和行动。《礼记·大学》中说："所谓诚其意者，毋自欺也。如恶恶臭，如好好色，此之谓自谦。故君子必慎其独也。小人闲居为不善，无所不至，见君子而后厌然，掩其不善，而著于善。人之视己，如见其肺肝然，则何益矣？此谓诚于中，形于外。故君子必慎其独也。"能否做到"慎独"是衡量一个人是否为君子的重要尺度，也是衡量他是否能坚持自我修养的重要标尺。一种真正的道德自觉精神，需要将道德视为自我完善的"为己"之事，且能够以坚定的道德意志和鲜明的道德情感立场，秉持着自己的道德信念，对自己的行为进行独立的自我分析、自我选择和自我评价，自主自觉地将善的道德信念贯穿到自身的行为中，如荀子所说"学至于行之而止矣"。慎独诉求于人们高度的道德觉悟和自律意识，真正的坚持慎独，人们就能锻炼自己在道德修养方面的自我主宰精神，从而达到理想的道德境界。

笃行，孔子注重躬行，反对言过其行。孔子认为"君子欲讷于言而敏于行"（《论语·里仁》），又说"君子耻其言而过其行"（《论语·宪问》），"古者言之不出，耻躬之不逮也"（《论语·里仁》）。一个人的道德品行如何，不能只听其言，要观其行。"始吾于人也，听其言而信其行；今吾于人也，听其言而观其行。"（《论语·公冶长》）事必躬行，孔子以身作则，游列国，说诸侯，办私塾，教无类。孟子更加强调在艰苦的环境中践行道德，正所谓"故天将降大任于斯人也，必先苦其心志，劳其筋骨，饿其体肤，空乏其身，行拂乱其所为，，所以动心忍性，增益其所不能"（《孟子·告子下》）。再通过"锲而不舍"的努力，最终达到道德修养的目的。荀子在《劝学》篇中强调道德修养是一个不断积累渐进的过程。而这种积累并不是单单的自我学习和接受道德教化，更加重要的是学以致用，即将自己所见所闻内化为自身的道德意识，再将其外化为自身的道德行为，并在日常生活中潜移默化的积累这种道德修养。

道德修养的途径归纳起来就是内求和外推。内求，即诉诸道德主体自己的主体性，包括了两种途径：一是直接向内求，为人由己，通过自我学习、自我反省、正心诚意、慎独、克治等，使自身的善良意志不断觉醒，自主自觉地将这种善良意志外化为自身的道德行为；二是间接向内求，通过后天的学习，在道德教化的过程中反观诸己，从而使自己道德上不断提高，要好学、慎思、知耻改过等。外推，就是推己及人、推家及国、推伦理及政治、推人及天等。所谓推己及人就是"己欲立而立人，己欲达而达人"，"己所不欲，勿施于人"达到"爱人"。外推的过程也是个体社会化的过程，推己及人内含着由血缘关系推人伦关系；从个人推及家庭，由家庭到家族、到社会和国家，推家及国；推己及人也内含了由伦理推及政治，以德治国，实行王道，反对霸道。外推是建立在内求基础之上的，内求也需要通过外推显现出来，这就是儒家道德修养的核心。

（三）儒家道德修养观的特点

儒家道德强调人的道德主体地位。道德修养是主体的自觉意识，道德修养是主体的自觉选择，道德行为是主体的自觉行为，只有通过道德主体自身的努力，才能达到理想的道德境界，成为自己意欲成为的那种"君子"。修身只能依赖个体自身，不能被他人所代替，需得亲自躬行方可实现。道德修养的实现终归只能靠个体内在的自觉性，他人和社会对自身修养所能起到的作用只能是引导和启发。道德修养最关键的是依赖于个体的道德自觉自律，这必须要有坚强的意志、高度的理性自觉、真心实意地去努力，才能达到理想的道德境界，成为理想的道德人。

在道德修养的过程中，儒家强调道德主体的理性自觉，重视自身修养过程中知、情、意、行等方面的统一。道德修养的实质是人自觉的自我道德完善，也明确了个人在自我修养过程中的主体自觉性。道德修养的过程是人自觉地剖析自己，认识自己的过程，也是不断社会化、被社会认可的过程。在这个过程中，个体不但需要克服自身的"私欲"，还需要进行义利、理欲等问题的思考明辨，进而在自己的主观努力下，通过长期艰苦的自我涵养过程才能形成良好的品德。人们在接受外界道德教化的过程中，仍然需要充分发挥自身的主观能动性，将社会道德要求内化为个人自身的道德信念，并将其演化为自己长期的行为习惯。儒家的道德修养观不是一种空洞的说教，而是一种道德实践方式，它立足于人自身的完善，充分发挥人自身的潜力，肯定人的主观能动的积极作用。

对道德实践的重视是儒家道德修养思想的突出特点，即强调"躬行"是道德修养的重心。儒家思想家不仅倡导发挥道德主体的主体能动精神，更应注重把这种道德自觉精神运用到实践活动中。孔子在道德修养问题上"躬行实践"的主张对个体的道德修养具有重要的启示作用。不仅如此，孔子还身体力行的践行自己的理想。为了实现自己的政治主张，孔子周游列国，多方游说，无果后，又顺应文化下移的历史潮流，率先创办私学，培养了大批有才干的学生。"有教无类"

等诸多教学理念也在道德教化的过程中得以彰显，学生们也通过耳濡目染的方式获益良多。儒家道德修养理论不仅注重道德实践，更注重在逆境中磨砺个体的意志。如孟子关于"天将降大任于斯人"的论述，激励了无数的仁人志士正确面对人生的逆境，并且逆境中锤炼自己的个人品格，力求做到"富贵不能淫，威武不能屈，贫贱不能移"，铸就了属我的道德人格。个体在道德实践的过程中面临着各种各样的困境，个体应当以积极的心态去面对生活中的磨难，在现实生活中不断锤炼自己的意志品格，自觉将道德认知运用到道德实践中，实现人格的自我完善。

第二节　当下道德自觉的养成路径

从儒家道德自觉思想的养成之道，我们可以窥探出：道德自觉的养成是一个渐进的过程，而不是一蹴而就的，需要的是个人、社会各个方面的相互配合与协作，而不是某个人或者某个社会的责任。道德主体在这个体系中占据着主导地位，自身的道德修养是道德自觉不可或缺的重要部分，社会的引导、必要的奖惩机制、良好的道德环境等都是影响道德自觉养成的必要条件，同时人的道德自觉的养成反过来又可以促进人的自由全面发展和推动社会的良序发展。

一、建构道德自觉的目标导向机制

我们正处于一个最好的时代，也是最坏的时代，正如莫兰所说："我们人类不仅处于一个不确定的时代，而且处于一个危险的时期。"①多元化是这个时代的标签，不同于传统一元价值世界的专制与束缚，多元化的价值不仅为个人的发展提供了一个宽容的空间，更是极大程度地促进了个体的自主性发展，为个体提供了多种多样的机遇和选择，极大程度地促进了人的解放和发展。与此同时，我们也面临着前所未有的挑战和困难，多元价值之间的相互碰撞给人带来了极大的冲击，物质所带的诱惑也让更多的人迷失在这个物欲横流的世界。怀疑和不确定给人的精神世界带来了极大的困惑，道德的力量在失去神的庇护和政治的约束之后

---

① ［法］埃德加·莫兰：《伦理》，于硕译，学林出版社2017年版，第5页。

逐渐式微，甚至出现了道德无用论的言论。这无疑对于人的全面自由发展是不利的，物质文明和精神文明是人不可分割的两个部分，缺一不可，也不能厚此薄彼。道德自觉作为个体自我发展的必修课程，是一个动态的过程，是不断养成的。对于个体最终的道德修养能够达到什么样的程度，能够积累多数善念，做成多少善事，是无法估量的，我们也不能设定一个标准，正所谓没有最好，只有更好。但是建立一个道德自觉的目标导向机制却也是必要的，这个目标导向应当是明确的、具有实现可能性的、理想性与现实性相结合的目标体系。她为个体的道德自觉养成提供一个外在的动力，确立一个前进的方向，而这个方向的最终目的是"善"，是人的解放和发展。其主要的目的是为了促使人们的存在方式随着生活实践的发展变化而不断发展变化。这个目标体系既不是一个随心所欲的，也不是定量的，而是合乎人的身心发展规律和社会发展规律的，是合目的性与和规律性的统一。

首先，道德自觉的养成需要相关的道德价值作为导向，这个目标导向需要符合时代发展，又要符合基本的道德原则。道德价值是道德自觉的灯塔，指引着人的前进方向，正确的道德价值的引导，是个体能够快速养成道德自觉的重要因素。确立一个能够促进社会和个体发展的主流道德价值，并且引导个体与社会向着既定的道德价值的目标前进，能够避免个体在自我修养的过程中迷失自我，同时也为个体指明了方向。同时，也需要给有利于个体个性发展的道德价值提供一个相对包容的生存空间。人是共性和个性的统一，我们无法要求所有人都做到圣人的要求，但是我们不能阻止个体追逐圣人的步伐。道德价值有多种层次，因此，个体道德自觉的程度和水平也存在着一定的分层，这是允许出现的。

其次，道德自觉的养成是人自我发展的需要，目标导向通过理想的道德人格这一综合特性表现出来。道德自觉追求的是人的解放和人的发展，不是为了约束人的存在，道德是为了让我们成为更好的人。因此，从这个角度来看，对于想要变得更好的人而言，道德是一种手段，也是一种工具，是一种自我发展所需要的东西，因人欲求的程度不同，其自觉性也存在着一定的差异，欲求最强烈的人，其自觉养成的道德自觉的程度也会相应更高。对于混天度日的人和意欲为恶的人而言，道德是一种规范，是一种强制，是一种约束，是一种防患于未然的方式。道德对于这些人而言，不可能完全抑制其不作为或是为恶的行为，但是也在一定程度上限制了事情变得更坏，而这些人道德自觉的养成主要通过外在的约束，逐渐变成一种习惯，他们或许并不想成为一个善人，但是无形之中也自觉地践行着道德规范的内容，避免成为一个更坏的恶人。理想的道德人格为人的道德修养提供了一个参考范式，是一个榜样式的存在，比如，我们现在提到雷锋或是雷锋精神，并不仅仅是那个实体的人，更多的是指符合了我们设定的一种理想的道德人格的代表人物，只要达到了这种理想人格的标准，人人都可以是雷锋。

最后，道德自觉的出发点和归属点是人的自我发展、自我完善，目标导向必须是为人的自由全面发展服务。以儒家道德为例，它在封建社会的建立和发展时期确实发挥着重要的作用，在那样一个时代，儒家道德就是一种典范，是自我发展所需要的精神指导和行为目标，但是随着时代的发展，到了明末清初，这种传统范式失去了生存的土壤，因循守旧的做法不仅无法促进人的发展，反而违背了历史发展的必然规律，成为了人们的精神枷锁，最后阻碍了个体与社会的发展。善这一目标是不变的，具体的内容是会随着时代的变化而发生调整的。道德自觉不是说坚持某一种道德观念，至死不渝地执行到底，而是说在道德价值的引导下，自觉地利用道德来促进自我的发展，当时代和环境发生了变化，我们也应当自觉地调整着我们的道德观点，相应地改变一些道德习惯和道德行为，让人不断地从束缚中解放出来，最终实现人的自由全面发展。

（一）引领道德回归现实生活

道德不应当仅仅停留在形而上学的思考，或是学者们的学术讨论之中。它必须回归生活，直接面对现实、面对社会、面对生活。在社会实践活动中，切实可行的指导着人向着美好幸福的生活前进，促进人的身心发展。直接的目的，道德自觉必须引领道德回归生活，这是解决道德失范和道德冷漠事件的一个基本途径。

引领道德回归现实生活，是道德自觉的基本的、直接的目标。道德曾经是我们最为重视的价值之一，是人们日常生活中最基本的一种规范，是人类社会生活生产最为重要的"游戏规则"之一，在一些相对封闭的地区，道德就是人们的生活方式和必须遵守的规范，相当于法律的作用，其重要性更甚于法律。但是随着地区与地区之间的交往不断加深，政治国家的建设日益完善，道德失去了统治力，在其他价值的冲击下，道德的力量也不断地式微，在某些地区、某些领域，道德甚至被认为是一种"过去式"，不再成为人们追求的价值目标。金钱至上、利益最大甚至变成了一些人的普遍追求。人不是天生的道德家，但天生具有动物的属性，正如恩格斯所说"人来源于动物界这一事实已经决定人永远不可能完全摆脱兽性，所以问题永远在于摆脱得多些或少些，在于兽性或人性上的差异"①，换句话说，"一个人心中，住了一位天使和一位魔鬼"，关键在于天平更偏向于哪一边。霍布斯悲观地认为"人对人像狼一样"，世界上最可怕的不是那些大型食肉动物，不是饥荒、甚至不是疾病，而是人自身。资本主义的崛起，为人的发展营造了一个更大的空间，人的能力也得到更大程度的提高，在人与自然的关系中，人拥有更多的话语权，大量的物质财富、丰富多样的文化，人似乎变得无所不能。然而残酷的现实是仅仅两次世界大战就比我们口中"黑暗中世纪"中所死伤的人数多得多，不仅如此，罪恶的奴隶买卖，不仅夺走了大量的生命，也夺走了他们最基本的权利，其等级严苛程度，对奴隶的剥夺程度比奴隶社会更胜。人们在获得思想解放和行为自由的同时，自然属性也开始凸显和张扬，产生了享乐主义、利己主义和极端主义等各种不良的现象和风气。人的精神开始分裂，出现多重人格，多重审判标准，一方面，表现出对现实状况的不满，另一方面又沉浸在这样的状况中而无动于衷。尤其是近来，在网上出现各种不良的道德事件后，人们几乎是众口一词的进行道德指责，但是在教育孩子或是关照家人时又强调"摔倒老人不能扶"，"不要多管闲事"。当然，更为严重的是一些人将"道德"作为谋取私利的工具，比如"诈捐""碰瓷"。这些现象的出现让我们不得不重新审视"道德"的价值与用途。

引领道德回归现实生活，是社会有序发展的迫切需要，同时要避免道德被工具化、形式化和边缘化。道德回归生活，"不是只把生活世界之外存在的现存的道德规范拿到人的现实生活中来，而是强调人要在人的现实生活中发现、发掘高尚的道德观念、道德行为和道德品质，并发挥它们的价值引导作用"②。现实生

---

① 《马克思恩格斯选集》(第 3 卷)，人民出版社 1995 年版，第 442 页。
② 李培超：《让高尚的道德回归生活、引领生活》，《新华文摘》2006 年第 18 期，第 34 页。

活中，多种价值相互交织，虽然给人自觉履行道德义务增加了难度，但是每个人内心都应该有一个"道德律"的存在，在价值选择的时候应当把道德作为重要的参考，而不是一味追求名利、地位、身份。道德不是万能的，但是没有道德是万万不能的，道德是人区别于动物最为重要的依据，虽然说不是所有的事情都需要进行道德评价，但是基本的道德观念、分辨善恶是非的能力是人不可或缺的，在道德领域中，人自觉地利用道德这一衡量尺度来指导自身的行为是作为一个社会人的必要条件。只有道德主体自觉地树立起道德意识，在社会实践中自觉地承担道德责任，不断践行社会的道德规范，道德才能真正回归现实生活，人们在这个过程中逐渐形成良好的行为习惯和生活态度，而社会也会展现出良好的秩序和风尚。

（二）塑造理想的道德人格

道德修养的目标指的是人在道德修养过程中所追求的终极范式，即道德主体所追求的理想道德人格。以儒家伦理精神为内涵的中国传统道德文化秉持着"仁与孝"的理念发挥着教化世人的作用，而其终极目标则是建立道德上的"君子""圣人"。孔子把道德上完美的"圣人"视为最高理想，但是于普通人而言却难以实现。因而又设定"君子"这一理想人格为补充，不仅尧舜等圣贤已经做到了，而且也是人们经自我修养和努力之后所能达到的目标。孟子和荀子强化了君子所具备的道义素质和"重义轻利"的特征。此后，儒家所宣扬的君子之风便成为了人们竞相追逐的自我修身之道。

但随着封建王朝的腐败与落后，儒家伦理道德思想也开始逐渐式微，一直到新儒家的崛起。新儒家的代表唐君毅说"唯人格之完成，为一切精神之活动，最后表现意义价值，而得安静安顿之所"①。唐君毅的"道德人格"是个人人格的道德性标志，它表示每个人的人格在处理与应对伦理关系具有独特性。也就是说，每个人都有道德人格，但所呈现出的形式和水平有所不同。这是因为在日常生活和社会伦理关系中人的道德主体性精神得以不断展现，成就了"属我"的道德人格。

① 唐君毅：《哲学论集》，台湾学生书局1990年版，第704页。

　　理想的道德人格是个体道德修养的目的，也是个人学习和模仿的典范榜样，更是衡量一个人德行的重要尺度和标准。道德自觉与道德人格是相辅相成的，道德人格是在道德自觉的践行中不断完善的，道德人格的形成又反过来促进道德自觉地践行。塑造一个理想的道德人格是推动道德自觉的重要环节，更是道德自觉的目标设定。理想的道德人格是在道德领域中现代社会的价值理想和时代精神的凝聚。"每一个时代都有自己的理想道德人格。它体现着一个时代的人生追求和价值取向，体现着做人的方向和人格标准。"①通俗意义上来讲，就是要设定一个与当下时代相符合的"君子"人格形象，用以体现当代人的道德价值追求和理想的道德形象。马克思指出："'特殊的人格'的本质不是人的胡子、血液、抽象的肉体的本性，而是人的社会特质。"②也就说，人格的本质需要从社会关系中获得它自身的合理的规定，而不仅仅是从生物个体的属性规定。道德人格是人在道德领域中的一种特殊的人格体现，是人的社会属性的体现，是在"善"的引导下，人努力抑制人性之恶，追逐人性之善的基础上形成一种完满的人格形象。就像孔子对"君子"人格的设定一样，它并不是一种既定的模式，也不是一种统一的范式，他是在一定道德原则指引下的向善的趋向。我们无法设定某一种具体的理性的道德人格，但是我们可以描绘一种理想的道德人格的蓝图，设定他应当需要具备的基本道德要素。理想的道德人格首先应当具备高尚的道德情操，能够有利于人的健康生活和个人的发展，重视个性的自我张扬和生命价值的追寻，充分发挥个体的主体性、创造性、自觉性。

　　首先，道德自觉要塑造的理想道德人格是一种主体性的人格，这种人格的基本特征是：理性、独立、自主、自为、自觉、自由。主体性的道德人格是时代精神在个体身上的凝聚与表征的本质体现，是个体道德素养与道德践履在个体身体上的总和表现。人的主体性不断增强的过程是道德自觉性增强的过程，也是主体性道德人格逐渐形成的过程。主体性道德人格"担负着超越世俗化、商业文化、消费文化、大众文化中的浅俗、平庸、单向度、感官刺激、对精神境界追求的缺

---

　　① 肖川：《主体性道德人格教育：概念与特征》，《北京师范大学学报》1999 年第 3 期，第 23-28 页。
　　② 《马克思恩格斯全集》(第 1 卷)，人民出版社 1956 年版，第 270 页。

失等价值追求的责任"①。主体性道德人格的建立是人们为了达到追求善这一目的而采取的自觉自愿的行为，与灌输、强迫等外在的方式相比，更能够凸显人的主体性，也更容易使人的主体性人格得以形成和确立。

其次，道德自觉要塑造的理想道德人格是一种创造性人格。"人格即能力，即创造。能力和创在性之源在于人的道德能动性，它表现为道德意志，构成人格灵魂的本质。"②创造性是人能够永葆活力，不断发展的重要因素，塑造理想的道德人格是为了促进人的道德自觉，更是为了实现自我发展、自我完善的目的。人的道德素养的提高离不开精神生活的提升，因循守旧显然无法跟上时代发展的变化，无法做到与时俱进，那么谈何发展。先进的道德意识有利于个体的道德修养的提升，促进个体的发展，而落后的道德意识不仅阻碍个体的进步和发展，甚至会影响到社会的变革和发展。创造性人格是一种积极的、敢于不断追求和创造崇高的精神生活，激发人的活力，丰富人们道德自觉的手段和方式，可以将人解放出来，实现道德自由。

最后，道德自觉要塑造的理想的道德人格是一种现实的社会化的人格。"至善"的确是人们不懈地追求，但是理想的道德人格应当是人们经过努力有可能达到的现实的目标，而不是抽象的超越世俗的不可企及的梦想。人是现实的、具体的存在，我们所设定的理想人格也应当是现实的、具体的，在人的能力范围之内的可以实现的一种道德人格。脱离了现实性，道德人格就是抽象的虚无，失去了它存在的价值和意义。按照亚里士多德的说法，人既不是神祇，也不是野兽，只是城邦中的一员，无法像全知全能的神一样无所不能，也不是像野兽一样毫无人性。理想的道德人格并不应是十全十美的，但是它一定是善的，符合德性要求的，也是被人们所认可的。在现实生活中，道德模范的存在就是理想道德人格的具体化，是现实存在的理想道德人格，他的言行符合道德原则，但是不拘泥于相同的形式，只要动机和目的是善的，采取的行为在不违背道德原则的前提下可以多元化。理想的道德人格既可以是全方面的，也可以是针对某一特定的领域的，

---

① 肖川:《主体性道德人格教育:概念与特征》,《北京师范大学学报》1999 年第 3 期,第 23-28 页。

② 万俊人:《现代西方伦理学史》(下卷),北京大学出版社 1992 年版,第 357 页。

核心是符合道德原则和道德规范,"扬善抑恶"。

当然,理想的道德人格的塑造并不是一蹴而就的,它是一个永无止境的发展过程,不仅需要个体在社会实践中的不断努力,也离不开社会环境影响和道德教育的配合,理想的道德人格的塑造必须符合人的本性,也需要符合现代社会发展规律的客观要求。在传承传统道德美德的同时要创造、创新,不断强化个体的道德自律精神,促进个体的自我发展和自我超越,更要促使潜在意识向自觉行为转变,在社会发展变化和时代变迁中塑造和完善理想道德人格。

(三)促进人的自由而全面发展

道德自觉的最高目标和理想状态是促进人的自由而全面发展。道德不是为了束缚和约束人而产生的,相反,道德是为了使人变得更好、更强,是个体自我发展、自我完善的内在需要。道德自觉并不是按照一定的模型将人修剪得像盆栽一样,道德自觉是个体按照自己意欲成为的"好人"的标准而自觉自愿按照道德要求来规范自身言行的过程。人的解放是自由意志得以显现的重要条件,也是人能够自由发展的前提。人的解放,首先在于人的思想观念的解放,个体需要对自身有一个清楚的认识,即自我意识,对自身的发展和完善有坚定的信心和明确的目标设定,自主自觉的学习和吸纳有利于自身发展的道德意识。不仅如此,在现实生活中,人的解放还与物质相关,"仓廪实而知礼节,衣食足而知荣辱",也如孔子所说"富而后教"。人的精神境界的提高与物质财富丰富有着密切的关系,虽然在乱世中,也不乏道德高尚者,但是整个社会的道德水平却是令人担忧的。物质生产条件的改变,人们生活水平的提高,使人能够从物欲中解放出来,为人自由的展现个性提供了条件。

按照马克思的理解,"人是一切社会关系的总和",那么促进人的自由全面发展必须立足于现实的社会关系。"个人的全面性不是想象的或设想的全面性,而是他的现实关系和观念关系的全面性。"①道德自觉以人的自由全面发展为最终目的,就必须关注和立足于现代人所面临的生存环境,从现实出发,以现实的人为基本出发点和最终归属点,促进人的物质文明与精神问题协同发展,避免将人

---

① 《马克思恩格斯全集》第 46 卷(下),人民出版社 1980 年版,第 36 页。

当作"经济动物"，成为物欲的傀儡。个体是社会的重要组成部分，社会是个体生存的重要方式和基础。社会是由无数个体组成的，是个体的集合，社会利益也是个体集体利益的体现，个体的发展影响着社会的发展，反过来，社会的发展也影响着个体的成长和发展。要促进个体的道德自觉离不开良好的社会环境，个体的自由全面发展也需要社会为其营造一个良好的环境，在一个封闭落后的社会环境中，个体的自由发展也会受到一定程度的阻碍。说到底，人始终是社会人，无法脱离社会关系而独立存在，因此推动社会的物质文明和精神建设，是促进人全面自由发展的必要条件。

"自由的有意识的活动"是人类的特性，促进人的自由全面发展需要人的个性化发展，展现出人的自由个性。"自由的个性，是指个人能力作为个人且最根据其意愿充分自由地表现和发挥其创造能力，可以自由地实现自己的个人生活和社会生活。"①在马克思的自由个性概念中本身蕴含着人的自我发展与自我规范、自我解放与自我成全、自律与他律之义。显然，每个人对自己意欲成为的那种"好人"的设定是不同的，在普遍适用的道德原则指导下，每个人自觉按照着自己的意志，采取自己认同的方式前进是客观存在的现实。道德自觉的目的是引导人们在现有的社会分工和社会关系的前提下，逐步成为"有个性的个体"，即个体的发展与社会关系相适应，既符合社会的需要，又展现出个人的自主性。道德主体的自律精神、自觉意识和高度的自主性是实现自由个性的基本要求，个体凭借着自己的理性、良知，在道德律的指引下，个人成为道德上的自由人。

人非生而知道自己应当以何种方式生存，应当确立何种人生目的，应当去追寻何种道德价值。随着人的成长，人的认知和自身能力逐渐增强，人的心智也逐渐成熟，开始逐渐知道自己想要的是什么，应当采取何种方式来实现自己的目的，从而人自觉地按照自己的计划循序渐进的向自己的目标前进。在这个过程中，人不断地解放自己，不断地展现自己的自主性，自由自觉地展现自己的个性，发展自我，完善自我，成全自己。

二、个体的自我修养

道德自觉，说到底还是个人的自主自觉自愿的行为，道德修养是人自我修养

---

①　黄楠森：《人学原理》，广西人民出版社 2000 年版，第 419 页。

的过程，任何人或是任何外力都无法在真正意义上改变一个人的道德修养。所以道德修养的关键在于个体自身，自我修养是提高自身道德素质，实现道德自觉的保障。在个人自我修养的过程中，自我道德意识的逐渐觉醒，不断地学习和吸收普遍道德原则和社会道德规范，同时不断地在社会实践中去尝试和检验。

（一）个体的自我反思

内省或者说自我反思是儒家最重要的自我修养方式，"内省不疚，夫何忧何惧"《论语·颜渊》。内心的自我省察是内心独立自主思考的过程，省察的内容主要包括两个方面，一个方面是省察自身，即个体通过反思的形式对自己接收到的道德理念和道德知识进行吸收内化，用自己的道德判断重新审视自己之前的言行，进而在自己内心世界中逐步形成一个相对更为成熟的思想指导体系，作为今后的行为指南。另一个方面是反思他人的言行，做到"见贤思齐焉，见不贤而内自省也"（《论语·里仁》）。反思他人的言行，目的不在于对他人的行为进行评价，而是通过他人这一面镜子来审视自己的言行，当看到别人身上的优点和高尚的道德品德时要保持谦虚谨慎的态度向其学习和请教，通过吸收内化为属于自己的道德意识，当看到别人身上的缺点和不良的道德行为时，要反思自己身上是否有这样的问题，"有则改之，无则加勉"。

自我反思是自我成长的必修课，在自我反思的过程中，需要逐渐确立起"自我"的主体形象，理性的审视自身，清楚地知道"自我"的主体需求和自身的道德行为能力，逐步唤醒自己内心的道德意识，并且将有利于自身发展和自我完善的道德原则和道德规范内化为自我的道德认知，进而使其成为"自我"的自觉自愿的道德指导思想。自我反思是自我主体性的展现，是自我理性思考的过程，也是自我内里历练的过程，在这个过程中，自我的心智开始逐渐成熟，开始逐渐形成自我独立的人格。自我反思其实就是自己与自己对话，自己与自己之间的博弈，也是善念与恶念之间的博弈，而这个博弈的结果直接影响到了自我的道德判断，影响着自己日后的言行。自我反思的过程是循环往复的，随着人的成长和阅历的增多，自我反思的内容和深度也会不断地改变和加深，个体也会更加的成熟和理性，明辨是非的能力也会一定程度的提高，对自我的认识也会更加的深刻，实现自我的可能性也会更大。

自我反思是一个"去粗取精"的过程，也是个人洗尽铅华的过程。人性并非是完美无缺的，在人性中还保留着一些野兽的自然属性，正如荀子所说："今人之性，生而有好利焉，顺是，故争夺生而辞让亡焉；生而有疾恶焉，顺是，故残贼生而忠信亡焉；生而有耳目之欲，有好声色焉，顺是，故淫乱生而礼义文理亡焉。然则从人之性，顺人之情，必出于争夺，合于犯分乱理，而归于暴。"（《荀子·性恶》）不仅如此，人在成长过程中会面临着各种各样的诱惑，潜藏着许多可能腐蚀人的恶的因素，所以人心需要长期的"净化"。在自我反思中不断地强化"善念"，摒弃"恶念"，使个人能够始终保持一个正确的道德价值观，坚定不移地贯彻自己的善良意志，矢志不渝走向自己的目的地。自我反思的意义就在于此，如何更好地保持自己的初心，如何实现自我发展和自我完善，如何成为一个更好的自己。

（二）个体的自主学习

个人道德修养的过程是个人在后天不断习得的过程。学海无涯，逐善无止境。自主学习是个体获得道德知识和道德经验的重要途径，人非生而知之者，但是人最大的优势在于人的学习能力，在学习的过程中，人不仅能获得相关的理论知识，还能够提高明辨是非的能力。主动学习和被动接受是完全不同的，人的主动学习是人自主、自觉、自为的一种行为，是自我的发展的需要，是人的主体性的体现。

孔子曰："学而时习之，不亦乐乎。"自我学习是为了针对性的获取自身发展所需要的道德知识和道德经验。自我学习分为两个层次，首先表现为模仿，在人的幼年时期，缺乏明辨是非的能力，身边的人和事成为了最为主要的参照物，尤其是父母的言行是儿童首选的模仿对象，其次是同龄的伙伴，按照皮亚杰对儿童道德发展阶段的区分，在他律阶段，道德权威主要来自于父母的观念，儿童在模仿之中探寻自身行事的风格，当儿童的行为得到父母认可时，会鼓励儿童重复此类行为，而当儿童的行为被父母否定时，儿童会尽量避免或减少此类行为，并且将这种外在的约束内化为自身的行为准则。模仿的行为并不局限于儿童时期，在人的成长过程中，甚至是成年时期，这种模仿行为依旧存在。当社会树立起某种道德模范的形象时，会无形中激励着人们模仿道德模范的言行，试图向这种被社会认可的道德模范的形象靠近。个人的模仿行为是基于自己对那些道德行为和道德人格的认同，是个人自我完善的体现，同时也表明，这个时候的个体自身的道德人格还处于建构的初期或是还没有达到自己认可的状态，自身的道德价值体系还没有成熟，个人依赖于外界的道德权威。随着人的道德人格的不断完善，人的自我学习进入了更高的一个层次，即反思中的创新性学习，也就是说，人不再只是简单的模仿和学习，而是经过自己的理性反思，对接受到的相关道德事件和道德模型进行综合分析，保留其精神内核，并且注入自身的理性思考，使其内化为自己的道德思想体系，逐步形成以自我为主体的道德判断标准，在心目中开始逐渐形成自己理想的道德人格并作为自身的追求目标。模仿常常停留在形式和表面，而反思中的创新性学习则深入到了精神的内核之中，甚至超越了原本的精神，深化了这种道德精神。当进入到这个阶段时，人的道德人格轮廓逐渐清晰，自身的道德判断能力也基本形成，能够自觉地履行自身的道德责任，自觉地将善念转化为善行。

活到老，学到老。人的自我学习伴随着人的一生，没有最好，只有更好，自我学习的目的是使自我得到发展，通过自我管理、自我调控，不断完善自我，从而成全自我，变成自己意欲成为的那种"好人"。"好人"没有一个固定的模式，也没有一个特定的标准，衡量的尺度主要依靠的是社会的主流价值观和个人的自我认识。自我认识来源于社会，社会的主流价值观是无数自我价值观的集中体现。所以，这里自己意欲成为的"好人"并不是人纯粹的主观设定，而是自我意识与社会主流价值观相统一的结果。也就是说，自我学习需要设定一个符合社会要求和自身发展的正确的道德价值目标，否则，自我学习就失去了意义。正确的道德价值是指引人前进的灯塔，自我学习的过程中也需要注意提升明辨是非的能力，不仅要学习正确的道德思想和道德经验，更要筛选出适合自身发展的那部分，并且着重培养自身这方面的能力。

(三)个体的自觉践行

"纸上得来终觉浅，绝知此事要躬行"。说一千，道一万，最终还是要落实到践行当中，绝大多数人都心存善念，但是主动为善的人却相对要少得多。从这个角度来说，人缺乏的不是善的理念，而是善的践履。这也是德育难以取得一个让人满意结果的重要原因，是问卷调查或实验与现实情况相分离的症结所在。道德心理学家通过实验所得出的青少年道德发展理论只是表明人们的道德认识情况，而非其道德实践中所展现出来的真实水平，因而其所设定配套道德教育体系只是一定程度上提高了人们的道德认知和对道德问题的思考水平，并没有真正意义上的提高学生的道德水平。道德水平的提高不仅需要道德意识、道德认知能力的提高，更重要的是道德践行的力度的提升。

当下，随着道德的社会约束能力的下降，人们的道德责任感也开始下滑。道德不作为被视为一种自我保护，人们常常怀揣着一种"事不关己高高挂起"态度，认为只要不主动为恶便是善。但是，正如阿伦特所说，无所作为往往造就的是一种平庸之恶，是一种集体的不道德行为。自觉地按照道德价值的指引行事，主动地将善念落实到实际行动中才能够真正实现善，才能够促进自身的进步和实现自身的完善。一个真正善良的人是自觉践行善行的人，而不是一个满口仁义道德却不做实事的伪君子。道德作为维持社会发展和促进自身发展的游戏规则，其设定的目的并不是仅仅停留在理论探讨之上，而是要真正变成指导人们行为的准则和规范。道德的真正约束力应当来源于人的内心的良知，来源于人想要变好成为善良的人的强烈意志，来源于人们普遍的价值追求。

善良意志的自觉践行是人自律精神的集中体现，只有自律的人才会因为心中的坚持而自觉地履行自身所承担的道德责任，也只有自觉地将善念转化为善行的人才能成为自律的人。善行是善的外化表现，也是证明人是"善人"的重要证据，一个道德的人永远不可能只停留在"知"的状态，"行"才是最终的目的，"知行合一"是对道德修养者的基本要求。

三、建立良序的道德自觉机制

个人的道德修养水平和道德自觉程度不仅是个人自主修身的结果，也离不开必要的社会环境，人并非天生的道德家，许多的道德知识和道德规范都是在后天的环境和教育中不断习得的，因此，建立一个良好的道德自觉的社会机制有利于个人的成长和道德自觉的不断养成。

（一）制定合理的道德奖惩制度

"道德奖惩是善恶价值的现实化，即社会加以褒奖的往往是善的行为，而极力加以惩罚的是恶行。"[1]道德奖惩是伴随着道德评价而产生的，是为了执行道德评价结果而产生的一种机制。用佛家的话来说，"善恶终有报"，而道德奖惩机制就是为了执行这一"审判"结果而应运而生的。道德不同于法律，有强大的国家机器来保障其权威性，使其有绝对的执行力。道德最大的依仗是个人的良心和社会舆论，个人的良心只有在"向善"的心中具有绝对的权威，它可以促进人"趋善避恶"，但是对于那些"唯利是图"的人来说，个人的良心并不足以驱动他主动去"趋善避恶"。道德奖惩机制与良知的目的是相同的，是社会组织根据对应的道德价值标准，对其社会成员履行道德义务的不同表现所实施的一种社会性"报偿"，是社会赏罚的一种基本形式。道德奖惩是社会对个人行为的道德评价结果的执行，与道德评价密切相关。

合理的道德奖惩机制表达的是社会的一种态度，惩罚恶行的目的不是"以暴制暴"，而是试图引起人们心灵的震撼，推动人们反省和检查自己的行为取向，思考自己与社会之间应有社会关系，进而选择应有的行为目标和行为方式。奖励善行是为了激励人们不断向善，鼓励那些意志薄弱或是徘徊在善恶边缘的人能够坚定地朝着"善"的方向前进，让他们相信"善终有善报"。基于此，道德奖惩的第一个特性便是对善的高扬和对恶的惩罚。

道德奖惩的第二个特性是它往往表现为一种精神性奖惩。道德奖惩与奖惩方式不同，他主要的手段是社会舆论，从而营造一种社会氛围对被奖惩的人产生影响。道德奖惩作为一种软性的手段，它通常是利用人们的自尊心和羞耻心，根据道德标准对其行为进行善恶之分，并且肯定善行，否定恶行。传统的做法是，对好人好事进行口头褒奖，并对其精神进行高度赞扬，甚至是将其视为道德模范，对其行为进行宣扬和传播，从而使其赢得人们的尊重和追随；而对坏人恶事进行批评和抨击，并将其恶行公诸于众，接受人们的批判，使其内心感到羞耻，成为

---

① 李建华：《趋善避恶论——道德价值的逆向研究》，北京大学出版社 2013 年版，第 205 页。

警示人们的典型。一个是非分明，善恶有别的社会是保障身处于这个社会环境中的个人能够树立正确道德价值观的重要前提，合理的道德奖惩机制给个人树立起了一个正确的道德价值标杆，知道什么可以为，什么应该为，而什么是不可以为，也不能为。

道德奖惩的第三个特性表现为它通常与法律等其他的奖惩方式联系在一起，成为一种实体性的惩罚机制。在历史上，很长一段时间，道德奖惩机制是与政治、经济等捆绑在一起的，不仅影响着个人的道德评价，甚至于对他的仕途和经济生活有着密切的关系，而在古代的宗族之中或是一些相对偏远封闭的地区，道德等同于法律的存在。当然，现在道德奖惩力度开始不断地下降，呈现出式微的状态。但是不可否认的是，道德依旧是法律的重要来源之一，同时个人的道德素质依旧是我们评判一个人的重要标准之一，道德奖惩的结果也影响着我们对一个人的评价看法。一个道德败坏的人依旧不能得到社会大众的认可，不仅影响着他的就业、交际，更有可能影响着他最基本的生存环境，尤其是在网络时代，任何的坏人坏事一旦被公之于众，所有的人都有机会看到，对他进行的批评也是成倍增加，接受的惩罚力度也会增加。道德惩罚与经济挂钩，与其所享受公共设施或社会福利相联系，比如不爱护公共卫生可能遭到罚款，不诚信的人在贷款时会受到限制，不遵守高铁动车等社会公德的行为可能被剥夺乘坐高铁动车的机会等。无论是在公司、企事业单位、政府部分，考核一个人的业绩时，个人的道德品质都是考核的标准之一，影响着他就业、升职。

善不扬，恶不止。合理的道德奖惩应当以合理的道德评价为前提，或者说道德奖惩与道德评价具有一致性，二者相辅相成。道德评价结果影响着道德奖惩，道德奖惩又保障了道德评价的权威性。道德上的奖惩需要有公正的道德评价为依据，常见的道德评价往往从动机和结果两个角度进行考察，主要有四种情况：第一种，动机善，结果善；第二种，动机恶，结果恶；第三种，动机善，结果恶；第四种，动机恶，结果善。最理想、最好的情况的应当是第一种的善，而第四种被视为"伪善"，情况比较复杂一点的是第三种，从义务论的角度来讲是善，从效果论的角度来讲是恶。人并非十全十美，人的行为也并不是黑白分明的，在现实生活中，一件事情中会渗透着善恶两种因素，因此道德评价和道德奖惩应当要公平公正，这样实现"扬善抑恶"的作用，否则，效果会适得其反。

（二）营造良好的道德环境

正所谓"近朱者赤，近墨者黑"。人的思想和行为并非是与生俱来的，大多数是人在后天环境中习得的。历史经验告诉我们，同样一个人在不同的道德环境中，不仅道德素质会或多或少的发生变化，其行为的结果也是千差万别。环境是一个让你赖以生存的土壤，好的环境是孕育良好道德人格的重要基石，而坏的环境则更容易滋生道德败坏者。

"道德环境是道德主体在行为过程中，对其产生外在影响的全部道德精神因素的总和。"[1]行为主体在日常生活中或是进行某种行为活动时，总是或多或少的受到周围环境的影响。这个环境主要指自然环境和精神环境，自然环境是一种显现的，以物质形态呈现环境，包括地域、家庭环境等。精神环境是一种隐性环境，人们通过感知而得知，它与社会风俗、社会舆论等因素密切相关。道德环境影响着人的主观道德感受，也影响着人的道德行为。社会的道德情绪、社会的道德态度和社会的道德风气是道德环境的主要组成部分。在特定的区域中，该群体对道德事件或道德行为的感受和反映会产生赞同、鄙视、喜欢或厌恶等情绪。这种情绪的特点是易变、不稳定且波动大、感染力强。而社会的道德态度则表现为群体作为旁观者对道德事件中的当事人的言行所表现的一种持久的肯定或否定的反应倾向和行为意向。道德态度对人的行为产生的影响是持续性的，且具有稳定的特性。道德风气指的则是社会上主流的道德观念、风尚以及行为习惯，它对人的影响往往是潜移默化的，在相对比较广的范围和较长时间里对人的行为产生持续性的影响。就这个角度而言，道德风气是一种大范围的道德环境，而社会情绪和社会态度则是一种相对小的道德环境。

道德环境对人的言行的影响是不可忽视的。首先，道德环境影响人的道德认知，人们的道德知识是在后天环境中不断习得的，道德环境是人们获取道德知识的重要来源，潜移默化地影响着人们的世界观、人生观和价值观。从心理学的研究来看，婴儿的成长过程首先表现为模仿的过程，那么他所接触到的人和事就成

---

① 李建华：《趋善避恶论——道德价值的逆向研究》，北京大学出版社2013年版，第208页。

为他首先模仿的对象，随着这种模仿次数的增长，逐渐内化为婴儿的一种内在的认知，从而逐步开始懂得"明辨是非"。而这个"明辨是非"的判断标准与他所处的道德环境密切相关，尤其是父母的言传身教。其次，道德环境影响着人的道德判断，从而影响着人的行为。其实这主要体现出道德环境的他律作用，一定程度上调控着人的行为。个人的道德认知与道德环境的主流价值之间的既可能相一致，也可能完全相悖。而当二者相一致时，个人的行为将受到鼓励，并且得到一定的支持，有利于促进人的道德行为的进行；但当二者相悖时，道德环境对个人的行为会起到阻碍作用，促使人们做出改变，若是一意孤行，会激发社会道德情绪，甚至引起众怒，受到道德惩罚。因此，良好的道德环境激发着善行的实现和发生，而不良的道德环境则容易滋生恶行。把一个道德素质极好的人投入到一个道德及其败坏的社会中，其要保留本心将是一件极为困难的事，在不断受挫的过程中，他很可能就"入乡随俗"，变成一个道德败坏的人，即便他没有变坏，在一系列不公正的待遇中，他难免会滋生怨恨，其道德品质也很难再得到提升。最后，道德环境对人的行为后果的善恶影响起到强化或抑制作用。道德环境不同于自然环境之处在于它具有一定的价值指引性，它就像蒲公英一样，随着风吹而四处扩散，从而在人们心中留下它的种子，逐渐生根发芽。在一个良好的道德环境中，善行的发生会以真实案例的形态强化人们心中对善的肯定，从而使行为善的价值增值，即善行不仅会得到广大群众的肯定，并且会得到有效的传播，甚至是当作榜样被模仿和学习。而一个恶行发生在这样一个良好的道德环境中必然会被人们所否定，并且被批评教育，恶也会在一定程度上得到抑制。

　　总而言之，道德环境对人的道德言行具有重要的影响力。道德自觉是不断逐善的过程，而要实现"善"，有两条途径，一条是从正面的追逐善的脚步，不断向善靠近，另一条是抑制恶产生，从反面的角度，在不断"避恶"的过程中不断靠近善，实现善。营造一个良好的道德环境就是为了从正面为个人的道德发展提供一个良好的空间。一颗种子自身的品质固然重要，但是也离不开生长环境的影响，我们把同样品质的种子放在土壤贫瘠的荒漠和阳光充裕的黑土地种植，其结出的果实必然存在着差异。刚出生的婴儿就是具有相同道德品质的种子，而良好的道德环境就是适合婴儿成长的阳光充裕的黑土地。良好的道德环境的营造需要的是个人和社会的相互配合。

首先，社会是由无数个人组合而成的，道德风气和道德氛围是无数个人的道德气质综合形成的，体现的是社会中个人的平均的道德水平。一个良好的道德环境离不开个人的努力，但是并非是少数人的高尚道德就能拉升整个社会的道德水平，而是需要社会中的绝对多数的人的好的道德品质作为支撑。每一个社会中的个人都承担着社会应尽的道德义务，即维护社会公德，树立起公民的责任意识和维护社会发展的正义感是营造良好道德环境的基础。

其次，社会组织和领导者应当加强道德舆论监督，形成扬善抑恶的强大威慑力。在一个熟人社会，儒家的道德自觉能够持续有效的关键在于基于血缘、地缘等纽带所起到的道德监督和舆论影响作用。随着社会的不断开放，原有的社会舆论机制的作用不断被削弱，需要建立一套适合当下社会的新的舆论引导和监督体制。就目前的形式而言，血缘、地缘在相对稳定的社会圈子中依旧发挥着余热，而在更为开放、人员流动相对频繁的地区，媒体、互联网等新型的舆论引导和监督机制开始逐渐开始发挥作用，但是这种引导和监督的力度还有待提升，机制的完善性也有待提升，需要在保护个人隐私与公布个人恶行之间寻求到一种平衡，同时也需要在追求事实真相和手段正当之间寻求到一种平衡。社会舆论是道德环境最为有利的武器，必须掌握在正义者手里，否则会造成不可估量的后果。"扬善抑恶"是社会舆论的唯一宗旨，任何企图利用社会舆论谋取私利的行为都应当被遏制。

最后，良好的道德环境的营造与国家政权之间也存在着密切的关系。主权国家是目前社会最为重要的组织形式，国家的主流价值观影响着整个社会的道德风气，国家也有责任和义务引导人们积极向善，同时，国家的领导者自身的道德价值也必须要正。就我国而言，作为执政党的党风必须要正，才能起到良好的带头作用。

所以，良好的道德环境的营造需要个人、社会、国家协同作用，各自找到自身的位置，根据自身应当承担的道德责任，履行相应的道德义务。

(三)采取科学的道德教育方式

"人之初，性本善，苟不教，性乃迁"。道德教育被儒家认为是最为重要的道德修养方式之一，在道德教育的过程中，通过教化的方式给人们普及道德知识，传播"善"的理念，鼓励善行的发生，从而提升个人的道德修养水平。道德教育不等于灌输，学生也不是接受知识的容器，而是具有自主人格的主体，道德教育传播的是一种社会的主流道德价值，而不仅仅是理论知识，更多地强调一种"趋善"的意识。道德教育的目的并非只是知识的传播，而是提高人们明辨是非的能力，激发人们善的意志，从而促进善行的产生。

科学的道德教育方式必须注重个人的主体性，充分相信人的自主性，而道德教育在于引导个体道德意识的觉醒，掌握社会的主流的正确道德价值、道德原则和道德规范，以培养主体性的道德人格为己任，以促进人的道德自觉为目的。因此，现代的道德教育应当是一种互动式、自主式的，比如，道德心理学所推出的"道德情景的两难模式"就是这样一种自主互动式的尝试。道德教育的方式可以是各种形式的，关键是通过引导、教育的方式，传播出正确的道德价值观，唤醒人的主体性，使他们具有理性的、自主性的道德判断和道德选择的能力，从而塑造出理想的道德人格。

道德教育最基本的功能在于传播道德知识，正如苏格拉底所说"知识即美德"，"知"是行的前提条件，我们需要避免因无知而行恶的可能。而"道德知识对于个体的价值不仅在于实现从'不知'到'知'的跨越，更在于从'知'到'信'（信服、信念、信仰）的提升"①。道德知识既包括理论所设定的道德原则，也包括人们在长期社会实践中所积累的经验，是理论和社会经验相结合的综合知识。道德教育所需要传播的道德知识，更多地表现为一种"善"的理念，判断善恶的方式，从而提升人的道德认知能力。这个过程是个体获得道德知识的过程，也是个体学习能力和认知能力不断提高的过程。道德教育的过程既是学生不断习得道德知识的过程，也是教育者不停反思和内省的过程。互动式的道德教育方式，不仅可以使人们从"不知"到"知"，也能从"初识"到"熟知"，这对于个人的道德自觉性培养有着重要的作用。而道德的再教育则主要针对的是曾经为恶的人，道德教育的目的是希望通过教育的方式感化犯过错的人使其纠正自己的行为，摒弃为恶的念想，重新树立起向善之心。明确的告知受教育的人"什么是应该做的""什么是不能做的"，而且给予他们足以让人信服的理由，让他们对自己曾经犯的错

---

① 肖川：《主体性道德人格教育》，北京师范大学出版社 2002 年版，第 169 页。

误感到羞耻和自责，从而敦促他能够改正自己的行为，并且在"善"的理念指引下重新开始培养自己的道德自觉性。

道德教育的另一重要功能在于规范和调控，明确地告诉人们社会的游戏规则——道德规范，并且预示出遵守规则的人将会受到奖励，而违反规则的人则会受到惩罚。道德教育是一项具有使命感的任务，应当如孔子所说"有教无类"，也就说教育的对象是所有人，而教育不受空间和时间的限制，教育者也不仅仅是学院里的老师，也包括父母、长辈等一切拥有明确是非能力的人。当然，教育者是多元化的，教育方式也是多元化的，但是宗旨是一致的，以实现"善"为最终的目的，以成为一个善良的人为目标，而在教育的过程中也要更多地注重人性化的方式，防止"以暴制暴"，更要注重理论与实践相结合，避免"纸上谈兵"。道德教育的规范和调控更多的是一种教化式的，因为不是一种强制的约束力，所以更需要强大的信服力来使社会中的成员能够自觉遵守，因此科学的道德教育的责任很是重大，也非常有必要，在不引起社会成员抵触的情况下，引起人们的共鸣，从而唤醒人们内心的道德意识，促使人们能够自觉遵守社会的道德规则。

本 章 小 结

道德修养是个人成长的必修课，也是道德能够根植于人心，不断促进人向善、为善的重要途径。传统儒家的道德修养建立在对道德价值的重视基础之上，以塑造"君子人格"为行为目的，通过"仁"为核心的道德德目来指引人的行为，强调道德主体的自主性、自省性等自我修养方法，并辅之以必要的道德教育。这套完整的道德自觉体系在传统社会中长期占据着主导地位，成为指导人们"修身"的重要理论，对于我们当下的道德修养的自觉养成有着重要的指导意义。首先，它为我们提供了一个可供参考的构建框架，即道德修养自觉养成的三个方面相互配合，一是正确的道德价值引领，二是个人的自我修养，三是良好的外部环境。其次，它为我们梳理一条道德修养实现的路径，即设定道德理想人格——培养道德意识——履行道德义务——实现道德目的。最后，它为我们提供了一些可供参考的道德修养方法。在整个道德自觉理论中，个人占据着主体地位，是道德修养与道德自觉的主导者和行为者，社会的主流道德价值观念影响着个人自我道德意识的形成，引导着行为者的前进方向，外界因素也或多或少的促进或制约着人的道德行为。所以，道德自觉的养成是一个渐进的过程，是个体和社会相互作用、相互影响的过程，也是个人自我发展和自我完善的过程。

结　　论

　　道德自觉既是一个形而上的理论概念，也具有很强的现实性。从人的道德发展进程来看，道德自觉标志着人的道德发展到了成熟阶段。道德自觉是个人道德素养的综合体现，是从"知"到"行"的动态过程，道德自觉内部也有着层次之分，自我的主体性越强，其表现出来的道德自觉性程度越高。从某种程度上来说，道德行为的践行力度与自我对道德信念的坚持程度和自我的意志坚定性相一致。坚守信念且意志坚定的人往往更能够自觉地、持之以恒地将自己的道德意识转化为道德行为，并且在道德实践中表现出是非分明、疾恶如仇的道德态度，其道德人格也表现得更为完善。需要我们注意的是，道德自觉并不单一的强调自律的作用，它同样重视他律的作用。道德自觉本身就是一种目的，道德自律和道德他律是实现这一目的的手段而已。虽然皮亚杰、科尔伯格认为人的道德发展是从他律到自律的过程，但是现实的人是更为复杂的，人的阅历和年龄与人的道德水平有关系，但是这个关系是否有他们所说的那么大是值得怀疑的。随着年龄的增长，阅历的增加，人们的道德认知水平会有所提升，其自觉履行义务的可能性会增大，即道德动机更为强烈，但是最终是否采取道德行为的关键在于个人的主体性和当时的具体境况。也就是说，在现实生活中，一个人的行为是基于道德自律还是道德他律而产生的是很难界定的，我们也很难通过道德事件本身进行判断。就像在红绿灯路口，所有的车辆和行人都按照指示灯各行其是，井然有序。我们怎么去判定他们当中哪些人是受自律影响，哪些人是受他律影响？我们设定这个规则的目的只是为了人们能够自觉按照这个规则行事，使我们的交通能够顺畅。讨论自律和他律的意义在于使我们能够实现自觉。当然，研究发现自律的人更自觉，自觉的人也更自律。所以，要实现道德自觉，需要注重道德自律的作用，但是也不能忽视道德他律的作用。

　　道德是为人服务的，目的是为了实现人的自我发展和自我完善，最终达到人追求善的目的，它是人自觉自愿选择的结果。道德自觉的养成是个人自我修养的过程，在现代社会中，我们依旧需要注重"修身"对个人发展的影响。首先需要"炼心"，即锤炼自己的心智，在这个物质财富比较丰富的时代，我们所面临的诱惑和选择变多了，只有坚定心智，不忘初心，方得始终。道德自觉需要个人坚持不懈地努力，需要在点滴中不断积累，循序渐进的前进，自觉地将行善变为一种习惯，融入自己的学习工作中。其次，需要提高自身的道德行为能力，每个人平等地承担道德义务这个原则没有任何问题，但是实践经验告诉我们，理想是美好的，现实是残酷的。人的自然禀赋存在差异是我们不能改变的，人的社会能力的差异也是客观存在的，这些都不足以使我们获得不承担道德义务的豁免权。但是在具体的道德实践中，个人的道德行为能力的确是不容忽视的重要因素，我们不能像康德所说的那样，为了道德责任义无反顾，明知道自己做不到，还非要做，结果肯定不会是圆满的。比如一个完全不识水性的人跳进河里救人，结果显而易见，他不仅不能救人，可能还会赔上自己的生命，最糟糕的是可能还会耽误其他人救人。我们在自我修养的时候不仅要提升自己的道德认识还要注重培养自己的道德行为能力。而需要我们注意的是在德育过程中，老师不仅需要传播道德知识，同时要教授行善的方式，并且注重培养学生的道德行为能力。最后，自觉地进行道德实践，修身的最终目的是提高个人的道德素质，而道德实践是我们获得道德经验的重要途径，也是检验我们道德认知的重要尺度，更是个人素质最直接的表现形式。个人的自我修养不仅关系着个人的成长和发展，同时也会间接影响整个社会道德水平，个人是社会的基本单位，社会是个人的社会，社会道德风气的形成是个体共同努力的结果。同样，社会道德风气又会反过来影响个人的道德认知，影响个人道德自觉的养成。一个良序的社会道德环境是个人与社会共同努力的结果。道德自觉的实现也是个人与社会相互作用，共同发展的结果。

参 考 文 献

【中文著作】

北京大学哲学系外国哲学史教研室编译：《西方哲学原著选读》（下卷），商务印书馆 1981 年版

陈根法：《德性论》，上海人民出版社 2004 年版

程东峰：《责任伦理导论》，人民出版社 2010 年版

汪子嵩等：《希腊哲学史》（第 2 卷），人民出版社 1993 年版

龚群、陈真：《当代西方伦理思想研究》，北京大学出版社 2013 年版

甘绍平：《应用伦理学》，中国社会科学出版社 2008 年版

甘绍平：《伦理学的当代建构》，中国发展出版社 2015 年版

黄楠森：《人学原理》，广西人民出版社 2000 年版

黄岩：《旁观者道德研究》，人民出版社 2010 年版

郭湛：《主体性哲学——人的存在及其意义》，中国人民大学出版社 2011 年版

何怀宏：《良心论》，北京大学出版社 2017 年版

罗国杰主审，李萍主编：《伦理学基础》，首都经济贸易大学出版社 2004 年版

梁漱溟：《人心与人生》，上海人民出版社 2005 年版

刘春琼：《领域理论的道德心理学研究》，上海教育出版社 2011 年版

宋希仁：《西方伦理思想史》，中国人民大学出版社 2010 年版

李建华：《趋善避恶论——道德价值的逆向研究》，北京大学出版社 2013 年版

孙春晨等：《伦理新视点》，中国社会科学出版社 1997 年版

孙君著：《世界著名心理学家皮亚杰》，北京师范大学出版社 2013 年版

唐凯麟：《伦理学》，高等教育出版社 2003 年版

唐君毅：《道德自我之建立》，广西师范大学出版社 2005 年版

万俊人：《现代西方伦理学史》下卷，北京大学出版社 1992 年版

王炳书：《实践理性论》，武汉大学出版社 2002 年版

王育殊：《道德的哲学真义》，中国社会科学出版社 2008 年版

王艳秀：《道德客观性及其限度——伦理学与政治学的边界问题研究》，中国社会科学出版社 2014 年版

阮青：《价值哲学》，中共中央党校出版社 2004 年版

俞世伟、白燕：《规范·德性·德行——动态伦理道德体系的实践性研究》，商务印书馆 2009 年版

张锡勤：《中国伦理思想史》，高等教育出版社 2018 年版

郑杭生：《社会学概论新修》（第三版），中国人民大学出版社 2003 年版

孙正聿：《有教养的中国人》，中国青年出版社 2018 年版

范纯琍：《道德自觉及其实现》，武汉大学博士学位论文，2017 年

【译著】

《马克思恩格斯选集》（第 3 卷），人民出版社 1995 年版

《马克思恩格斯全集》（第 1 卷），人民出版社 1956 年版

《马克思恩格斯全集》（第 3 卷），人民出版社 1960 年版

《马克思恩格斯全集》（第 42 卷），人民出版社 1979 年版

《马克思恩格斯全集》（第 46 卷·下），人民出版社 1980 年版

《马克思恩格斯文集》（第 1 卷），人民出版社 2009 年版

［美］A. 麦金泰尔：《德性之后》，龚群等译，中国社会科学出版社 1995 年版

［德］阿克塞尔·霍耐特：《为承认而斗争》，胡继华译，上海人民出版社 2005 年版

［匈］阿格妮丝·赫勒：《道德哲学》，王秀敏译，黑龙江大学出版社 2014

年版

[法]埃德加·莫兰:《伦理》,于硕译,学林出版社 2017 年版

[德]包尔生:《伦理学体系》,何怀宏译,中国社会科学出版社 1988 年版

[美]保罗·布卢姆:《善恶之源》,青涂译,浙江人民出版社 2015 年版

[美]保罗·扎克著:《道德博弈》,黄延峰译,中信出版社 2016 年版

[美]布尔克:《西方伦理学史》,黄慰愿译,华东师范大学出版社 2016 年版

[美]丁·L. 霍夫曼:《移情与道德发展》,杨韶刚、万明译,黑龙江人民出版社 2003 版

[德]费尔巴哈:《基督教的本质》,荣震华译,商务出版社 2009 年版

[德]费希特:《全部知识学的基础》,王久兴译,商务印书馆 2009 年版

[美]弗朗斯·德瓦尔等:《灵长目与哲学家》,赵芊里译,上海科技教育出版社 2013 年版

[德]黑格尔:《法哲学原理》,范扬、张企泰译,商务印书馆 1961 年版

[德]黑格尔:《哲学史讲演录》(第四卷),贺麟、王太庆译,商务印书馆 1996 年版

[英]霍布豪斯:《自由主义》,朱曾汶译,商务印书馆 1996 年版

[俄]克鲁泡特金:《互助论》,李平沤译,商务印书馆 1963 年版

[德]康德:《实践理性批判》,邓晓芒译,人民出版社 2003 年版

[德]康德:《纯粹理性批判》,邓晓芒译,人民出版社 2004 年版

[德]康德:《道德形而上学》,张荣、李秋零译,中国人民大学出版社 2013 年版

[德]康德:《道德形而上学奠基》,杨云飞译,人民出版社 2013 年版版

[英]洛克:《政府论》(下篇),叶启芳等译,商务印书馆 1964 年版

[法]卢梭:《爱弥儿》,李平沤译,商务印书馆 1978 年版

[法]卢梭:《社会契约论》,李平沤译,商务印书馆 2011 年版

[美]L. 科尔伯格:《道德发展心理学》,郭本禹等译,华东师范大学出版社 2004 年版

[美]露丝·格兰特:《伪善与正直》,刘梽彤译,华东师范大学出版社 2017 年版

［美］迈克尔·桑德尔:《自由主义与正义的局限》,万俊人等译,译林出版社 2011 年版

［德］尼采:《查拉图斯特拉如是说》,孙周兴译,商务印书馆 2012 年版

［德］诺博托·霍尔斯特:《何为道德——一本哲学导论》,董璐译,北京大学出版社 2014 年版

［美］S. T. 菲克斯克等:《社会认知:人怎样认识自己和他人》,张庆林、陈兴强译,贵州人民出版社 1994 年版

［美］施尼温德:《自律的发明:近代道德哲学史》,张志平译,上海三联出版社 2012 年版

［美］塞缪尔·亨廷顿:《文明的冲突与世界秩序的重建》,周琪等译,新华出版社 1998 年版

［德］叔本华:《伦理学的两个基本问题》,任立、孟庆时译,商务印书馆 1999 年版

［英］休谟:《人性论》(下),关文运译,商务印书馆 1980 年版

［法］萨特:《存在与虚无》,陈宣良等译,生活·读书·新知三联书店 2014 年版

［古罗马］西塞罗:《西塞罗三论:老年·友谊·责任》,徐奕春译,商务印书馆 1998 年版

［英］乔治·贝克莱:《人类知识原理》,关文运译,商务印书馆,2015 年版

［美］乔治·H. 米德:《心灵、自我与社会》,赵月瑟译,上海译文出版社 2018 年版

［古希腊］亚里士多德:《政治学》,吴寿涛译,商务印书馆 2010 年版

［古希腊］亚里士多德:《尼各马可伦理学》,廖申白译,商务印书馆 2003 年版

［美］亚伯拉罕·马斯洛:《动机与人格》,许金声译,中国人民大学出版社 2012 年版

［以色列］尤瓦尔·赫拉利:《人类简史》,林俊宏译,中信出版社 2014 年版

［英］约翰·斯图亚特·密尔:《论自由》,鲍容译,中华书局 2016 年版

【论文】

白臣：《论道德自觉的人性基础》，《河北师范大学（哲学社会科学版）》2013年第 5 期

陈璧生：《文明的道德底线》，《社会科学论坛》2004 年第 6 期

柴文华：《儒家道德自觉论》，《江淮论坛》1997 年第 4 期

董莉：《良心是对义务的自觉意识——对良心与义务的哲学思考》，《理论月刊》2000 年第 12 期

段慧兰：《论道德自律与自律意识的培养》，《湖湘论坛》2003 年第 5 期

甘绍平：《当代德性论的命运》，《中国人民大学学报》2009 年第 3 期

甘绍平：《意志自由与神经科学的挑战》，《哲学研究》2013 年第 8 期

方世南：《主体道德自觉：价值、功能与实现途径》，《江海学刊》2001 年第 6 期

范纯琍、秦小莉：《论道德自觉及其培育原则》，《江汉大学学报（社会科学版）》2015 年第 8 期

何丽青：《试析道德自省的作用因素》，《沧桑》2007 年第 3 期

黄琳：《道德自觉意志之显现与存养——孟子思想的道德形而上解读》，《道德与文明》2017 年第 5 期

黄月辉：《论道德自律的本质》，《湖北社会科学》2005 年第 10 期

贾旗：《意志形成看道德自觉的途径》，《玉溪师范学院学报》2005 年第 2 期

焦金波：《"道德人"及其生成的元问题审思》，《道德与文明》2010 年第 6 期

吕耀怀：《论道德图式》，《哲学动态》1994 年第 2 期

李培超：《让高尚的道德回归生活、引领生活》，《新欢文摘》2006 年第 18 期

陆爱勇：《孔子"孝"的伦理意蕴与道德自觉》，《东南大学学报（哲学社会科学版）》2012 年第 1 期

马向真：《人格面具与道德认同危机》，《江苏社会科学》2007 年第 4 期

孙春晨：《面向生活世界的伦理人类学》，《哲学研究》2011 年第 10 期

孙春晨：《全球化时代的道德教育与文化自信》，《唐都学刊》2016 年第 1 期

孙春晨：《基于儒家仁爱伦理的人权实现路径》，《广西大学学报（哲学社会

科学版)》2016 年第 2 期

孙春晨：《犬儒主义病态道德文化剖析》，《伦理学研究》2017 年第 1 期

沈雷：《论道德品质的形成》，《科教文汇》2007 年第 2 期

魏长领：《意志自由：道德信仰的形上基础》，《郑州经济管理干部学院学报》2006 年第 4 期

万增奎：《西方德育心理学研究的新主题：道德同一性》，《黑龙江高教研究》2007 年第 5 期

王升臻：《道德自觉——当代德育的重大使命》，《现代教育科学》2012 年第 3 期

谢地坤：《从道德的"至善"到道德的"底线"——读阿多诺〈道德哲学的问题〉》，《江苏行政学院学报》2002 年第 2 期

徐萍萍：《关于自律内涵的道德哲学辨析》，《道德与文明》2014 年第 3 期

徐萍萍：《心理发展视角下的道德自律：本质与实现条件》，《道德与文明》2018 年第 6 期

肖川：《主体性道德人格教育：概念与特征》，《北京师范大学学报》1999 年第 3 期

易法建：《道德图式初论》，《武陵学刊》1998 年第 4 期

易玉梅：《论道德内化与人的主体性》，《湖湘论坛》2007 年第 4 期

易小明、谢宁：《道德行为的生命安全限度》，《兰州大学学报(社会科学版)》2014 年第 5 期

余小波、余加宝、刘潇华：《道德自觉及其培育》，《中国德育》2017 年第 5 期

张志伟、李华娟：《道德作为人的一种高级精神需要的特质》，《湖北大学学报(哲学社会科学版)》2004 年第 4 期

周银红：《人的道德主体性的生成机制探讨》，《学术交流》2005 年第 11 期

张方玉：《德性：人的全面发展的个体指向》，《唐都学刊》2008 年第 1 期

【外文著作】

Isaiah Berlin, *Alleged Relativism in Eighteenth-Century European Though*, in The

Crooked Timber of Humanity: Chapters in the History of Idea, London: John Murray, 1990.

Isaiah Berlin, *Two Concepts of Liberty*, in Four Essay on liberty, London and Oxford: Oxford University Press, 1969.

Lenhardt, Shierry Weber Nicholsen, *Moral consciousness and communicative action*, Massachusetts: The MIT Press, 1990.

Max Weber, *Science as a Vocation*, *in From Max Weber*: Essays in Sociology, trans. and eds. H. H. Gerth and C. Wright Mill, London: Roulcdgc and Kegan Paul, 1948.

【外文论文】

Dominic Abras, Rupert Brown, Self-consciousness and Social Identity: Self-Regulation as a Group Member, *Social Psychology Quarterly*, vol. 52, 1989.

Hart D. Atkins R, Ford D, Family influences on the formation of moral identity in adolescence: Longitudinal analyses, *Journal of Moral Education*, Vol. 28(3), 1999.

Jose Luis Bermudez, Nonconceptual Self-Consciousness and Cognitive Science, *Business Ethics Quarterly*, vol. 129, 2007.

Leonard Angel, Universal Self-consciousness Mysticism and the Physical Completeness Principle, *International Journal for Philosophy of Religion*, vol. 55, 2004.

Mark Phelan, Adam Waytz, The Moral Cognition/Consciousness Connection, *The Review of Philosophy and Psychology*, vol. 3, 2012.

Richard Dien Winfield, Self-consciousness and Intersubjectivity, *The Review of Metaphysics*, vol. 59, 2006.

Shaun Gallagher, The Moral Significance of Primitive Self-Consciousness: A Response to Bermudez, *Ethics*, vol. 1, 1996.

Shaun Gallagher, Moral Agency, Self-Consciousness, and Practical Wisdom, *Journal of Consciousness Studies*, vol. 14, 2007.

Sam A. Hardy, Identity, reasoning and emotion: An empirical comparison of three sources of moral motivation, *Motivation Emotion*, Vol. 30(3), 2006.

S. H. Glover, M. A. Bumpus, etc, Re-examining the Influence of Individual Values on Ethical Decision Making, *Journal of Business Ethics*, vol. 16, 1997.